TopBook
饕书客

一 个 人 ， 遇 见 一 本 书

游牧文明与中华史

NOMADIC CIVILIZATION AND
CHINESE HISTORY

鲜卑列国

（中国台湾）刘学铫
著

TopBook
饕书客

陕西新华出版传媒集团
陕西人民出版社

图书在版编目（CIP）数据

鲜卑列国 / 刘学铫著 . —西安：陕西人民出版社，2018

（游牧文明与中华史）

ISBN 978-7-224-12664-8

Ⅰ. ①鲜… Ⅱ. ①刘… Ⅲ. ①鲜卑—民族历史—研究 Ⅳ. ①K289

中国版本图书馆 CIP 数据核字（2018）第 031799 号

著作权合同登记号图字：25—2018—119

出品人：惠西平

总策划：宋亚萍

出版统筹：韩　琳

策划编辑：王　倩　张启阳

责任编辑：王　凌　关　宁

整体设计：哲　峰

饕书客 TopBook

鲜卑列国

作　　者　（中国台湾）刘学铫
出版发行　陕西新华出版传媒集团　陕西人民出版社
　　　　　（西安北大街 147 号　邮编：710003）
印　　刷　陕西金和印务有限公司
开　　本　787mm×1092mm　16 开　19.25 印张
字　　数　230 千字
版　　次　2019 年 1 月第 1 版　2022 年 1 月第 3 次印刷
书　　号　ISBN 978-7-224-12664-8
定　　价　48.00 元

前 言

从秦统一华夏（前 221）到清逊帝宣布退位（1911），其间共两千一百三十二年。在这两千多年里，朝代或政权更迭频繁，约略估算一下总共有六七十个朝代（政权）之多。

有人或许怀疑何以如此之多，请看：秦、西汉、东汉、三国（魏、蜀、吴）、西晋、东晋、诸胡列国（汉赵或前赵、后赵、前燕、前秦、成汉、后燕、西燕、北燕、南燕、前凉、南凉、西凉、北凉、后凉、西秦、代、夏、魏）、南朝（宋、齐、梁、陈）、北朝（北魏、东魏、西魏、北齐、北周）、隋、唐、五代（梁、唐、晋、汉、周）、十国（前蜀、吴越、南汉、吴、闽、后蜀、南唐、荆南、楚、北汉）、北宋、南宋、辽、金、西夏、元、明、南明、清；而吐蕃王朝、高昌鞠氏王朝、回纥汗国、突厥汗国等都还没有计算在内。

上面所提到的这六七十个王朝或政权，国祚超过两百年的只有五个，分别是西汉（公元前 206—25，共 231 年）、唐（618—907，共 290 年）、辽（907—1125，共 201 年；西辽 1124—1211，88 年，含屈出律则到 1218 年，则西辽共 95 年）、明（1368—1644，共 277 年；南明 1645—1661）及清（1616—1911 年，共 296 年）。

在这几个朝代里，如果从民族的成分来看，唐朝的建国者李氏家族是胡是汉，向来是史学界争论的焦点。李渊的先人曾在鲜卑族宇文氏的北周时，被赐姓“大野”氏，而高车族（也就是铁勒、敕勒）中也有大野氏，可见李氏一族有浓厚的胡族血统。

明朝的创建者乃是古往今来许多民族混融后的汉人。至于建立辽朝、西辽的契丹族，以及建立清朝的女真族（后来称为满族），则是不折不扣的胡族，如此看来，中国历史实在是由胡汉民族共同建构而成的。

以往撰写、诠释历史之人，往往对胡族史事一笔带过，且经常以汉人的观点来叙述。所以打开二十四史或其他私家撰著的历史文献看，对胡族的描述，总是以负面的文字出现，真是何其不公平。本书则希望能开史家之先河，以客观公正为执笔标准，力求展现这些建立草原帝国的民族之历史。

目录

第一章

鲜卑的源起

鲜卑族是中国历史上与华夏民族同样古老的民族，“鲜卑”起源于公元前3世纪（约西汉时期）中原北方的东胡。当时与东胡齐名的是匈奴，无论是“匈奴”或“东胡”，都是中原华夏民族对他们的称呼，那么他们的自称又是什么呢？

“东胡”与“匈奴”

《汉书》曾载，匈奴狐鹿姑单于致书西汉朝廷说：“南有大汉，北有强胡；胡者，天之骄子也。”显然，匈奴的自称是“胡”，而这个“胡”字是匈奴语的汉字音译。据近代学者考证，乌拉尔－阿尔泰语系（Ural-Altaic Language Family）阿尔泰语族的各民族中，“胡”都是“人”的意思，而“胡”的正确读音是HUN，汉文以“胡”字予以音译。

自远古以来，“胡”这个民族就时常南下侵掠华夏民族。《诗经》中就有七首和匈奴有关的诗，分别是《采薇》《六月》《出车》《定之方中》《载驰》《清人》及《无衣》，在这几首诗中，分别出现了“猃狁孔炽”“猃狁于襄”“猃狁孔棘”等字眼。这里的“猃狁”就是战国之后的匈奴。当时匈奴聚居在今日以内蒙古鄂尔多斯高原为中心的广大草原上，在匈奴的东方有一支力量强大的草原游牧部落联盟，中原华夏民族不知道这个部落联盟是什么样的人，只知道他们分布在匈奴的东边，匈奴既然自称“胡”，那么在“胡”东边的民族，就称之为“东胡”；同样，在匈奴西方、北方的民族，也就顺理成章地称之为“西胡”“北胡”。这就是史书上这些名字的由来。

冒顿鸣镝弑父

匈奴王子冒顿是一个了不起的人物，在匈奴出兵攻打月氏时，他抢了月氏的宝马逃回匈奴。草原游牧民族崇拜英雄，匈奴人民见冒顿不但安全地逃回来，还夺得月氏的宝马，因而拥戴冒顿。迫于“民意”，他的父亲头曼单于不得不分了一万多帐人民给冒顿，从此冒顿有了属于自己的子民。为成就一番事业，冒顿开始严加训练兵马。

冒顿制作了一种箭，射出去时会发出声音，《史记》称之为“鸣镝箭”。他命令士兵只要听到鸣镝箭射到哪里，就必须也射到哪里，不服从命令者杀无赦。经此精心训练，部队臣服于他，即使他的鸣镝箭射向大石头，

冒顿为质

秦始皇时，东胡力量强于匈奴，而匈奴西边的月氏也盛过匈奴，史传上称：“当是之时，东胡疆（同‘强’）而月氏盛。”匈奴单于头曼还把儿子冒顿送到月氏作为人质。头曼之所以把冒顿送去当人质，一方面固然是力不如人，另一方面，因为冒顿是长子，头曼所宠爱的阏氏（音“胭脂”，妻子之意）不是冒顿生母，而她自己也生了儿子，不愿冒顿继位，所以把冒顿送去月氏做人质，之后她又鼓动头曼出兵攻打月氏，想借月氏之手杀了做人质的冒顿，这样一来，她的儿子就可以继位了。

士兵也会万箭齐发射向大石头，部队由此形成了强大的战斗力。

不久，头曼单于举行狩猎大会，各部首领都带兵出席。在草原游牧民族的传统里，狩猎就是一次军事演习，是很重要的军事训练，无论匈奴、鲜卑、柔然、高车、突厥、回纥、契丹、党项、女真，莫不如此，即使是后来的清朝都还有“秋狝”活动。于是，冒顿带着精心训练的战士，参加了这次狩猎活动。冒顿趁机靠近头曼，向头曼射了一支鸣镝箭，士兵追随着鸣镝箭的方向都向头曼射击，头曼被射得像刺猬一样，中箭而亡。冒顿就这样当上了匈奴的单于，随后他将不服从的亲戚与部落酋长一一歼灭，建立起无比的威望。

冒顿单于弑父自立的事在草原上传播开来，东胡认为这是一个可以勒索匈奴的机会，于是就派使者到匈奴去，向冒顿单于讨要匈奴的宝马。面对东胡的索求，大臣一致反对，冒顿单于却淡淡地说，匈奴和东胡是邻国，何必为了一匹马而伤了两国和气呢？对于那些仍然坚持不肯赠马的匈奴大臣，冒顿不惜杀了他们，把宝马赠给东胡。东胡使者带回匈奴的宝马，举国欢腾，不把匈奴的冒顿单于放在眼里。

汗血宝马

冒顿的宝马很可能就是冒顿从月氏抢夺来的汗血马。月氏游牧于今天敦煌与祁连山之间，这个地方扼西域（包括今天的中亚）东来的要道。西域国家大宛畜养的马号称汗血马，又叫天马，汗血马体形高大、温顺、行动快速。蒙古草原也产马，虽然也耐跑，但体形较小，外观不如西域的马。冒顿单于既然从月氏手中夺得西域马，可见匈奴人对宝马的垂涎。

东胡与匈奴之争

不久，东胡听说冒顿单于的阏氏长得极其娇艳美丽，于是派出使者，想要得到这位阏氏。匈奴的阏氏如同中原的皇后，现在东胡居然开口要匈奴的皇后，正所谓“是可忍，孰不可忍”，匈奴大臣当然认为这是对匈奴莫大的羞辱，坚决不同意。然而，冒顿单于依然以东胡是邻国为由同意了他们的要求。东胡使者带回了年轻貌美的匈奴阏氏，举国上下欢欣鼓舞。匈奴语的“冒顿”是“英雄”之意，东胡王因此认为匈奴冒顿单于浪得虚名，根本不配称“冒顿”。

东胡王两度以匈奴冒顿单于弑父自立、得位不正为借口，向匈奴索讨宝马、美人，都成功得手，于是食髓知味，认为冒顿胆小可欺，就三度派出使者，向匈奴讨要介于东胡和匈奴之间的“瓯脱”地区。

东胡使者的这个要求一传到冒顿单于的耳朵里，冒顿单于就勃然大怒地说：“地者，国之本也，奈何予之！”意思是说：土地是国家的根本，一尺一寸都不能割让。这一次，冒顿单于处死主张放弃“瓯脱”的大臣，同时下令全国总动员，有谁敢延缓动员，也一律处死。冒顿单于下定决心讨伐东胡。

东胡没想到，匈奴倾全国之力，几十万骑兵以排山倒海之势扑来。毫无准备的东胡在匈奴的铁骑下死伤累累，尸骨堆积如山，更被匈奴俘虏了好几万人。东胡部落联盟彻底溃散，余众分为两批向东逃亡，一部分逃向乌桓山（约今内蒙古自治区阿鲁科尔沁旗以北），这一部分东胡

“瓯脱”

据注释《史记》的史家说，“瓯脱”是介于匈奴与东胡之间没有人驻牧的沙碛地，所以《史记》称之为“弃地”。有日本学者认为，“瓯脱”这个匈奴词汇与今天蒙古语里的“鄂脱（或托）克”相当，都是“一块地方”的意思。

“瓯脱”既是无法驻牧的“弃地”，也就是一片沙漠，并无多大经济意义，东胡王要这块“弃地”着眼点应该是在政治、军事方面。原来“瓯脱”还可解释成是介于东胡与匈奴之间的缓冲地，双方约定不在这块缓冲地驻牧或游牧，以避免冲突。东胡王是想拿到这块“瓯脱”之地后，东胡就进可攻、退可守。

遗民就被称为“乌桓”（或作乌丸）；另一部分逃向大兴安岭，后来一般文献称之为“鲜卑”。《后汉书》对这件事是这样记载的：“鲜卑者，亦东胡之支也，别依鲜卑山，故因号焉。其言语、习俗与乌桓同。……汉初，亦为冒顿所破，远窜辽东塞外，与乌桓相接。”

鲜卑的起源

东胡被冒顿打败后逃向辽东塞外，别依鲜卑山，所以叫作鲜卑。然而鲜卑山在哪？“鲜卑”又是什么意思？《后汉书》虽然说“远窜辽东塞外”，然而辽东塞外范围何其广袤，又何其模糊！所以历来史家对鲜卑山或大鲜卑山的所在地都各执一词，至于“鲜卑”的意思更是众说纷纭，莫衷一是。现将东胡、鲜卑的由来加以整理。

《后汉书》明确指出鲜卑之先是东胡，前文也曾解释东胡称呼的缘由。“东胡”一称是在战国末期才出现的，那么在这之前，这个民族叫什么呢？《左传》有以下几条记载：

（东周鲁国）隐公九年（前714），北戎侵郑。

（东周鲁国）庄公三十年（前664），齐人伐山戎。

（东周鲁国）僖公十年（前650），齐侯许男伐北戎。

（东周鲁国）襄公四年（前569），无终子嘉父……因魏庄子纳虎豹之皮，以请和诸戎。

（东周鲁国）昭公元年（前541）春，晋中行穆子败无终及群狄于太原。

这里的“北戎”“山戎”“无终”就是“东胡”的前身，也就是鲜卑的早期称谓。当然，这几个名称是中原华夏民族所给的“他称”。据《史记》集解引服虔的注说：“山戎、北戎，盖今之鲜卑。”

再看《国语·齐语》韦昭的注云：“山戎，今之鲜卑。”

据上面所引，《左传》提到山戎、北戎出现的时代最早为公元前8世纪（约东周时期），在此之前，则以“土方”或“屠何”之名为中原华夏民族所知晓。近代史学家金岳就明确指出：

从甲骨文和古文献及考古发现来看，东胡族可源始夏、商时代的土方；周灭殷以后改名屠何；春秋早期，齐破屠何、山戎以后，又改为东胡。所以东胡当从夏、商的土方发展而来。

夏、商之前没有记载可寻。其实甲骨文是中国现知最早的文字，有关华夏民族的文字记载也以甲骨文为最早，因此可见鲜卑同样是源远流长、拥有悠久历史的民族。

《魏书·卷一百·列传第八十八·乌洛侯传》记载，北魏太武帝太平真君四年（443），乌洛侯派使者到北魏国都平城（今山西省大同市）向北魏进贡，提到在乌洛侯的西北有鲜卑人祖先所居住的“石室”，似有神灵，乌洛侯人民常去祈祷请愿，《魏书》的记载如下：

> 乌洛侯国，在地豆干之北……世祖（即太武帝）真君四年来朝，称其国西北有国家（指北魏）先帝（指鲜卑祖先）旧墟，石室南北九十步、东西四十步、高七十尺，室有神灵，民多祈请。世祖遣中书侍郎李敞告祭焉，刊祝文于室之壁而还。

如果《魏书》所载属实，那么只要找到“鲜卑石室”，就可确定鲜卑山或大鲜卑山的所在。《魏书》中说，北魏太武帝听到乌洛侯使者的报告之后，特意派了中书侍郎李敞前去拜祭，还在石室的墙壁上刊刻了一篇祝祷文。所以只要找到“鲜卑石室”，就可以确认哪座山是大鲜卑山了。

要找“鲜卑石室”先要确定乌洛侯的位置，因为《魏书》记载石室在乌洛侯西北。清朝研究边疆史地的著名学者何秋涛[①]在所撰的《朔方备乘》《尼布楚城考》里提到：“魏之先祖石室……当在尼布楚城正西之地。”

尼布楚今称涅尔琴斯克，位于北纬52°稍南，与我国内蒙古自治区呼伦贝尔市北纬52°稍北的奇干相距约三百公里。何秋涛之所以如此认定，是受《清文献通考·四裔考》把乌洛侯误作“乌洛俟”所致。何氏认为，“乌洛俟”就是“俄罗斯”的另一音译，再据《魏书·乌洛侯传》所称“其西北有国家先帝旧墟”，所以才认定鲜卑石室在尼布楚正西。另外，近代著名地理学家丁谦在他所撰的《魏书外国传地理考证》一文中认为：“魏先帝石室在（贝加尔）湖南滨。”

① 曾注释张穆的《蒙古游牧记》。

但是丁谦并没有做出任何考证，因此不具有说服力，以致后来鲜卑石室被发现后，与丁谦所认定的地理位置相差太远。

鲜卑山在何处？

历来史家对鲜卑山或大鲜卑山的地理位置有各种不同的说法，归纳起来有以下几种：

一、《辽史拾遗·卷十三》引《隋图经》说："鲜卑山在柳城县东南二百里。"《通典·边防典》也有相同记载。隋时的柳城就是五胡十六国时代鲜卑慕容皝前燕的龙城（故城原在内蒙古自治区土默特旗，后来内蒙古行政区划分变更，裁撤土默特旗，故城在今辽宁省朝阳市朝阳县西）。《大清一统志》更明确指出："今热河朝阳县，即汉之柳城。"朝阳东南二百里有一座山，现在叫松岭，如果《隋图经》所载无误，那么所谓鲜卑山或大鲜卑山，就是今天的松岭。

二、《大清一统志》说："科尔沁右翼中旗，西界鲜卑山。"而清人张穆所著的《蒙古游牧记》中提到"科尔沁右翼中旗""西至塔勒布拉克"，清人何秋涛注曰："七十里接左翼中旗，旗西三十里有鲜卑山，土人名蒙格。"科尔沁右翼中旗现在属内蒙古自治区兴安盟，在突泉县附近，与上面所说的辽宁省朝阳县两者相距将近四百公里。

三、《乾隆舆图》第七排东一，会必拉之西、喀尔喀必拉之东，有锡伯阿林；按满语"必拉"是河，所以会必拉就是辉河；"阿林"是山，锡伯阿林就是锡伯山，而锡伯就是鲜卑的另一个音译，所以锡伯阿林就是鲜卑山。胡林翼在《大清一统舆图》

里也指出，黑龙江、呼伦贝尔城南（今内蒙古自治区呼伦贝尔市海拉尔区）辉河西北有锡伯山，也就是鲜卑山。

四、《太平御览·地部·十》“鲜卑山”条引《十六国春秋》所载：“慕容廆……世居辽左，号曰东胡，秦汉之际为匈奴所败，分保鲜卑山，因复以为号。”《太平御览》在这之后又加上“棘城之东，塞外又有鲜卑山，在辽西之西北一百里，与此异山而同号”。这样看来，五胡十六国的鲜卑慕容部所建前燕境内有一座鲜卑山，而在辽西之西北一百里又有一座鲜卑山。前燕疆域大致在今辽宁省沈阳一线以南，河北省、山东省及江苏省北部。也就是说，在今天辽宁省境内有一座鲜卑山（不是柳城或龙城东南二百里那座），而塞外也有一座同名的鲜卑山。

五、《通典·州郡八》“营州柳城”条自注：“鲜卑山，在县东南二百里棘城之东。塞外亦有鲜卑山，在辽西之北一百里，未详孰是。”《通典》的叙述有部分内容和《太平御览》及《隋图经》的说法相同，但未指明哪一座才是东胡逃奔的鲜卑山。

六、清初顾祖禹《读史方舆纪要·直隶九》“徒河青山”条，顾祖禹自注说：“或曰鲜卑山即青山。”清朝直隶就是河北，但清初直隶要比如今的河北省大得多，清初直隶还包括今内蒙古东部、辽宁省南部地区。

七、近代史学家吕思勉于其所著《中国民族史两种》第四章“鲜卑”及“附录二”指出：“后魏出自西伯利亚”。纵观这本书的第四章及两个附录，吕思勉认为西伯利亚是因为鲜卑民族散布其间而得名，称：“里海以西、黑海之北，古代即有辛卑尔族居之，又拓跋先世，出于西伯利亚，而史亦云‘国有大鲜卑山’，足知鲜卑种人，占地甚广。”根据吕思勉所说，鲜卑山或大鲜卑山在西伯利亚。

日本学者白鸟库吉在其所著《东胡民族考》一书中，考证《魏书》中的“乌洛侯”就是《旧唐书·室韦传》中的“乌罗护部”，进而考证乌罗护部的地理位置在今嫩江流域，因此认为鲜卑石室应该在“乌洛侯国之所在地，既在今嫩江流域，则在乌洛侯国西北部之托拔（即拓跋）氏祖先之石室，亦必在嫩江流域中，而当在兴安岭之近旁，而托拔氏之原住地，亦必在此方面内，盖亦甚明”。

白鸟库吉的考证相当严谨，跟后来所发现的鲜卑石室在地缘上相差

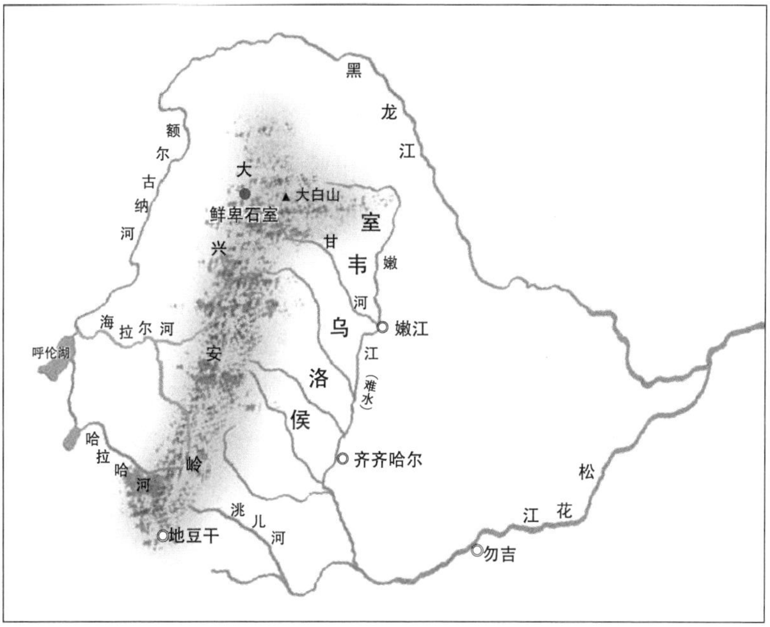

鲜卑石室与相关诸部地理位置示意图

不远。白鸟库吉认为："魏始祖的石室既在乌洛侯国的西北，故知乌洛侯国的方位便可求得石室之所在。同传（指《魏书·乌洛侯传》）云：'其国西北有完水，东北流合于难水，其地小水皆注于难水，东入于海。'完水《旧唐书》称室建河，即今之额尔古纳河，难水即《旧唐书》中之那河，今称嫩江，然则乌洛侯在今黑龙江省之嫩江流域甚明。嫩江流域的西北为额尔古纳河，北魏之祖先的石室当在两河之间的大兴安岭山脉之内。《魏书·帝纪·序纪》有云：'国有大鲜卑山'，此大鲜卑山当在今大兴安岭的北段；又云：'始均逐女魃于弱水之北'。此弱水即今之嫩江。嫩江西北、额尔古纳河东南自古即为蒙兀室韦所居地，蒙兀室韦即蒙古族的祖先，而拓跋鲜卑亦起源于此，所以从地域分布言之，拓跋鲜卑原来的语言和蒙兀室韦应当是相互接近的。"

当代研究古代北方民族史的权威学者马长寿在其所著《乌桓与鲜卑》一书中，进一步考证了鲜卑石室的位置。马长寿依据《魏书》《旧唐书》断定，乌洛侯在今嫩江流域这是很正确的看法，只要乌洛侯的位置能确定，那么在乌洛侯的西北应该就是"鲜卑石室"的所在地了。只要能确实找到"鲜卑石室"，鲜卑山或大鲜卑山就呼之欲出了。

嫩江流域的西北是大兴安岭，这条山脉虽然不算高，但南北绵亘七八百公里，东西宽二百多公里，要在这么一座大山脉里去找一个洞口只有四十步（大约不到四十米）的山洞，就如同大海捞针一般。无数考古工作者耗尽心力在广袤的大兴安岭寻找"鲜卑石室"，结果都徒劳无功，以致有些人怀疑《魏书》上的"鲜卑石室"是杜撰而来的。然而，一些文学家、考古学家仍然锲而不舍地在茫茫的大兴安岭中继续寻找。

1980 年 7 月 30 日，内蒙古自治区呼伦贝尔盟文物管理站由米文平所领导的一群考古工作者，在内蒙古自治区呼伦贝尔盟（现已改为呼伦贝尔市）鄂伦春自治旗（旗治在阿里河市）发现了一个山洞，当地人称之

拓跋鲜卑旧墟石室石刻（内蒙古鄂伦春自治旗嘎仙洞出土）

为嘎仙洞。考古工作者在面向山洞的左边山壁上找到一处文字石刻，这些文字有些是难以辨识的古体字，经北京大学文字学专家解读后，与《魏书》上所记载的祝文相近。这便证实了《魏书》的可靠性。山壁刊刻的文字与《魏书》所载有些许出入，如图所示。

鲜卑山和鲜卑民族

鲜卑山或大鲜卑山已经确定就是今天的大兴安岭，鲜卑石室的发现使鲜卑的研究迈向新的高峰。

东胡部落余众退到今大兴安岭，为什么把这座山叫大鲜卑山？以往有许多学者认为，先有一座山名为大鲜卑山，然后人以山名，其实任何一座山都是由人命名的。笔者认为是先有以“鲜卑”为名的一群人或民族分布在大兴安岭，然后把这座山称为鲜卑山，由于这座山山体庞大，所以称之为大鲜卑山。

战国以前的史料之所以没有记载鲜卑一族，是由于他们没有与中原发生冲突，所以文献上较少出现，后来鲜卑与乌桓等民族组成部落联盟，中原华夏就称这个部落联盟为“东胡”。东胡被匈奴打败后，部落联盟瓦解，鲜卑、乌桓又恢复他们原来的名称。他们分布在今天的大兴安岭山脉，于是中原华夏又称这座大山脉为大鲜卑山。如果真是这样，那又是谁给这座山取名的呢？

鲜卑人是游牧民族，逃到大鲜卑山后，这座大山养育了鲜卑民族，所以鲜卑族对这座大山产生了特殊感情，又由于鲜卑民族有个习惯，每迁徙到一处，总喜欢把周围的山命名为鲜卑山，所以文献上就有好几个鲜卑山。

经过考古学者的努力，已经确定大鲜卑山就是今天的大兴安岭。但是“鲜卑”到底是什么意思呢？

祝词对比表

仆射石室祝文

维太平真君四年癸未七月廿五日
天子臣焘使谒者仆射库六官
中书侍郎李敞傅鍪用骏足一元大武
柔毛之牲敢昭告于
皇天之神启辟之初佑我皇祖于彼土田
历载亿年聿来南迁应受多福
光宅中原惟祖惟父拓定四边庆流
后胤延及冲人阐扬玄风增构崇堂克翦
凶丑威暨四荒幽人忘遐稽首来王始
闻旧墟爰在彼方悠悠之怀希仰余光
王业之兴起自皇祖绵绵瓜瓞时惟多祜
归以谢施推以配天子子孙孙
福禄永延荐于
皇皇帝天
皇皇后土以
皇祖先可寒配
皇妣先可敦配
尚飨

《魏书》所载祝文

天子焘谨遣敞等
用骏足一元大武
敢昭告于皇天之灵
自启辟之初
佑我皇祖
于彼土田
历载亿年聿来南迁
惟祖惟父光宅中原
克翦凶丑拓定四边
冲人纂业德声弗彰
岂谓幽遐
稽首来王
具知旧庙弗毁弗亡
悠悠之怀希仰余光
王业之兴起自皇祖
绵绵瓜瓞时惟多祜
敢以丕功配飨于天
子子孙孙
福禄永延

“鲜卑”的含意

最早出现“鲜卑”两字的文献，是屈原的《楚辞·大招》。之后，《史记·匈奴传》作“黄金胥纰”；《汉书·匈奴传》作“黄金犀毗”；《后汉书·乌桓鲜卑传》也作“鲜卑”；《战国策·赵策》作“师比”；虽然用字不同，其实都是“鲜卑”一词的音译。

但是“鲜卑”这个词汇的意思是什么？在《汉书·匈奴传》中有这样一段话：“皇帝敬问匈奴大单于无恙……服绣袷良、长襦（意为短衣）、锦袍各一……黄金饰具带一、黄金犀毗一……使中大夫意，谒音令肩遗单于。”曹魏史家张晏在注“黄金犀毗”这句话时说：“鲜卑郭洛带，瑞兽名也，东胡好服之。”唐代颜师古更进一步加以注释说：“犀毗，胡带之钩也。亦曰鲜卑，亦谓师比，总一物也，语有轻重耳。”意思是说，犀毗是胡人皮带上的扣环，也叫鲜卑，有时也叫师比，只是在读音上有轻重之别而已。

颜师古认为，无论犀毗、鲜卑、师比，都是一个词的不同音译，但是中国学者布特戈其认为，这三个词各有不同的读音，他在《鲜卑语源考证》中说：“查古代史，鲜卑二字在古汉语中有三种写法和读法，其一写为‘师比’，读作‘斯比’（Sibi）；其二写为‘胥比’（这里的比应为纰之误，但原文如此，所以照录），读作‘苏比’（Subi）；其三写为‘鲜卑’，读作‘森比’（Senbi）。”

布特戈其的说法等于否定了颜师古的观点，不过白鸟库吉在所著的

《东胡民族考》中早已肯定了颜师古的考证，他说："胥纰者，胡语而非中国语。故亦作鲜卑，作犀毗、作师比、作犀比、作私钍；皆同一语之对译耳。……鲜卑之鲜，今虽读 Xian，而古音与犀均读 Sai。"

这一看法与布特戈其的看法南辕北辙，《唐韵正》则认为，鲜、胥、师、犀这四个字的古音都相同。这样看来，白鸟库吉的考证"鲜"古音应读 Sai，布特戈其所考证应分别读作 Sen、Su、Si，还有待进一步商榷。最后仍然是唐代颜师古的训诂最为正确。关于鲜卑的读音问题已经解决了，那么"鲜卑"究竟是什么意思呢？

前面所引《史记》《汉书》《战国策》等史料提到鲜卑、犀毗、师比等词，从文意上看，像是指某件物品的名称。《后汉书》则认为这是山脉的名称，然后再以此山名来命名山中之人，但是都未能说明"鲜卑"一词到底是什么意思。不过，张晏在注《汉书》时指出，"鲜卑"是瑞兽的名称，颜师古则进一步指称是胡人的皮带钩。两人的注释极有价值，张晏指明"犀毗"是"鲜卑郭洛带"，而且是祥瑞动物的名字；而颜师古进一步考证"犀毗"是胡人皮带上的扣环（胡带钩），这是很重要的考证，只有在这个基础上才能做更进一步的探究。

白鸟库吉的《东胡民族考》一书就是在这个基础上进一步考证的，认为无论鲜卑、犀毗、师比都应当读作 Sai-Pi 或 Sa-Pi，而这个词在满语里具有祥瑞、吉兆、灵异天象的意思，而异人也叫 Sabi，鲜卑应当是 Sabi 的对译，并且推崇张晏认定"鲜卑郭洛带，瑞兽名也"是正确无误的。麒麟是祥瑞之兽，而满语读麒麟为 Sabitun。因此，白鸟库吉认定张晏所说"鲜卑郭洛带"的"鲜卑"作"瑞兽"解是正确的。白鸟库吉又进一步对"郭洛"做了考证，以满语称兽为 gurugo，蒙古语称兽为 guruksu，因而"郭洛"就是这两个满语、蒙古语"兽"的音译，"带"是皮带。白鸟库吉的推论普获学界肯定。近年中国考古学界挖掘出"鲜

陆思贤述“鲜卑郭洛带”文

史载有“鲜卑郭洛带”，形状如何，至今不太明了。在日本展出的“中国古代北方骑马民族文物展览会”上，有两副鲜卑人带饰，一副是在土默左旗讨合气村出土的，另一副是在和林县另皮窑村出土的。每副带饰四件，两件是带头，另两件是配在带头左右的饰牌。带头略呈马蹄形，圆头方尾，今称带扣，子扣是长蹄形，母扣是扁蹄形，在母扣上有弧形穿带孔，以便挂纽或系带扣合；饰牌作竖长方体，形状相同，是跟着带头的配饰，每件配饰上都有精细的花纹，如果把它镶上皮带系在腰间，腰前横着四个黄金制成的饰牌，金光闪烁，显得十分富贵华丽，这就是“鲜卑郭洛带”。

卑郭洛带”实物，并曾于1984年5月间到日本公开展出，当代史家陆思贤曾对“鲜卑郭洛带”的形状详加描述。

不论是出土的文物，或是《史记》《汉书》《后汉书》中，对于“鲜卑”这个词，都是指一种东西，只有屈原的《楚辞·大招》里的“鲜卑”才是指人。《楚辞》研究者何敬群对“小腰秀颈，若鲜卑只”的翻译为：“秀颈纤腰，似束了犀带的鲜卑（女子），婀娜明艳。”陆思贤也曾对这两句做翻译：“系上一条鲜卑人的腰带，人就显得瘦高，脖子也显得长了，很是清秀漂亮。”可见在《楚辞》里的“鲜卑”指的是人，但是为何人要以“瑞兽”来命名？

我们可以这样推测，白鸟库吉曾以满语麒麟读音解释“鲜卑”。《礼记·礼运》曾有：“凤皇麒麟，皆在郊棷[①]。”另《史记·司马相如列传》《上

① 棷音“邹”，本是木柴名，在这里读“sǒu”作“深泽”解。

鲜卑民族服饰示意图

林赋》曾有："兽则麒麟角端"。端是一种兽名，形状像豕[1]。唐人司马贞所著的《史记索隐》曾引三国时曹魏训诂学家张揖的论点，对麒麟做了进一步描述。他说："雄曰麒，雌曰麟，其状麇身，牛尾，狼蹄，一角。"然而麒麟既不存在于现实世界中，为何要以麒麟或麒麟的传人自居呢？在鲜卑人分布的地域里（大兴安岭山脉北端）有一种被称为驼鹿的动物，俗称四不像，在今内蒙古自治区呼伦贝尔市鄂伦春自治旗还可以看见。驼鹿的形状和张揖所说的"其状麇身，牛尾，狼蹄，一角"相当接近。早年鲜卑人饮食、穿着、运输无不仰赖驼鹿，即使是今日，鄂伦春人还是离不开驼鹿，而"鄂伦春"一词本身就含有"驼鹿的人"之意。驼鹿养育了鲜卑人，他们把驼鹿视为麒麟[2]，然后再自称麒麟（鲜卑），就如

① 豕音"始"，即猪。

② 麒麟，音译汉字，即"鲜卑"之意。

同汉人崇拜“龙”，自称“龙的传人”一样。鲜卑人因而自称鲜卑，于是中原称其所驻牧的大山脉为大鲜卑山，所以大鲜卑山或鲜卑山是因人名山，而不是因山名人。鲜卑人自东汉以后自大兴安岭向南再向西游牧，每到一处山脉，就命名为鲜卑山，这就是自辽东到内蒙古有好几座鲜卑山的原因，但最早的一座鲜卑山则非大兴安岭莫属。

第二章

从大兴安岭来的鲜卑人

大兴安岭山脉虽然水草丰美，但是纬度偏高，冬天极其寒冷，于是鲜卑民族往更适合居住的地方迁徙。西汉时期，匈奴力量强大，尤其是西汉高祖刘邦时，匈奴冒顿单于的声势如日中天，西汉对匈奴每年既送缯帛米酒，又以良家女子为“翁主”嫁给匈奴单于。匈奴既如此强大，鲜卑则在大兴安岭休养生息，因此在西汉（前 206—25）时，鲜有关于鲜卑的记载。

汉武帝刘彻一生致力于攻打匈奴，西汉以广土众民和物阜民丰的强大经济实力为后盾，面对逐水草而居的匈奴，占据极大的优势。匈奴被西汉打得落花流水，内部五单于分立，呼韩邪单于附汉，称南匈奴；北匈奴力量已经微不足道，这就为鲜卑族向南、向西发展制造了机会。

当匈奴再次强盛时，许多草原上的鲜卑部落都降于匈奴。《后汉书•乌桓鲜卑传》记载，在东汉光武帝刘秀初期，匈奴经常率同鲜卑与乌桓寇掠东汉北边。

蒙古包

蒙古包并不是蒙古人发明的。从匈奴时代开始，甚至是从有游牧民族开始，游牧民族都是居住在帐篷（穹庐）里。只是因为蒙古族是现在依然存在的一个北方草原游牧民族，人们便把游牧民族所居住的帐篷称为蒙古包。

蒙古包顶一般都是圆的。但是在大兴安岭地区，由于能吸收到太平洋水气，水分充足，冬季雪量比较大，所以一直到今天，大兴安岭嘎仙洞附近鄂伦春人的帐篷顶还是尖的，这样冬天下雪时，雪才容易从帐篷滑落地面，减轻帐篷的负担。而帐篷的门之所以向东开，也是为了接受阳光之故。

当时已经有相当数量的鲜卑、乌桓人离开大兴安岭进入呼伦贝尔草原，然后进入今天内蒙古自治区的兴安盟、锡林郭勒盟一带。

鲜卑迁徙路线

东汉时期的漠南草原上，已经有相当多的鲜卑人。到东汉中期，漠南草原上已是遍地鲜卑人，推测这时鲜卑人的迁徙大致可分为以下两波：

第一波是分布在大兴安岭南段的鲜卑部落，其中以慕容部为主，附以段部（或称白部）、宇文部。这个地区土地肥沃、气候温和，早有中原迁来的汉人在此垦地开荒。慕容部就以辽西一带作为根据地，繁衍生息，学习汉人的农耕技术，很快便形成一股强大的力量。

第二波是分布在大兴安岭中段的鲜卑各部落，因为肥沃的辽西地区已经被慕容、段、宇文各部所占据，所以转而向西迁徙。由于部落多，迁徙的地域广，略可分为以下各部鲜卑。

一、陕西关中地区

周室东迁之后，华夏民族也顺黄河而东迁。东汉都于洛阳，政治、文化中心也随之东移，北方一些草原游牧民族乘隙迁入关中地区，其中便有鲜卑人。

鲜卑族大量迁入关中长安、咸阳地区，大致可推定在前赵刘聪遣刘曜据关中时（约 311 年），鲜卑族随同进入长安。东晋明帝太宁三年（前

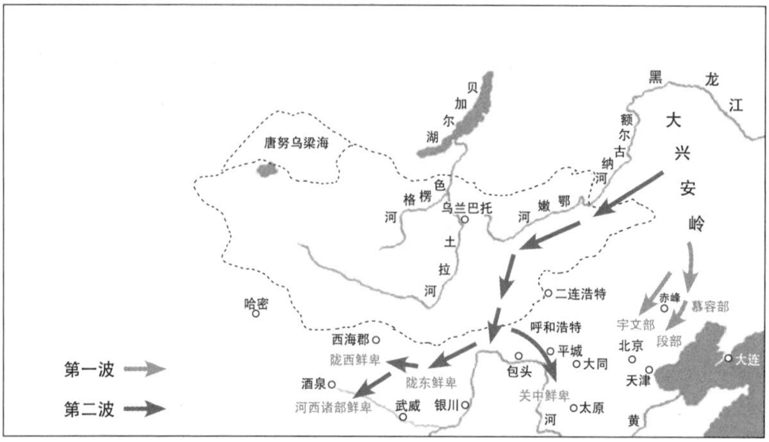

鲜卑诸部迁徙及分布略图

赵刘曜光初八年，公元 325 年），刘曜篡立前赵并迁都长安，“置单于台于渭城（今陕西省咸阳市），拜大单于，置左、右贤王以下，皆以胡（五胡十六国以前，胡专指匈奴）、羯、鲜卑、氐、羌豪杰为之。”可见关中地区确实有相当数量的鲜卑人。前秦建元十九年（383），苻坚兵败淝水（今安徽省境内），鲜卑慕容颢退出长安时，竟然能“率鲜卑男女四十余万口去长安而东”，以致造成“长安空虚”，由此可知关中地区鲜卑人之多。

二、陕北及陇东地区

这个地区大致指关中以北，六盘山、陇山以东地区，即今陕西北部、宁夏回族自治区东部及内蒙古自治区西部，依具体地区不同，又可以分为以下几部：

（一）朔方鲜卑

朔方，见于姚兴“以赫连勃勃为持节安北将军、五原公，配以三交五部鲜卑及杂虏二万余落，镇朔方”。这里所谓“三交”之地，大致指夏州之西，约今陕西西北部的横山，这些地方的鲜卑称为朔方鲜卑。

（二）以三城为中心的鲜卑薛干部

所谓三城，是指今陕西省延安市洛水之北、延水之南的地区，在这片地区中有鲜卑薛干部分布。

（三）以高平为中心的鲜卑破多罗部

高平，今宁夏回族自治区固原市，濒高平川。据《魏书·卷一〇三·高车传》称，破多罗鲜卑的酋长为木易干（或作没奕干），曾经掠夺左右各部，更曾西掠金城（今甘肃省兰州市）、东侵安定（今甘肃省泾川县），后被北魏所灭，并入北魏。北魏孝文帝推行汉化时，破多罗部改姓罗氏。

三、陇西地区

这里所说的陇西地区，是指今天的甘肃东部而言，在这一地区的鲜卑人以乞伏部为主，乞伏部鲜卑曾建立西秦政权。

四、河西地区

这里所说的河西地区，主要指今青海北部、甘肃兰州黄河以西地区，鲜卑族进入这一地区比较早，所以一般文献都称之为河西鲜卑。河西地区的鲜卑族主要是秃发部和慕容部，除此之外还有以下几部鲜卑：

（一）乙弗、折掘鲜卑

《晋书·秃发乌孤载记》载：秃发乌孤曾讨伐乙弗、折掘二部鲜卑，大破之，然后派遣手下将领石亦干筑帘川堡以为都。乙弗、折掘两部鲜卑的位置，据《资治通鉴》所载聚居在秃发部的西边，秃发部都于帘川堡，

乞伏部的由来

关于乞伏部的由来，《晋书》曾有类似传奇式的记载。起初鲜卑有弗斯、出连和叱卢三个部落，从漠北南下漠南的大阴山。他们在路上遇到一条巨蟒，盘踞在路上挡住去路，于是就杀马拜祭，并向上苍祝祷说：如果是善神，就请让开一条路；如果是恶神，就继续堵住路吧！结果，巨蟒不见了，却跑出一个小娃儿来。正好有一个乞伏部落的人年老无子，想领养这个小娃儿，便给这小娃儿取了个名字叫“纥干”。“纥干”在鲜卑语里就是“依靠”的意思。这个娃儿长到十岁时，就能拉开五十斤的弓，弗斯、出连、叱卢部落都觉得这个小孩勇武，于是共推这个小孩为首领，称之为乞伏可汗托铎莫何。“托铎”是鲜卑语，意思是“非神非人”。

而帘川在湟中，所以可以推知这两部鲜卑分布于今青海湟水流域。

（二）河南鲜卑

这里的河南是指金城黄河以南一带，据《资治通鉴》所载：“河南鲜卑吐秣等十二部大人，皆附于秃发乌孤。”

（三）意云鲜卑

《晋书·秃发乌孤载记》载：“吕光封秃发乌孤广武郡公，又讨意云鲜卑，大破之。”依后凉吕光的疆域看，他能出兵讨伐意云鲜卑，总不出河西一带。

（四）北山鲜卑

所谓北山，是指今天宁夏、甘肃交界处的合黎山、北大山，在甘肃省张掖市西北。《晋书·李玄盛传》有以下一段记载：“初（李）玄盛之西也，留女敬爱养于外祖尹文；文即东迁，玄盛从始梁褒之母养之。其后秃发傉擅假道北鲜卑，遣褒送敬爱于酒泉，并通好之。”

另《十六国春秋辑补》也提到北山鲜卑，可见在北山一带确有一群鲜卑人聚牧其间。

（五）思盘鲜卑

思盘是一个鲜卑部落的名称，据《晋书·吕纂载记》称：“（吕）纂番禾太守吕超擅伐鲜卑思盘（部），思盘遣弟乞珍诉超于纂，纂召超将盘入朝。”

同书《沮渠蒙逊载记》也记载：“（沮渠）蒙逊率骑二万东征，次于丹岭，北虏大人思盘率部落三千降之。”

“北虏大人思盘”即为思盘部鲜卑大人，而丹岭就是今天甘肃省丹县南的燕支山（或作焉支山），进而推测思盘部鲜卑的分布地区应在今甘肃省武威、张掖一带。

（六）车盖部鲜卑

胭脂传说

燕支山或作焉支山，是祁连山的支脉，祁连山水草丰美，汉初原是匈奴豢养牲畜的好地方。焉支山盛产一种叫作焉支花的红色小花，汁为红色，匈奴女子用来涂抹在面颊上，显得娇艳可爱。后来汉武帝伐匈奴，夺下河西地区，设置了武威、张掖、酒泉、敦煌四郡，匈奴失去祁连山、焉支山后，曾痛哭而歌：

亡我祁连山，使我六畜不蕃息。

失我焉支山，使我妇女无颜色。

焉支花后来传入汉地，即汉族女子用来化妆的胭脂。

据《晋书·秃发傉檀载记》：“（沮渠）蒙逊大怒，率骑五千至于显美方亭，破车盖鲜卑而还。”可见车盖鲜卑部的确存在，而显美方亭约在今甘肃省武威市西北的永昌、金昌之间。

（七）迭掘、麦田鲜卑

据《晋书·秃发傉檀载记》称：“（沮渠）蒙逊进围姑臧（今甘肃省武威市），百姓惩东苑之战，悉皆惊散，迭掘、麦田、车盖诸部尽降于蒙逊。”麦田在今甘肃省白银市靖远县北，所谓麦田鲜卑显然是指分布在麦田的鲜卑部落。

（八）卑和、乌啼鲜卑

《晋书·秃发傉檀载记》载：“（沮渠）蒙逊西如苕藋，遣冠军伏恩率骑一万袭卑和、乌啼二虏，大破之，俘二千余落而还。”

《资治通鉴·卷一一六》记载东晋安帝义熙九年（413）时也提到这件事，在这条之下，胡三省注称：“汉有卑和羌，居鲜水海。”

《资治通鉴》又载：义熙十三年（417），“河西王（沮渠）蒙逊遣其将袭乌啼部，大破之，又击卑和部，降之。”

苕（音“条”）藋约为今甘肃省金昌市永昌县。青海古时称卑和羌海、鲜水海、西海等，在这里称卑和虏，而不称东汉以来的卑和羌，这是由于五胡十六国时代，人们已经知道在苕藋一带的人不是羌人，而是鲜卑人。

在河西的各部鲜卑，以乙弗部人数最多，势力也最大。其他如思盘、车盖、麦田、迭掘、卑和、乌啼几个鲜卑部落，都在乙弗部附近游牧，其中卑和部，据研究西北古代民族史的权威学者周伟洲考证，可能是乙弗一音的另一种译写。

由此可知，关中、陇山以东、陇西以及河西地区，都有鲜卑族分布其间，虽然很难从文献上得知他们是在何时、从何地迁移而来，但仍可以推测很可能是从大兴安岭中段、南段很早就向南迁到辽西地区，直到匈奴衰亡后。而位于大兴安岭北段的鲜卑人，则是向西进入漠北，然后再向南进入漠南、代北、关中、陇西、河西各地区。

总之，五胡十六国时代，鲜卑族几乎遍布中国北方，较匈奴盛时犹有过之。

鲜卑民族早期习俗

现将鲜卑族的早期习俗加以介绍。此处所谓鲜卑习俗，是指鲜卑族与中原汉人混融之前的习俗，这里分为以下几个方面予以探讨。

一、生活、居住、饮食习俗

据《后汉书》所载，鲜卑人“俗尚骑射，弋射禽兽为事。随水草放牧，居无常处。以穹庐为舍，东开向日。食肉饮酪，以毛毳[①]为衣”。

从中可知，鲜卑人早期以狩猎为生，逐水草而居。鲜卑人居住在“穹庐”里，穹庐就是帐篷，也称蒙古包。鲜卑人在饮食方面都仰赖牲畜，即使到今天，内蒙古地区的牧民仍然如此。

二、氏族伦理

据《后汉书·乌桓鲜卑列传》说，鲜卑“言语、习俗与乌桓同”。

《后汉书》对乌桓习俗是如此描述的：“贵少而贱老，其性悍塞。

① 毳音“翠”，鸟兽细毛为毳。

怒则杀父兄而终不害其母，以母有族类，父兄无相仇报，故也。有勇健能理斗决讼者，推为大人，无世业相继。邑落各有小帅，数百千落自为一部，大人有所召唤，则刻木为信，虽无文字，而部众不敢违犯。氏姓无常，以大人健者名字为姓。大人以下各自畜牧营产，不相徭役。”

从以上文字可知，在公元 1 至 3 世纪（约东汉时期），鲜卑还保持着母系社会特色，所以会“终不害其母”。“大人”是由部众推举“勇健能理斗决讼者”担任，故无国家体系的观念，也没有国家组织。

三、婚俗及妇女地位

鲜卑妇女拥有较高的社会地位，而且是文武兼备。据《后汉书·乌桓鲜卑列传》所载：“其俗妻后母，报寡嫂，死则归其故夫。计谋从用妇人，唯斗战之事乃自决之。”

“其俗妻后母”，就是指收继婚或烝报婚，父亲死后，儿子可以或应该娶除生母以外父亲的其他妻子。不仅鲜卑如此，匈奴、突厥、柔然、乌孙乃至蒙古都有这种习俗。

上面提到鲜卑妇女可以参与一般事务，可见在鲜卑社会中，妇女地位并不低，有时妇女地位还相当高。南北朝时期的北魏、北齐、北周都是鲜卑人所建立的政权，而北朝社会男女相当平等。颜之推曾说：“邺[①]下风俗，专以妇持门户，争讼曲直、造请逢迎，车乘填街衢，绮罗盈府寺（指官衙），代子求官，为夫诉曲。”可知在鲜卑社会中，妇女拥有很高的地位，而夫妻之间更是平等对待。

颜之推又指出：“河北人事（指北齐社会），多由内（指妻子）政，

① 北齐国都，今河北省邯郸市临漳县。

匈奴单于婚俗

匈奴实行财产集中制，假设一位匈奴单于有四位阏氏，依照制度，每位阏氏可以分配到十顶帐篷、十个奴隶以及若干牛、马、羊、骆驼。新单于嗣位后，他的生母地位类似于中原王朝的太后，可以继续享有原来的帐篷、牲畜和奴隶，但其他阏氏所享有的待遇就随着老单于的过世而被收回。为使她们免于冻馁，就由新单于“勉为其难”地承受，再娶这些阏氏，这样她们就可以名正言顺地继续拥有原来的财产和奴隶。

绮罗金翠，不可废阙，羸马悴[①]奴，仅充而已，唱和之礼，或尔、汝之。”这段话是说，以鲜卑文化为主的北朝，夫妻之间完全平等，不同于汉人社会有男尊女卑的现象。

早期鲜卑人的活动，只有重大政治、军事活动汉文文献才会载录，一般的社会习俗汉文文献往往略而不录。及至北魏建立，政治社会才渐趋稳定，有关妇女活动也开始渐见于文献。鲜卑妇女的勇健特征渐渐成为北朝妇女的共有特性。《魏书·李孝伯传》记载了李波（孝伯）之妹的英姿：“李波小妹字雍容，褰[②]裙逐马如卷蓬；左射右射必迭双，妇女尚如此，男子那可逢。”可见鲜卑女子有巾帼不让须眉之态。

《颜氏家训》载：“河北妇人（泛指北朝妇女），织纴组训之事，黼黻[③]锦绣罗绮之工，大优于江东也。”这里的江东泛指南朝，也可以说是汉人女子。

① 悴音“粹”，瘦恶状，指瘦弱的下人。

② 褰音“牵”，提起衣裙。

③ 黼音“抚”；黻音“扶”。黼黻的意思是在礼服上绣花，泛指很细致的女红。

由此可见，鲜卑妇女既能骑射，又善于女红。有学者称，著名的《木兰辞》中，花木兰很可能就是一位鲜卑女子。

四、宗教信仰

据《后汉书·乌桓鲜卑列传》所载，鲜卑人的信仰为："敬鬼神，祠天地、日月、星辰、山川及先大人有健名者。祠用牛羊毕，皆烧之。"

这份文献距今已有一千五百多年，可是居然与近现代人类学、社会学、民族学、宗教学家对初民社会田野考察所得结论不谋而合。从《后汉书》的记载看，早期鲜卑人崇奉的是萨满信仰。在这里只用萨满信仰而不用萨满教是有原因的，从信仰到宗教之间还有很大的距离。《牛津字典》对"宗教"所下的定义是："人类对一种不可见的超人力量的承认，这种力量控制着人类的命运，人类对它服从、敬畏与崇拜。"当代民族学家胡耐安认为："宗教，就字面的含义说，是'有所宗以为教'。"

"有所宗"就是指有所依循，也就是指有些原则或条件。构成宗教必须具备以下七个条件：有自己的神祇；有自己的经典；有专业神职人员；神职人员有传统的服饰；有传统的礼拜仪式；有固定公开的礼拜场所；有趋吉避凶、劝善扬恶等最后审判的说辞。以上这七个条件必须完全具备。从这个角度看，鲜卑民族有很长一段时间都只是信奉萨满信仰。

从匈奴族的刘渊建立"汉"政权起（304）[①]，北方少数民族纷纷建立政权，这时佛教正从中亚传入中国北方。到后赵羯族石勒时，已经有西域僧人浮图澄（或作佛图澄）到后赵传播佛教的记载了。

---

① 刘渊所建"汉"政权到刘曜时改国号为"赵"，由于同时羯族石勒也建立"赵"政权，因此史家把刘曜所建立的赵称"前赵"，石勒所建立的赵称"后赵"，但近年来很多史家将匈奴刘氏所建政权称"汉赵"，以便合于史实。

如今，我们已经很难从文献上找出鲜卑人到底是从何时开始奉佛的，但至少在北魏初期，鲜卑人已经大量信奉佛教。后来在北魏孝文帝太和年间（477—499），北魏全面汉化，孝文帝迁都洛阳后，佛教更进入全盛时期。仅洛阳一地就有佛教寺院一千三百六十七所，全北魏有寺院三万座，出家僧侣两百万人，佛教之盛由此可知。

北魏、北齐、北周佛寺僧侣比较表

时代	京城内寺庙数	全国寺庙数	全国僧尼数
孝文帝太和元年（477）	平城 100 余	6478	77258
北魏末	洛阳 1367	3 万	近 200 万
北齐	邺 4000	3 万	近 200 万
北周	长安未知	1 万	近 100 万

从上表可以看出，北魏、北齐、北周时期，鲜卑人几乎都信奉佛教。

北魏迁都洛阳后，仅洛阳一地就有佛教“道场”一千三百多所，其中有些寺院极尽奢华之能事。北魏后期，杨衒之曾就洛阳一地的寺院加以叙述，撰为《洛阳伽蓝记》，该书评述寺院起造始末，兼收许多历史故事及民间传说，可补正史之不足，尤其该书卷五《城北》收录了早已佚失的《宋云行纪》，更显出此书的史料价值。

据推估，当时北魏全国人口应该不会超过一千万人，但北魏末期全国的出家僧尼多达两百万人。若以一千万人口计，平均每四个人就要供养一个出家人，这对国家和人民当然是一项很大的负担，北魏衰亡固然有很多原因，过分崇佛应该也是其中一个很重要的原因。

五、丧葬习俗

丧葬习俗因民族不同而有所差异，因此丧葬习俗有时也作为识别民族的一个项目。据《后汉书·乌桓鲜卑列传》载，乌桓鲜卑的丧葬习俗为："俗贵兵死，敛尸以棺，有哭泣之哀，至葬则歌舞相送。"可以看出鲜卑人尚武，这是草原游牧民族的通性。

六、日常生活

鲜卑人早期分布于大兴安岭山区，稍后逐渐分布在今呼伦贝尔草原，这片大草原水草丰美，农牧两宜，所以早期鲜卑族不是纯粹的游牧民族。其后，拓跋、乞伏等部向西迁入今蒙古国，再由蒙古国南下漠南，为适应自然环境，鲜卑才转化成纯粹的游牧民族。

据《后汉书》记载，早期鲜卑人的生活方式为："妇人能刺韦[①]作文绣，织氀毼[②]。男子能作弓矢鞍勒，锻金铁为兵器。其土地宜穄[③]及东墙[④]。东墙以蓬草，实如穄子，至十月而熟。"

可见，早期鲜卑有一部分地区已发展农业，只是当时的农业技术还不成熟。

---

① 韦，去毛熟制的皮革。

② 氀音"驴"；毼音"何"。氀毼为毛织物，如地毯。

③ 穄音"际"，即黍。

④ 墙或作蘠、廧，东墙是一种产于北方沙地的植物，就是"沙蓬"，籽可吃，也可榨油。

鲜卑语言

历来史料所记录的鲜卑族语言实在很少，但是鲜卑族语言曾经在北朝大为流行。颜之推曾说：“（北）齐朝有一夫，尝谓吾曰：‘我有一儿，年已十七，颇晓书疏，教其鲜卑语及弹琵琶，稍欲通解，以此伏事公卿，无不宠爱，亦要事也。’”可见鲜卑语在北朝是一种主流语言。但是鲜卑语到底是什么样的呢？很可惜，在文献上记载下来的鲜卑语非常少。我们很难断定鲜卑语在语言学上属于哪一种语族（Language Family），但却可以判定它与汉语完全不同。

人类的语言虽然有成百上千种，但在语型结构上只有四种：一、孤立语型（Isolating Language type）；二、胶着语型（Agglutinative Language type）；三、曲折语型（Inflective Language type）；四、复合语型（Polysynthetic or Incorporative Language type）。

每一个语型包含若干语系，每个语系之下又包括若干语族，语族之下为语支，语支之下为语言，语言之下为方言。中国北方草原各游牧民族的语言在语言类型上都属于胶着语型，而且都属于乌拉尔－阿尔泰语系的阿尔泰语族，历来研究鲜卑史的学者也都认定鲜卑语属于阿尔泰语族。

但是，阿尔泰语族范围很大，必须进一步探讨才能明白鲜卑语的属性。历来有许多关于鲜卑语的研究，大致有以下三种看法。

一、鲜卑语属于匈奴语或变种的匈奴语

持这种说法的研究者认为，匈奴盛时鲜卑曾臣服于匈奴，所以鲜卑人应使用匈奴语，或类似匈奴语。这种说法欠缺证据。匈奴盛时，“楼兰、乌孙、呼揭及其旁二十六国皆以为匈奴”[①]。但我们知道，至少楼兰、乌孙就不说匈奴语。近代许多学者更考证出这些臣服于匈奴的西域绿洲国家各民族使用的是吐火罗语。吐火罗语是属于曲折语型印欧语系里的雅利安语，所以鲜卑语属于匈奴语这种说法是不能成立的。

二、鲜卑语属通古斯语

讨论这个问题时，首先要把东胡和通古斯区别开来。在厘清东胡、肃慎、通古斯三者的关系前，就贸然认定鲜卑语属通古斯语，是无法让人信服的。

女真族建立金朝后，对东胡系的契丹（鲜卑遗绪）横加迫害，而契丹建立的辽朝也曾对肃慎系的渤海国做出灭国的举动。耶律阿保机以太子耶律倍统治原渤海国，并改名东丹，然后把渤海人大量迁往辽西，这些都是对待相异民族的做法。从契丹对待女真及女真对待契丹的做法，就可以很清楚地看出两者不是同族。

东胡与通古斯长久以来就纠缠不清。近人李学曾简洁地指出东胡不是通古斯，当然这未必就是定论，但是却可以肯定，东胡、肃慎不是同一民族。如果肃慎系诸民族是通古斯，那么东胡就不可能是通古斯，既

① 此为匈奴单于致西汉文帝书中用语，不过其中“其旁二十六国”应是“其旁三十六国”之误。

东胡、肃慎、通古斯三者的关系

虽然有许多学者认为东胡就是通古斯，鲜卑也是东胡部落联盟之一，所以鲜卑就是通古斯，但是在今东北地区另有一支古老的民族，叫肃慎系。有学者认为，肃慎系各民族才是通古斯，建立金朝的女真族以及建立清朝的满族都属于肃慎系。这样就等于说东胡就是肃慎，然而事实并非如此。

然如此，属于东胡系的鲜卑就不可能使用通古斯语。

三、鲜卑语源于蒙古语

持该看法的人颇多，也提出不少论证。近人布特戈其就曾经写了一篇《鲜卑主源考证》的文章，指明鲜卑语实源于蒙古语。但这一说法有以下两个缺陷：其一，鲜卑族自秦汉起就在中国历史上扮演着重要的角色，但在隋唐之后，“鲜卑”一词几乎不再见于国史，代之而起的是鲜卑遗绪契丹，而蒙古一词首见于两《唐书》，为五个室韦之一，假设蒙古族是鲜卑部落之一，也只能说明蒙古族是说鲜卑语，而不是“鲜卑语源于蒙古语”。而在任何文献上都找不到蒙古语与契丹语相同的记载，所以鲜卑语源于蒙古语的说法仍有待商榷。

此外，日本学者白鸟库吉所著《东胡民族考》一书，已成为研究东胡、鲜卑、乌桓甚至匈奴者所必读的参考书。此书中提出，鲜卑若干词汇与后来的满语相同，或与某些蒙古语相同，甚至和某些突厥语相同，但都未指明鲜卑语就是满语、蒙古语或突厥语。在没有更多、更明确的论据之前，唯一能确定的是，鲜卑语在语型上是胶着语型，属阿尔泰语中的一支。

鲜卑文字

鲜卑族是否创制过文字，这是一项很值得探讨的课题。众所周知，每一个民族都有自己的语言，但并不是每个民族都有文字。目前全世界使用的文字至少超过百种以上，从文字结构来看，则可以简化为两大类，其一为表音文字，必须听了才能明白其含义；其二为表意文字，也称视觉文字，也就是必须看到文字才能知道其意义，目前全世界似乎只有汉文属于视觉文字[①]。

那么，鲜卑族是否曾经创制过鲜卑文字？如果有，又是什么形状的文字？现在我们只能肯定地说，在东汉以前，鲜卑人没有使用过文字，且看《后汉书·乌桓鲜卑列传》上的记载："大人有所召唤，即刻木为信，虽无文字，而部众不敢违犯。"

后来，鲜卑拓跋部建立"魏"王朝，而《魏书·世祖本纪》中的一段记载使得是否曾经有鲜卑文字这一问题显得更加扑朔迷离。

这段史料明确指出，北魏太武帝始光二年（425）时，曾经"初造新字千余"，如果文献无误，当年北魏确实曾创制了一千多个新字，但是没有指明所创制的这一千多个新字是什么字。

进一步检看《魏书·吕洛拔传》："洛拔，代人也，曾祖渴侯，昭

---

① 这里用汉文而不用中文，有其道理，按中国境内有许多民族拥有足以运用的文字，如维吾尔文、蒙文、藏文、汉文等合起来都称之为中文，如把汉文称之为中文，等于否定了维吾尔文、蒙文等语言也是中文，极不妥适。

成时率五千户归国，洛拔长子文祖，显祖以其勋臣子，以牧曹奏事中散，以牧产不滋，坐徙于武川镇，后文祖以旧语译注皇诰，辞义通辩，超授平阳太守。”

“以旧语译注皇诰，辞义通辩”，其中“旧语”当然是指鲜卑语，那为何“皇诰”既译又注呢？而文祖因为译注皇诰“辞义通辩”，所以被破格提拔为平阳（今山西省临汾市）太守。这里的“皇诰”，是指冯太后所作的《劝戒歌》和《皇诰》，其所以称“皇诰”，据《魏书·皇后传》载：“文成文明皇后冯氏，长乐信都（今河北省衡水市冀州市）人也。承明元年（北魏孝文帝年号，公元476年）尊曰太皇太后，太后以高祖（孝文帝庙号）富于春秋，乃作《劝戒歌》三百余章，又作《皇诰》十八篇。”

北魏孝文帝以幼龄登基，大权操在冯太后手中，为了教育孝文帝，不让他太贪玩，所以才作《劝戒歌》及《皇诰》以督勉他。冯太后虽然来自北燕冯跋家族，但她是长乐信都人，该地都是已经鲜卑化的汉人，所以她以汉文写《劝戒歌》《皇诰》还需要加以翻译。负责翻译的鲜卑人吕文祖必然精于鲜卑语，且通晓汉文，所以才能以“旧语译注皇诰”。

这样看来，似乎真有鲜卑文，否则如何以“旧语译注”？但是如果只据《魏书》这段记载就断定确有鲜卑文，论据似乎略嫌薄弱。主张鲜卑族确曾创制鲜卑文字的学者又从《隋书·经籍志》中找到以下一些数据，用以突显确有鲜卑文字。

《隋书·经籍志》称：“后魏[①]初定中原，军容号令，皆以夷语，后染华俗，多不能通，故录其本言，以相教习，谓之国语。”

“夷语”“本言”都是鲜卑语，后来是因为鲜卑人与汉人融合，以致“多不能通”鲜卑语，所以才“录其本言，以相教习，谓之国语”。因此认

① 即北魏，因在三国曹魏之后，故称后魏。

为记录下来的就是鲜卑文，而且所谓的“国语”，既指鲜卑语，似乎也指鲜卑字。而《隋书·经籍志》所列属于“国语”的书目有以下十多种：

《国语》十五卷

《国语》十卷

《鲜卑语》五卷

《国语物名》四卷[①]

《国语真歌》十卷

《国语杂物名》三卷

《国语十八传》一卷

《国语御歌》十一卷

《鲜卑语》十卷

《鲜卑号令》四卷

《鲜卑杂文》十五卷

《鲜卑号令》（北周武帝撰）一卷

《杂号令》一卷

此外，还有《国语孝经》一卷。《隋书·经籍志》对《国语孝经》特别加以说明：“魏氏迁洛，未达华语，孝文帝命侯伏侯可悉陵以夷语译孝经之旨，教于国人，谓之国语孝经。”

从以上这段文字看，显然有“夷语”版的《孝经》，难怪部分学者主张北魏曾创制过鲜卑文字。如果没有鲜卑文字，如何译《皇诰》《孝经》之旨？

《隋书·经籍志》在中国古代目录学中占有很重要的地位，它把自

① 《国语物名》四卷，是北魏侯伏侯可悉陵所撰。《魏书·官氏志》有俟伏斤氏，而没有侯伏侯氏，近人陈毅在他所撰《魏书官氏志疏证》一文中考定“侯”字当为俟，侯伏侯即俟伏斤之变。《广韵·大止》云：“俟又音祈，祈音从斤，是其证矣。”所以“侯伏侯可悉陵”就是“俟伏斤可悉陵”。

汉至隋的存世图书分为经、史、子、集四部，史部又分为正史等十三部，成为后世图书分类法的基础。以《隋书·经籍志》的权威性，它所载的十几部鲜卑语的书应该是不容置疑的。布特戈其在《鲜卑语源考证》一文中说："据有关历史记载，鲜卑有字母千余，遗憾的是至今仍未发现。"

在布特戈其之前，陈毅在他所撰的《魏书官氏志疏证》一文中，也认为《魏书·世祖本纪》中的"初造新字千余"是指鲜卑文字。我们都知道，汉字是表意或视觉文字，但契丹字或女真字都是表音或听觉文字，与汉字完全不同。而北魏太武帝时期，声韵学还不发达，想要以汉字偏旁列为声母（子音）、韵母（元音），然后辗转相拼鲜卑语言，实在是不太可能。所以陈毅、布特戈其等人所认定始光二年的"初造新字千余"所造的是鲜卑字，还存有疑问。

"初造新字千余"既然不是鲜卑字，那又是什么字呢？《魏书·世祖本纪》载："始光二年，初造新字千余……故篆、隶、草、楷，并行于世，然经历久永，传留多失其真，故今文体错谬，会义不惬，非所以示轨于来世也。……今创定文字，世所用者，颁下远近，永为楷式。"

北魏太武帝之所以要"初造新字千余"，实由于"今文体错谬，会义不惬"，所以创制一千多个新字，以弥补原有汉字的不足，所以北魏太武帝时所"初造新字千余"都是汉字。

本书之所以做此认定，有以下几点理由：

（一）假定布特戈其所称"鲜卑字母有千余"为真，现今举世所有表音文字的字母几乎都没有超过五十个，人类记忆力有其局限，超过一百个符号，一般人几乎无法记住，更何况是一千个字母？表音文字一旦记不住字母，如何学习？布特戈其之所以会认为"鲜卑字母有千余"，想必是误读了《魏书》"初造新字千余"。

陈毅虽然没有指明鲜卑字母有一千多个，但却认为有鲜卑字，想必是把“初造新字千余”误认为是鲜卑字。因为太武帝、吕文祖都是鲜卑人，误以为鲜卑人所造的字当然是鲜卑文字。就算“初造新字千余”真的是鲜卑字，试问只有一千多个字怎么可能翻译出《国语孝经》？所以“初造新字千余”，绝不可能是鲜卑字。

（二）假设北魏时确曾创制过表音式的鲜卑文字，何以一千多年来从未发现？而北魏时代遗留下来的碑铭、文物众多，都没有发现汉字以外的任何文字。契丹字、女真字的创制过程在《辽史》《金史》中都曾加以记载；虽然西夏没有专史，但相关史书如《宋史·夏国传》《辽史补遗》《辽史·西夏外记》等都曾记载党项人创制西夏字。蒙古灭乃蛮时，俘获乃蛮塔塔统阿以畏兀字母拼写蒙古语言，就是流行至今的蒙文[①]，更详载于《元史》《新元史》以及诸多著述。北魏如果真曾创制过鲜卑文字，何以在现存文献中都未曾提到？可见鲜卑文字其实并未被创制。

（三）北魏太武帝太平真君四年（443），因为“鲜卑石室”的发现，太武帝特派谒者仆射库六官、中书侍郎李敞去“鲜卑石室”遥祭鲜卑祖先，并且在石室的左边山壁上刊刻祝祷文。但是“鲜卑石室”刊刻时所用的文字仍然是汉文，只能说明一件事实，那就是根本没有鲜卑文字。

（四）至于《隋书》所称以“旧语”（就是鲜卑语）译出来的那些书，究竟是使用哪种文字来呈现鲜卑语呢？可能是由于草原游牧民族的语言属于胶着语型，复音节单声调语言，有很多音用汉字无法表达，所以才有“初造新字千余”之举，用以充实汉语的读音，以便音译鲜卑语言。像这种以汉字音译不同民族语言的情况在历史上比比皆是，时至今日，

① 以畏兀（回纥）字母拼写蒙古语言的蒙文，一般习惯上称之为老蒙文或回纥式蒙文；元世祖忽必烈曾命藏僧八思巴另行创制蒙文，称八思巴蒙文，元朝灭亡后不再流行。由于老蒙文不能精确表达西蒙古（或作额鲁特蒙古、卫拉特蒙古）语言，因此在老蒙文基础上稍加改造称托特蒙文；1941 年，蒙古国改用俄文字母（息立克字母）拼写蒙古语言，称新蒙文或息立克蒙文。

佛经还是有很多以汉字音译天竺（印度）语言。所以可以推测，北魏“初造新字千余”，所造的都是汉字，目的是为了方便音译鲜卑语。

（五）上面所称以汉字音译诸少数民族语言的情形经常出现在相关史料中。如《晋书·浮图澄传》记载，羯族后赵石勒要去救洛阳之围时，他部下都主张匈奴前赵刘曜兵多，不应该冒险前去，石勒于是走访佛图澄，询问是否可以前去救洛阳，佛图澄说：“相轮铃音云：‘秀支替戾冈，仆谷劬秃当。’”《晋书》指明：“秀支替戾冈，仆谷劬秃当”是羯语的音译，意思就是：“只要军队一出动，就会捉得刘曜。”

北周孝闵帝宇文觉，字陀罗尼，这显然也是胡语的音译，可惜我们现在还不懂它的意思。再如《周书·晋荡公护列传》载宇文泰的侄子宇文护，字萨保，如果光从字面上看，似乎可以解释为“菩萨保佑”，其实很可能是宇文护信奉中亚的祆教[①]，而萨宝或萨保为中亚粟特文中Sirtp’w 的音译，最初的意思是商队的领队，后来逐渐演变成为祆教的一个首领，所以宇文护的字与佛教无关，反而是粟特语的音译。

北齐炀王宪，字毗贺突；比列伏龟，代郡人，字摩头陀；越僭王抬，字豆卢突……这些例子多不胜举，显然都是鲜卑语的音译。

前面《隋书·经籍志》所列的各种以汉字音译的鲜卑语古籍，应该都是汉字音译本。《隋书·经籍志》所提到的书，显然是给既通晓汉字又会说鲜卑语的鲜卑人读的。

北朝鲜卑官员聚集在一起时，总是喜欢说鲜卑语，有汉人官员在场时更是如此。《北史》曾载：“尝有鲜卑聚语，崔昂戏问（王）昕曰：‘颇解此否？’昕曰：‘楼罗、楼罗，实难自解；时唱染干，似道我辈。’”

“染干”是鲜卑语，显然是指汉人，至于“楼罗”，连当时的汉人也不解其意。北魏孝文帝太和十九年（495）下令全面汉化，其中有断北

① Zoroastrianism，由波斯人琐罗亚斯德所创，传入中国称为祆教。

语一项，其实就是禁鲜卑语，诏曰："不得以北俗之语言于朝廷，若有违背，免所居官。"

但人类学习语言的能力是与年龄成反比的，并非一纸行政命令就能改变，许多成年人学不好河洛汉语，因此北魏朝廷不得已又修正诏令曰："今欲断北语，一从正音（指河洛汉语）。年三十以上，习性已久，容或不可卒革；三十以下，见在朝廷之人，语音不听仍旧，若有故为，当降爵黜官，各宜深戒。"

及至隋、唐建立，无论杨氏或李氏，无不强调自身是汉人，那些汉字音译的鲜卑语各书，时间长了就遗失殆尽，以致唐时魏征撰修《隋书》，只能记下那些书名，而不见原书内容，实为可惜。

综合以上所论，可知《魏书·世祖本记》所说的"初造新字千余"，所造的都是汉字，所以鲜卑人并没有创制鲜卑字。

第三章

鲜卑的列国时代（上）

中国自秦始皇一统天下，建立中央集权的王朝，至清宣统皇帝宣布退位，前后共两千一百三十二年（前 221—1911）。这期间有六七十个政权或朝代，如果以统治者族籍来看，可分为四类，分别为汉人、胡族、汉化的胡族以及胡化的汉人。

以秦至清的两千一百三十二年作为时间的纵轴，以清末的疆域作为空间的横轴，在这个时空里，我们将这六七十个政权或王朝创建者的族别，按上面所说的四类加以划分。

一、汉人建立的政权或王朝

秦、两汉、三国、两晋、前凉、西凉、南朝（宋、齐、梁、陈）、五代中的后梁及后周、十国、两宋、明，累计统治年代约为两千一百年，王莽建立的新、武则天建立的周以及南明未统计在内。

二、胡族建立的政权或朝代

汉赵（或前赵）、后赵、前燕、后燕、西燕、北燕、南燕、前秦、后秦、西秦、北凉、南凉、后凉、代、夏、成汉、北魏（含东、西魏）、

“胡”族之意

汉文史料对非汉民族的称谓很多，如犬戎、蛮、蜀、闽、貊、匈奴等。自古以来，非汉民族不胜枚举，如果每次都要一一列出，则太累赘，所以统一以“胡”称之。

辽、金、西夏、元、清，累计统治年代有三千多年，而高车汗国、柔然汗国、回纥汗国、黠戛斯汗国、吐谷浑、吐蕃（音“钵”，今藏族）王朝、准噶尔汗国等没有统计在内。

三、汉化的胡族建立的政权或王朝

孝文帝之后的北魏，五代中的后唐、后晋、后汉，十国中的北汉，入关后的清朝，累计统治年代有三百年左右。

四、胡化的汉人建立的政权或王朝

北朝中的北齐、隋、唐等，累计统治年代有四百多年。

以民族而言，汉人所建立的政权或王朝最多，其次就是鲜卑族。鲜卑族建立有前燕、后燕、北燕、西燕、南燕、代、西秦、南凉、北魏、北周等十政权或王朝。另外还有一个由少数鲜卑人统治，最后融入羌族的吐谷浑政权。以下把这些鲜卑族所建的政权加以介绍，至于北魏、北周及北齐都有正史，是中国的正统王朝，故另辟专章予以叙述。

檀石槐

鲜卑慕容部最早的聚居地区可能是在大兴安岭南段。东汉时期，慕容部就南下到水草丰美、气候温和的辽西一带游牧，而这个地方是匈奴的势力范围，当匈奴强盛时，迁徙到辽西一带的鲜卑人便臣服于匈奴。其中一个叫投鹿侯的鲜卑人曾经在匈奴军队里当了三年兵，当他回家时，妻子却生了一个小孩。投鹿侯要杀掉这个来历不明的小孩，妻子却说："我是有一天大白天在外头行走时，听到闪电打雷，没想到闪电进入嘴里，因而有了身孕，可见这个小孩来历不凡，应该把他养大，将来说不定还会创下一番事业。"投鹿侯当然不相信，他的妻子只好求娘家人收养了这个小孩，并且给这个小孩取名为"檀石槐"。

檀石槐长大后，勇健而极有智慧，十四五岁时，别部鲜卑大人（鲜卑早期称部落首领为大人）卜贲邑率众来掠夺檀石槐外家（即他母亲的娘家）的牛羊，檀石槐立刻骑上马前去追击，所向无敌，夺回所有牲畜。他以英勇机智的表现得到部落里鲜卑人的敬畏和服从。

于是，檀石槐颁布法令，平断曲直，无人违抗，他就这样被推举为部落大人。檀石槐成为部落大人后，把牙庭设在高柳北三百多里的弹汗山（约今河北省张家口市张北县附近）啜仇水边。檀石槐威名远播，鲜卑东、西部大人都来归附，声势立刻壮大起来，兵多马壮。檀石槐于是向南寇掠汉人边地各郡；北拒高车（今贝加尔湖附近），西攻乌孙（今新疆维吾尔自治区伊犁河流域），东击夫余（肃慎系民族），完全占领了匈奴强盛时的疆域，此时他的疆域东西达两万多里。这时停留在草原上的许多匈奴部落见鲜卑声势浩大，也都纷纷自称鲜卑，鲜卑遂成为东汉的心腹大患。东汉桓帝（147—167 年在位）曾派使者匈奴中郎将张奂率军前往讨伐，无功而返后，改用招抚的方式，想封檀石槐为王，派使者带着王的印信去拜见檀石槐，更意欲与檀石槐和亲，但是檀石槐都不接受，反而进一步寇掠东汉边境。

檀石槐把广大的疆域分为东、中、西三部，情况大致如下：

北朝（386—534）褐釉陶俑

北京海淀区出土，北京首都博物馆藏

东部：从右北平（今河北省承德市平泉县）以东到辽东接夫余、濊貊为东部，有二十多个邑落，以弥加、素利、槐头这三人为东部大帅。

中部：从右北平以西到上谷（约今河北省张家口市怀来县）为中部，有十几个邑落，以柯最、阙居、慕容三人为大帅。

西部：从上谷以西至敦煌、西接乌孙为东部，有二十几个邑落，以鞬落罗、推寅、宴荔游三人为大帅。

以上东、中、西三部都归檀石槐统御管理。

鲜卑“慕容”之由来

檀石槐中部大帅中有一人姓慕容，就是鲜卑慕容部的源头。“慕容”

是什么意思？历来众说纷纭，莫衷一是。慕容部壮大并建立政权后，后代史学家对慕容氏的起源及其含意做了猜想。

“慕容廆，字奕洛环，昌黎棘城（今辽宁省义县）鲜卑人也。其先有熊氏之苗裔也，世居北夷，邑于紫蒙之野，号曰东胡。其后与匈奴并盛，控弦之士二十余万，风俗官号与匈奴略同。秦汉之际为匈奴所败，分保鲜卑山，因以为号。曾祖慕护跋魏初率其诸部大人入居辽西，从宣帝伐公孙氏有功，拜率义王。始建国于棘城之北。时燕代多冠步摇冠，慕护跋见而好之，乃敛发袭冠，诸部因呼之为步摇，其后音讹，遂为慕容焉。或云：慕二仪之德，继三光之容，遂以慕容为氏。”

从《晋书》这一段所载，我们可以得出以下几个论点：

（一）慕容廆是世居昌黎棘城的鲜卑人。

（二）慕容廆的先人是有熊氏的苗裔，世居北夷，号为东胡。

（三）秦汉之际被匈奴所打败，分保鲜卑山，所以号为鲜卑。

（四）慕容廆的曾祖慕护跋在曹魏（220—265）初年，曾率诸部入居辽西，并跟从宣帝讨伐公孙氏有功，被封为率义王，才开始在棘城之北建立国家。

（五）当时燕、代（今河北北部及山西北部）人喜欢戴“步摇帽”。步摇帽可能就是今日京剧中所见官员的帽子，也就是唐、宋、明代官员的帽子，因为帽子的两翅会因走动而摇晃，所以叫作步摇帽。官职愈高帽翅愈长，走起路来必须四平八稳，才不会过度摇晃，可以显出官员的威仪。这让慕护跋好生羡慕，所以就把头发束在头顶，戴上步摇帽，因而各部鲜卑就称他为步摇，后来步摇读音讹为慕容，就称之为慕容部。或者另有一说是由于“慕二仪之德，继三光之容”，所以被称为慕容部。

以上这五种说法，像“其先有熊氏之苗裔”“步摇之说”“慕二仪之德，继三光之容”纯属臆测之词，早在胡三省注《资治通鉴》时就指出：“余

白鸟库吉之疑

> 《晋书》所见慕容氏之祖先之住地，当在鲜卑之东部；与《三国志·魏书》所见中部大人慕容之领域，自异其方位，想慕容氏之祖先，汉代放牧于右北平至上谷之间，其后转徙于东部，遂为慕容之祖先耶？若不然，则有慕容（bayan）之称之酋长不限一人；《三国志·魏书》之慕容与《晋书》之慕容氏本无何等关系耶？文献无征，无由知之矣。（《东胡民族考》，第64页。）

谓步摇之说，或云之说，慕容氏既得中国，其臣子从而谓之辞。”

可见“慕容”一词，既非源于步摇帽，更与“慕二仪之德，继三光之容”无关。然而，“慕容”一词究竟从何而来？白鸟库吉从满蒙语言上加以考证，认为“慕容”一词应该是蒙古语 bayan 的汉字音译。bayan 一词，元以后的汉字多用“伯颜”来音译，该词在蒙古语里含有“酋长、长官、君长”之意。若白鸟库吉的推论没有错，可知鲜卑慕容部首领的姓是来自祖先的官爵名称。其实以祖先的官爵为姓并不少见，如汉人的姓氏司马、司徒、上官、帅、侯等，都是来自祖先官爵的名称。也许 bayan 这个词在公元2至3世纪时最接近汉语的“慕容”，而且这两个汉字无论字形或字义都无轻蔑或不雅之意，后来慕容氏建立燕政权，为美化领导者，一则使用这两个既美观又好听的字作为元首的姓氏，再则创造出“其先有熊氏之苗裔也”的说辞。所以，白鸟库吉推测慕容源自 bayan 有相当的可信度。

另有学者这样认为：檀石槐时，慕容是中部大帅之一，而中部在右北平以西至上谷一带，这与《晋书》上所说慕容廆昌黎棘城鲜卑人似乎有些出入，两者是否有关，不免令人有些疑虑。就连白鸟库吉本人也是有所存疑。

白鸟库吉以文献无征，无法推论东汉桓帝时为鲜卑檀石槐中部大帅的慕容是否与东晋时的慕容廆有族源关系。

须知北方草原游牧民族迁徙的范围非常广，自上谷、右北平到辽西的昌黎棘城，就游牧民族而言，可谓近在咫尺。何况《晋书》只说慕容廆是昌黎棘城鲜卑人，并没有说慕容廆先世是昌黎棘城人或世居昌黎棘城。

慕容廆在西晋武帝太康六年（285）时自称大单于，距中部大帅慕容已有一百多年，况且上谷、右北平与辽西昌黎之间既无崇山峻岭之阻，也无深沟纵谷之隔，向东徙牧并无任何困难，因此可以断定慕容廆祖先从上谷、右北平迁徙到昌黎。如果事实如此，则辽西慕容部便是檀石槐时的中部鲜卑。

关于慕容廆一系，《十六国春秋》有进一步的叙述："慕容廆字奕洛环……祖木延左贤王从毌丘俭征高句丽有功，加号大都督，又涉归以全柳城之勋，进拜单于，迁邑辽东，于是渐变胡风；自云慕二仪之德，继三光之容，遂以慕容为姓；（慕容）廆身长八尺，有度，晋安北将军张华一见奇之，谓曰：君后必为命世之器、匡难济时者也。涉（归）卒，弟耐立，将谋杀廆，廆亡潜于辽东徐郁家，太康元年（280）国人杀耐，迎廆立之，太康十年（289），又迁于徒河之青山，元康四年（西晋惠帝年号，公元 294 年），定都大棘城，所谓紫蒙之邑也。"

从上面这段引文中我们得知，所谓"慕二仪之德，继三光之容"乃是慕容廆和汉人相处日久，改变胡风，对原来读音为慕容的姓氏硬加以华丽的解释。另据近代王桐龄列有慕容廆的世系，今参酌各书，将慕容廆世系表列如下：

慕容廆世系

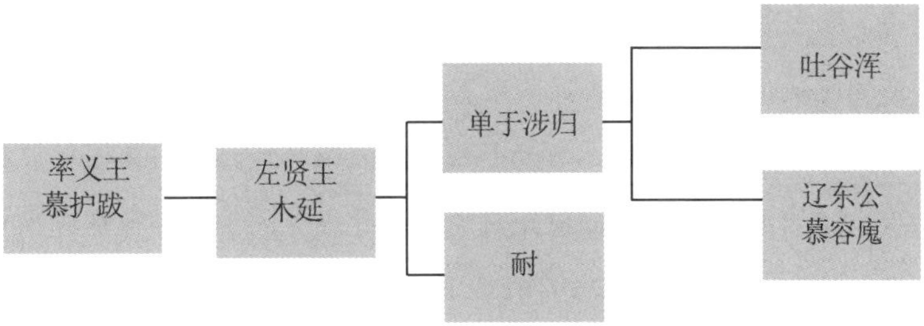

鲜卑慕容部慕容廆为部人迎立，就在太康六年（285）自称大单于，这也是鲜卑人称单于之始。

鲜卑慕容部的崛起

慕容廆既然自称大单于，而且力量日渐强大，于是就和辽东塞外的鲜卑宇文部产生竞争。慕容部最后战胜了宇文部，于是东部鲜卑就以慕容部为主。慕容部鲜卑人皮肤较为白皙，与宇文部、拓跋部有所不同，于是也有“白部鲜卑”的称号。由于肤色较白，所以东晋很多皇室或士大夫都以慕容部的鲜卑女子为婢妾，例如东晋明帝司马绍的生母荀氏就是慕容部女子。

西晋八王之乱时，北方南匈奴后裔刘渊在西晋惠帝永兴元年（304）建立“汉”政权，北方各胡族遂有自立之念。

西晋经八王之乱后元气大伤，而此时近在辽西的鲜卑慕容部力量正蒸蒸日上。西晋欲笼络慕容廆，所以西晋怀帝永嘉六年（312）时，拜慕容廆为散常侍、冠军将军、前锋大都督、大单于。慕容廆当然知道西晋的用心，所以辞而不受。

慕容廆从鲁（今山东省）请来耆宿硕儒孔慕为宾，又从平原请来精通儒学的刘赞为东庠祭酒，令世子慕容皝以及其他慕容贵族子弟前往受学，慕容廆的庶长兄吐谷浑也在其中。由此可见，慕容部在崛起之初就已经接触到中原文化，而慕容贵胄或多或少也都接受了中原文化的熏陶。

东晋元帝大兴四年（321），东晋派使者渡海到慕容部所在的辽西，拜慕容廆为使，持节督幽平东夷诸军事车骑将军、平州牧，并封为辽东郡公、持丹书铁券，承制海东。及至东晋成帝咸和元年（326），东晋又拜慕容廆加侍中位特进。慕容廆虽然没有建元立号，但是实际上已经等同国君。咸和八年（333），慕容廆卒于文德殿，享年六十五岁，由此可以推算，他应生于西晋武帝泰始五年（269），上距其先祖慕容为檀石槐

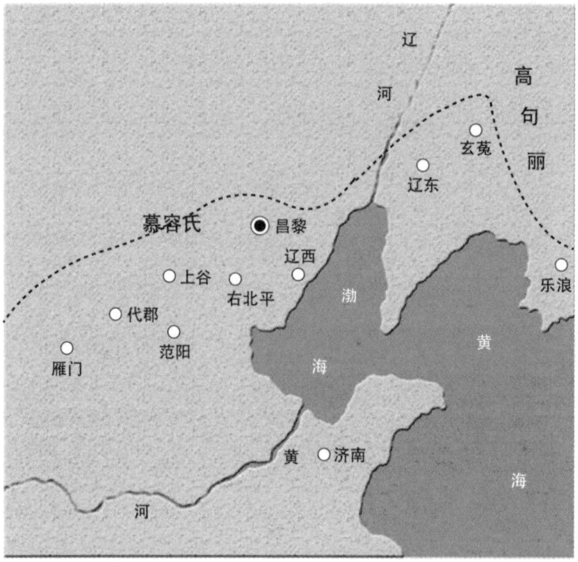

鲜卑慕容部略图

中部大帅已经有一百年之久。以三十年为一代推算，慕容廆的曾祖父慕护跋，很可能就是中部大帅慕容的子侄辈。慕容廆的死讯传到东晋时，东晋派使者赠慕容廆车骑将军、开府仪同三司①，谥襄公。

慕容廆死后，世子慕容皝嗣立，史称慕容皝“字符真，廆第二子，小字万年，长七尺八寸（约今180厘米以上），雄毅善权略，博学多才艺”。东晋元帝建武元年（317），慕容皝就被东晋拜为振武将军，到东晋元帝永昌元年（322），又被东晋拜为左贤王，在东晋明帝太宁三年（325），拜为北平将军、朝鲜公。从这个封号可以推测，当时鲜卑慕容部的力量可能已经统治了今朝鲜半岛。

慕容皝于东晋成帝咸和八年（333）即辽东公位，行平州刺史、督摄慕容部内诸军事。次年，东晋又遣谒者拜慕容皝为镇军大将军、平州刺史、大单于、辽东公。

前燕建立

慕容皝一如其父，善用汉人儒者，以左司马封奕为长史②。封奕等大臣认为，慕容皝位轻任重，不足以服众，应该称燕王。于是慕容皝在东晋成帝咸康三年（337）自称燕王，追尊其父慕容廆为武宣帝，同时设置百官，拜封奕为相国，起文昌殿，出入警跸，立夫人段氏（可能来自段部鲜卑）为后，世子慕容儁为太子，国家建构大致完成，史称“前燕”。

① 三司指三公，一说指司马、司空及司徒；仪同三司，指参照三司。

② 官府、军府属吏的官员，在当时形同文官之长。

慕容皝虽自称燕王，但并未建元。慕容皝立为燕王的第二年（338），约今天内蒙古西部草原上的鲜卑拓跋什翼犍收西部鲜卑各部落成立“代”政权，建元建国，一时之间称雄西部草原。

慕容皝为结交外援，就在称王的第三年以妹妹嫁代国的拓跋什翼犍，于是慕容、拓跋两部结为亲家。两年后，慕容公主病故，拓跋什翼犍再向慕容皝请婚，慕容皝要求“代”送来一千匹马作为聘礼，拓跋什翼犍不但不肯给，态度还傲慢无礼。就在这年（341）八月，慕容皝派太子慕容儁率军前去攻讨代，什翼犍率众避开，前燕军队空手而回。次年，拓跋什翼犍再遣其大人长孙秩到前燕请婚，这次慕容皝以女[①]嫁拓跋什翼犍。前燕与代似乎又恢复了良好关系。

前燕慕容皝六年（东晋成帝咸康八年，公元342年），东晋为了拉拢前燕，又遣鸿胪[②]郭忱为使持节，拜慕容皝为侍中、大都督、河北诸军事大将军、燕王。同年，前燕大破匈奴刘虎，于是迁都龙城，国势更加强大，这时建威军慕容翰向慕容皝建议：先破高句丽，后解决宇文部，最后再图中原。

慕容皝依计而行，前燕于是大破高句丽，接着就攻灭宇文部，把宇文部五万余人迁到昌黎。此外，前燕又向东劫掠夫余，俘获夫余王及人民五万多人而回；顺带又大败段部鲜卑，俘获了许多段部鲜卑部众，前燕于是成为称雄辽西的强国。其疆域大致从今日天津、北京以北到东北的广大地区，并且将高句丽纳为属国，成为北方大国。

前燕不仅勤于开疆拓土，而且也精于内政，朝廷致力于发展农业，以使人民免于饥饿。慕容皝说：“君以黎元（指百姓）为国，黎元以谷为命，然则农者，国之本也。”于是慕容皝经常巡行各地，劝课农商。

① 一说宗女，即非皇帝所生，但为同宗室之女。

② 汉时为九卿之一，武帝时改名大鸿胪，掌管少数民族事务。

前燕奉车都尉印

上海市博物馆中国历代印章馆藏

这时中原战乱，民不聊生，大量汉人流亡辽西，以致前燕境内“流人之多归土，十倍有余，人殷地狭，故无田者，十有四焉”。[①]汉人流亡前燕，足以证明前燕的施政颇得人望。

为解决农田不足的问题，慕容皝将原属皇家的园林开放，作为农田，让耕者有其田，史称“省罢诸苑，以业流人”。慕容皝之所以能这样克己养民，有很多是得于其父慕容廆的做法。慕容廆时期已经有许多中原汉人避祸辽西，他对来归的汉人都做出妥善安置，特别设立侨郡、侨县。譬如从青州（今山东省青州市）来归的汉人，就在境内设营丘郡[②]，使来归汉人不致有离乡背井之感。慕容廆此举可说深具政治手腕，而慕容皝颇得乃父真传，诸多措施注重民意，因而深得民心。

俗语说：君待臣以礼，臣事君以忠。慕容皝既能辑抚流亡，省罢诸苑，以业流人，所以来归的汉人也乐于为其所用，因此前燕的政治、经济都打下了良好的基础。慕容皝在位十五年，卒于东晋穆帝永和四年（348），享年五十二岁，谥文明帝。

① 《晋书·慕容皝载记》。

② 营丘在青州，青州为古九州岛之一，让青州来归的汉人定居在名为营丘的地方，有宾至如归之感。其所设之营丘郡约在今辽宁省沈阳西南。

前燕初建的北方局势

此时，草原游牧民族开始在中原建立政权，而匈奴人建立的汉赵政权（刘渊建国时定国号为汉，刘曜时为赵，史称前赵）已经于公元 329 年被羯族后赵石勒所灭。石勒生前威望隆盛，慕容皝当然不敢轻举妄动，否则就有国亡族灭的危险。

公元 333 年石勒一死，后赵就陷入动乱，所以慕容皝也在这一年即辽东公位。四年后，后赵形势愈加混乱，夺得帝位的石虎残暴不仁，史称“荒游废政，外耽营缮”，显然不孚众望，所以慕容皝才于 337 年称燕王，至于长史封奕说的“位轻任重”，只是个借口。

慕容皝既卒，太子慕容儁嗣立。慕容儁字宣英，小字贺赖跋，是慕容皝次子。据史传所载，慕容儁身高八尺二寸，姿貌魁伟，博览群籍，有文武之略。《十六国春秋》则指他“善为文，雅好辞赋”。他即位之后，立即大赦境内，由于当时前燕并未建元，仍奉东晋为正朔，因此慕容儁也遣使向东晋告丧，同时以弟弟慕容交为左贤王，左长史阳骛为郎中令①。

慕容儁建元称帝

东晋穆帝于永和五年（349）遣谒者陈沈拜慕容儁为都督河北诸军事、

① 领诸郎而为之长，所以称郎中令。

东晋陶侍女
国家博物馆藏

幽冀并平四州牧、大将军、燕王，承制封拜，一如慕容皝。次年，前燕伐冉闵（原为后赵石虎的汉人部下）所建立的冉魏[①]，大胜，并活捉冉闵。适逢前燕大赦，慕容儁责问冉闵说："汝奴仆下才，何得妄称帝？"冉闵回答说："天下大乱，尔曹夷狄禽兽之类称帝，况我中土英雄何得不称帝耶！"慕容儁勃然大怒，狠狠打了冉闵三百鞭，然后将其押到龙城。被冉闵一激，慕容儁就自称皇帝，是为景昭帝，并建元元玺。不久，就在龙城杀了冉闵。同年，前燕大旱，蝗虫成灾，景昭帝有所感悟，于是派人祭祀冉闵，并谥冉闵为悼武天王。

建元称帝之后，景昭帝把国都从龙城迁往蓟城（今北京市），之后又迁到邺。这时前燕达到全盛时期，其疆域计有平、幽、中、洛、豫、兖、青、冀、荆、徐等州，相当于今河北、山东、山西、河南及辽宁等地，

① 后赵末期，诸石内讧，汉人冉闵为石虎义子，称石闵，石虎死后，石闵为后赵辅国大将军，恢复冉姓，他大杀诸石及羯族胡人，死者达二十多万人，后冉闵自立为帝，国号为魏。

桓温三征前燕

桓温第一次北伐是在东晋穆帝永和十年（前燕元玺三年，公元 354 年），因粮食不继，退回。

第二次北伐是在永和十二年（356），桓温曾收复洛阳，故主张将东晋迁都洛阳。东晋群臣因久居江南，耽于南方温和的气候、丰富的物产，也就是贪于逸乐，因此举朝反对迁都。此后十几年，东晋内部紊乱，当然就谈不上北伐了。

一直到东晋废帝太和四年（369），桓温才第三次北伐前燕。这年四月，桓温率五万大军自姑孰（今安徽省当涂县）北上，六月，大军抵金乡（今山东省济宁市金乡县北）。当时天旱水浅，水运不通，之后只能勉强前进。到了八月，前秦苻坚出兵两万援助前燕，桓温听说前秦援军将至，就焚烧船只，丢弃辎重，从陆路退兵，沿途又被伏击，桓温大败，损失将士三万多人，于是第三次北伐又告失败。

已成为当时北方第一大国。东晋桓温曾先后三度率师北伐，都无功而返。

前燕景昭帝光寿四年（360），景昭帝崩，庙号烈祖。皇位由三子慕容暐嗣立，是为幽帝。幽帝在位期间，多次与东晋交兵，都获得胜利，如前燕幽帝建熙五年（364），前燕太傅慕容评（慕容皝之弟）、龙骧将军李洪略地河南，攻下许昌（今河南省许昌市）、汝南（今河南省驻马店市汝南县）、陈郡（今河南省周口市），东晋颍川（约今河南省中部）太守李福战死。次年，前燕又夺下洛阳，而且更进入崤谷（今函谷关一带）、渑池（今河南省渑池县）。但建熙十年（369），桓温第三度率师北伐，前燕接连吞下败仗，高平（今山西省高平市）太守徐翻更举郡降于桓温。前燕于是派安乐王慕容臧统率诸军以拒桓温，结果也吃了败仗，不得已求救于前秦苻坚。此时桓温大军已经到了枋头（今河南省鹤壁市浚县），智勇双全的前燕吴王慕容垂（慕容皝第五子）请缨击敌，获得胜绩。幽帝派散骑侍郎乐嵩向苻坚求救，并且答应一旦击退东晋桓温，便把虎牢（今河南省荥阳市）以西之地割让给前秦，前秦决定出兵两万。桓温听说前秦援军将到，急忙从陆路南返，前燕才总算躲过一劫。

前燕之祸

幽帝嗣位时仅十一岁，这时前燕内部已呈现对立形势，初期由叔父慕容恪（321—367）[①]秉持朝政，慕容恪死后，由慕容评秉政。慕容评才质平庸，又忌恨侄子吴王慕容垂的才华，《晋书·慕容暐载记》称："内则暐母乱政，（慕容）评等贪冒，政以贿成，官非才举，群下切齿焉。"慕容垂从枋头凯旋，更是受到朝野的拥护，引起慕容评的忌恨。当时慕容垂上奏："所募将士忘身立效，将军孙盖等推锋陷阵，应蒙殊赏。"慕容评于是压下这份奏折，慕容垂大为光火，二人在朝廷发生争执，怨隙愈来愈深。太后足可浑氏素来与慕容垂不合，竟然和慕容评密谋杀掉慕容垂。慕容垂知道自己身处险境，决定避开。慕容评派兵追杀，慕容垂在不得已的情况下投奔前秦苻坚。前燕骨肉相残，已埋下覆亡的种子。

前燕自龙城迁都邺后，后宫佳丽竟多达四千多人，每天需要的开销就有万金之多。为维持巨大的支出，只好年年向人民增加税收，国库空虚，

① 慕容恪，字玄恭，昌黎棘城人，鲜卑族，五胡十六国时期前燕杰出的政治家、军事家、统帅。

慕容恪

军备松弛，整个前燕彻底腐化，朝臣皆以崇尚奢靡为风。

前燕幽帝建熙十一年（370），前秦苻坚派辅国将军王猛、镇南将军杨安等人率步骑六万攻打前燕。两军对垒，前燕大败，五万多人被俘。苻坚又亲率十万大军前来与王猛会师，大军攻入邺都，幽帝率诸臣逃奔龙城，中途被苻坚所擒，苻坚“哀而释之，令还宫，帅（同率）文武出降”，前燕诸州牧守及六夷渠帅都降于前秦。前秦得前燕一百五十七郡、二百四十六万户共九百九十万人，前燕宫中女子、珍宝也被分赐给有功将士。

前燕自慕容廆称大单于，到慕容暐被苻坚所擒，共传四主，计八十五年。

灭前燕后，苻坚把鲜卑四万多户强制迁到关中，置于前秦都城长安及近畿各地。这些鲜卑俘虏处于社会最底层，生活非常悲惨，如慕容廆之弟慕容运的孙子慕容永，在前燕时是王公贵族，过着奢侈豪华的生活，可是迁到长安后，据《魏书》所载，“徙于长安，家贫，夫妻常卖靴于市”。鲜卑贵族尚且如此，一般平民的生活应该更为悲惨。因此，这些鲜卑人无时无刻不在想着如何才能恢复故国，只是苻坚治国有方，前秦也始终

苻坚小传

苻坚是氐族人。氐族与中原华夏民族很早就有往来，如《诗经·商颂·殷武》就提到："昔有成汤，自彼氐羌，莫敢不来享，莫敢不来王。"可见氐族与华夏有着源远流长的历史关系。

据《三国志》裴松之注引《魏略》说："（氐）各自有姓，姓如中国之姓矣……多知中国语，由与中国错居，故也。"

氐族苻氏到苻健时才建元立号，史称前秦。苻坚是苻健弟苻雄之子。据史传载，苻坚"性至孝，有气度，博学多才艺，年十一便有经略大志"。苻坚继承大位后，以王猛为相，国内大治。苻坚不嗜杀人，而且知人善任，在淝水战前（383年）统一中国北方，境内国泰民安。

东晋贵族生活图

这是中国目前所见保存完好、时代最早的纸画

维持着强大的武力，使这些鲜卑人不敢妄动，但已在前秦核心地区埋下一颗随时可能爆炸的地雷。

慕容垂建后燕

前秦灭前燕后，声威大盛，黄河以北尽入前秦版图，苻坚更是立下统一中国的宏愿，欲讨伐东晋。慕容垂投奔前秦实为出于无奈，《晋书》说他“外假秦声，内规兴复”。虽归附于前秦，却处处保存实力，避免参与前秦的对外战争。不仅如此，慕容垂更设法增加自己的实力。

苻坚手下的重臣王猛深谋远虑，多次告诉苻坚，前秦必须先彻底消灭境内的匈奴、鲜卑、羌、羯等各民族力量，才能对外征战；而东晋君臣和睦，国无内忧，切不可轻易讨伐。前秦苻坚建元九年（373），王猛去世，临终前他再三提醒苻坚，千万不可南下攻讨东晋。苻坚痛哭着对太子说：“天不欲使吾平一六合，何夺吾景略（王猛字景略）之速也。”[1]

王猛过世后，苻坚确实没有大规模讨伐东晋，并且一心建设前秦，广修学宫，推办教育；劝课农桑，提升经济。

但建元十九年（东晋太元八年，公元383年），苻坚眼见前秦国泰民安，于是不顾亲信大臣劝阻，下令动员全国军队，带领号称可“投鞭断流”的八十多万步骑进攻东晋，想一举击灭东晋，统一中国。但事与愿违，前秦大军在淝水一战中惨败，鲜卑、羌等各民族部队为保存实力也纷纷率部撤走，淝水之战就此成为历史上以寡击众的经典战役。

① 《资治通鉴·卷九一·晋纪十三》。

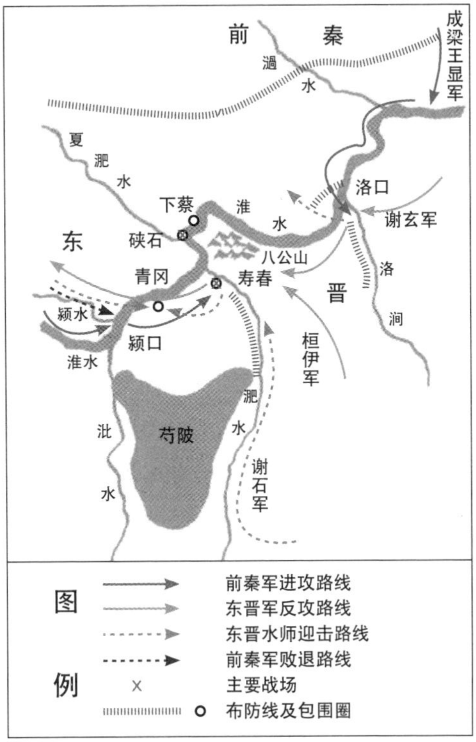

淝水之战形势图

苻坚战败后，慕容垂见前秦败象已露，就对重视孝道的苻坚说，要回前燕旧都邺城扫墓，以脱离苻坚的掌控，并趁机在四处都有鲜卑部落的北方发展势力。果然，慕容垂一回到北方，不论是鲜卑贵胄还是一般民众都来投附。恰巧这时，洛阳附近新安（今河南省洛阳市新安县）一带的高车人翟斌率兵反前秦。前秦邺城太守苻丕是苻坚的长子，他见慕容垂势力高涨，担心让他长留邺城不妥，于是拨两千步兵给慕容垂，要慕容垂去新安镇压翟斌之乱，另外再派前秦宗室苻飞龙率一千名氐族骑兵作为慕容垂的副手，其实是要监视他。

苻丕盘算，如果慕容垂真能击灭翟斌，算是为前秦除去一个祸患；如果不能压制翟斌，或反而被翟斌击灭，等于为前秦除去一个隐忧，何

苻坚接纳慕容垂

在宫廷内斗下，慕容垂前去投靠前秦苻坚，“坚闻垂至，大悦，郊迎执手，礼之甚重”。（《十六国春秋·后燕录》）但“恶慕容垂之雄略”的王猛对苻坚说：“慕容垂燕之戚属，世雄东夏，宽仁惠下，恩结士庶，燕赵之间，咸有奉戴之意，观其才略，权智无方，兼具诸子明毅有干艺，人之杰也，蛟龙猛兽，非可驯之物，不如除之。”

苻坚回答：“吾方以义致英豪，建不世之功，且其初至，吾告之至诚，今而害人，人将谓我为何？”（《晋书·苻坚载记》）于是慕容垂才得以在前秦发展，对慕容垂极为重视的苻坚任命慕容垂为京兆尹（即首都最高行政官员）。

况又派了苻飞龙随军监视，此乃一石二鸟之计。然而却百密一疏，慕容垂智勇双全，胆识过人，苻丕的雕虫小技岂能瞒得过他？就在向新安行军途中，慕容垂袭杀苻飞龙及其所率的一千骑兵，正式宣布与前秦决裂。

建元二十年（384），慕容垂率众渡过黄河，联合翟斌之兵进攻洛阳。洛阳前秦守将苻晖据城固守，慕容垂盱衡山川形势，认为“洛阳四面受敌，北阻大河，至于控驭燕、赵，非形胜之便，不如北取邺都，据之以制天下”。[1]于是，他引兵东下，奔向荥阳（今河南省郑州市荥阳市）。慕容垂之所以要到荥阳，是因为荥阳太守余蔚曾为前燕扶余王。慕容垂率大军东下时，余蔚早已大开城门欢迎慕容垂，而在昌黎的鲜卑卫驹也率众前来投归。慕容垂于是在荥阳自称大将军、大都督、燕王，承制行事，称为统府，群下称臣，文表奏疏，封拜官爵，皆如王者。就在这年，慕容垂建元燕元，

① 《十六国春秋·前秦录》。

《东山报捷图》

这幅画描述了东晋丞相谢安在东山松树下下棋，等候淝水之战的捷报的场景。清代苏六朋绘

创立后燕。

后燕既立，慕容垂以长子慕容宝为太子，分封百官，之后就率鲜卑、高车（即翟斌手下）、乌桓之众二十万，长驱攻邺城。苻丕据城固守，慕容垂久攻不下，双方相持经年，恰逢“幽（约今河北北部及辽宁一带）、冀（今河北省衡水市）大饥，人相食，邑落萧条，（后）燕之军士多饿死；燕王（慕容）垂禁民养蚕，以桑葚为军粮”。[①] 邺城困于粮食不足，而又

① 《晋书·慕容垂载记》。

无援军前来，苻丕只得撤出邺城，于是河北地区就被慕容垂控制。后燕慕容垂燕元三年（386），慕容垂称帝，是为成武帝，同年改元建兴。

后燕之乱

后燕成武帝建兴七年(392)，成武帝攻下滑台(今河南省安阳市滑县)，灭高车翟氏所建的魏国，获翟魏所统的三郡三万八千多户。两年后（394年），后燕攻下长子（今山西省长治市长子县）、晋阳，杀慕容永，灭西燕(详见后文)，得到西燕所统八郡六万六千多户，后燕声势一时大涨。成武帝又命子慕容农率军进攻东晋的青、兖等州，东晋的泰山（今山东省泰安市）、琅琊（今山东省胶南市一带）这几个郡的官员都弃城溃散，慕容农进军直到海边，并在这一带设守置令。这时，后燕的疆域“南至琅琊，东迄辽海，西属河汾，北暨燕代”[①]，即今河北、河南、山西、山东和辽宁一部分，可谓疆域广袤。

后燕建立之初即减轻人民负担，大力发展农业，成武帝以儿子慕容农为幽州牧，慕容农“法制宽简，清刑狱，省赋役，勤农桑，居民富赡，四方流民至者数万”[②]。而太子慕容宝则“敦崇儒学、工谈论、善属文”。

建兴十一年（396），成武帝崩殂，慕容宝嗣立，改元永康，是为惠愍帝。惠愍帝大致上还能“遵（慕容垂）遗令，校阅户口，罢诸军营，

① 〔清〕顾祖禹：《读史方舆纪要》。

② 《十六国春秋辑补》。

鲜卑拓跋氏建魏

在后燕建立的同时，拓跋什翼犍的孙子拓跋珪崛起于今山西北部。崛起之初，拓跋珪忙于整合内部，征服散布在漠南的各游牧民族。拓跋珪骁勇善战而又机智敏锐，短短几年时间就统一漠南各游牧民族。拓跋珪初仍称代，东晋孝武帝太元十一年（386）时改代为魏，建元开国。由于这个魏国是由鲜卑拓跋氏所建，所以又称拓跋魏；又以其位置偏北，称北魏；更为了与曹魏有所区别，所以称后魏；到了孝文帝推行汉化时，改拓跋氏为元氏，因此又称元魏。一个政权有四个称谓，在历史上也属罕见。

分属郡县，定士族旧籍，明其官仪”。[①] 完全承袭中国传统文化和社会形态，使后燕在五胡十六国中维持一个相对稳定的局面。但这时拓跋珪建立的北魏已经崛起于北方。这一股新兴力量如旭日东升，锐不可当，河北一些郡县久处动乱，因此郡县和人民皆降于北魏。拓跋珪见事有可为，就进一步挥军进攻后燕国都中山（今河北省西北部），惠愍帝尽出步兵十二万、骑兵三万七千以拒，仍然无法对抗北魏凌厉的攻势，大败而回。

惠愍帝除了克遵乃父成武帝“校阅户口”之外，还主张“法峻政严”，因此在他统治期间，后燕“上下离德，百姓思乱者，十室而九焉”[②]。在既有内忧又有外患的情况下，惠愍帝率军拒北魏又大败而归，于是尚书慕容皓密谋篡杀惠愍帝，结果事情败露，慕容皓逃奔北魏，参与其事的慕容麟则出走高车。后燕处于外有北魏大军压境，内则骨肉相残的险境之中，败象已显。

①② 《晋书·慕容宝载记》。

慕容云其人

慕容云本为高句丽人，从祖父高和起就在后燕当官，原名高云。中国有个习惯，凡是从外国来的，都以他的国家为姓，例如从康国来的姓康，从石、曹、史、何等国来的就姓石、曹、史、何。高云本是慕容宝的侍卫，后来因为有功，被慕容宝收为养子，赐姓慕容，封为夕阳公。当他被拥立为帝后，就恢复高姓。

后燕惠愍帝永康二年（397），后燕又发生政变，宗室慕容详自立为帝，改元建始。慕容详嗜酒奢淫，杀了王公以下五百多人，群下离心。北魏在此时因粮食不足而撤去围中山、邺城的兵力。逃奔高车的慕容麟乘虚进入中山，杀慕容详，自行称帝，建元延平。北魏拓跋珪在补充粮草后卷土重来，攻克中山，后燕将吏士卒二万多人投降北魏，慕容麟南奔邺城。永康三年（398），慕容宝被庶长子慕容盛的岳父兰汗所杀，兰汗自称大将军、大单于、昌黎王。不久后，慕容盛又杀岳父兰汗，自立，初称长乐王，随即称帝，在位四年，使用建平、长乐两个年号（398—401），是为昭武帝。

昭武帝“峻刑极威，纤芥之嫌莫不裁之于未萌，防之于未兆”。宗亲、勋旧多被他杀死，朝野上下大为震恐。昭武帝最后终被部下所杀，慕容贵族把慕容垂幼子慕容熙推上皇位，是为昭文帝。昭文帝在位的七年（401—407）间，后燕疆域只剩下辽西一隅，境域狭小，民户不多，税收不丰，可是这位昭文帝竟然大兴土木，兴建宫室，令百姓苦不堪言。

昭文帝的妃子苻昭仪病死，他如丧考妣，拥尸悲哭，命公卿以下至于兵民“率户茔墓，费殚府藏”[1]，昭文帝本人更是披发徒跣（赤脚）步

① 《晋书·慕容熙载记》。

行送葬。丧车太过高大，无法通过北门，他居然下令毁了北门，让丧车通行。这样的荒谬行为让龙城上下共推慕容云为主，据守城门不放昭文帝回城。昭文帝攻城失败，逃亡微服隐匿于树林之中，后被人抓到，遣送至慕容云跟前，一杀了之。后燕亡，前后二十四年（384—407）。

不过，有些史学家仍视慕容云为后燕末代君主或北燕开国君主。

冯跋篡建北燕

慕容云虽然已被拥立，但深知自己无功，担心地位不稳，因而“常内怀惧”，并“宠养壮士，以为腹心”，但是人算不如天算，他反而被宠臣离班、桃仁所杀。慕容云总计在位三年（407—409），其后政权落入冯跋之手。

冯跋字文起，小名乞直伐，是鲜卑语音译。史传记载他原籍长乐信都，先祖叫毕万，毕万的子孙有食采于冯乡的，于是后世就以冯为姓。冯跋祖父冯和在西晋永嘉之乱时避居上党（今山西省长子县），其父曾仕于慕容永时代的西燕（384—394）为将军，西燕灭亡后，徙居龙城。公元409年，冯跋在昌黎称天王，建元太平，仍以燕为国号，史称北燕，是为文成帝。文成帝即位后，废除以前的苛政，与民休息，并重视教化。北燕文成帝太平七年（415），北燕建太学，以刘轩、张炽成、同翟崇为博士，选二千石[1]以下子弟十五岁以上者前去太学受教。[2]

① 官名，汉时郡国守相，后衍生为郡守，诸侯相都称二千石。

② 《十六国春秋·北燕录》。

冯跋发迹

冯跋少年时恭慎且勤于家业，后燕惠愍帝继位后，任冯跋为中卫将军。昭文帝时，冯跋任左监，不久就改任卫中郎将，后因触犯昭文帝忌讳，与几个弟弟逃到山泽之中。当时后燕因昭文帝大兴土木、营建宫室而徭役烦苛，民不聊生，冯跋兄弟看出天下即将大乱，便与一些志同道合、胸怀大志之人结盟，共二十二人，定下计策。冯跋本人及二弟“乘车使妇人御，潜入龙城，匿于北部司马孙护之室”（《晋书·冯跋载记》），正好遇上昭文帝亲送苻昭仪棺木出城以及慕容云被拥立，慕容云于是封冯跋为使持节都督中外诸军事、录尚书事、武邑公。

太平十八年（426），文成帝立子冯翼为太子，并告诫他：“吾闻君人以学为本，不学无以立，尊敬师傅，人伦之始，汝其夙夜虔虔钦承明训。”由此可见文成帝提倡尊师重教。此外，文成帝还是一个相当忠厚的君王，综观《晋书》《魏书》《十六国春秋》《资治通鉴》等史册，对他都赞赏有加。

太平二十二年（430），文成帝病危。原本有意让太子冯翼嗣位，但妻子宋氏（无法从文献得知宋氏是否为冯跋皇后）却想立另一个儿子冯受为帝。为巩固冯翼地位，文成帝命冯翼带领军队临朝听政。宋氏不满，对冯翼说：“上（指文成帝）将瘳（音‘抽’，意为病愈），奈何便欲代父临天下乎？”[①]冯翼个性仁孝而懦弱，于是返回东宫，每天探视父亲病情三次，但不再临朝听政。宋氏更矫传旨意，不让群臣见到文成帝，

① 《十六国春秋·北燕录》。

连太子也不例外，大小事务只通过宦官传达，等于软禁了文成帝。文成帝的弟弟冯宏（或作冯弘）实在看不下去，就率同壮士几千人，全副武装闯进宫中，宫中的侍卫都惊吓逃散。文成帝一看到这个场面，知道是逼宫而来，惊吓而死，冯宏因此登上大位，并杀尽冯跋诸子，自立为燕天王，是为昭成帝。

文成帝和昭成帝时，北燕都曾遣使向南朝宋通好，南朝宋称之为黄龙国，北魏则称之为海夷。当时的北魏是太武帝在位，太武帝积极开疆拓土，北燕昭成帝太兴元年（北魏太武帝神䴥四年，南朝宋文帝元嘉八年，公元 431 年），北魏伐北燕，夺得辽东等四郡。昭成帝求和，将女儿嫁给北魏太武帝，太武帝封她为左昭仪[①]。北燕虽然以和亲方式求得短暂和平，但终究难逃之后被北魏攻灭的命运。

太兴六年（436），北魏再伐北燕，昭成帝率众投奔高句丽，北燕亡，共立国二十八年（409—436）。

昭成帝的两个儿子冯朗、冯邈（有的文献作冯崇）都降于北魏，太武帝令他们居住在长安，并在北魏为官。后冯邈勾结北魏世仇柔然，连带冯朗也受到牵连被杀。冯朗在长安时曾生下一子一女，他被杀后，其女儿就依照北魏律法没入宫廷，由姑姑左昭仪冯氏照顾，即是日后声名显赫的冯太后。而冯朗的儿子冯熙则在乳母的掩护下逃往党项，直到冯太后当权时，他才回到北魏为官。至于昭成帝，逃到高句丽后仍以为自己是皇帝，嫌高句丽接待的“规格”不够高，经常口出怨言，高句丽王不胜其扰，两年后就把他杀了。

---

① 宫中后妃名称，昭仪有左、右各一，位次于皇后、贵妃、妃。

西燕建国

苻坚将慕容鲜卑四万多户迁往关中时，慕容廆之弟慕容运的孙子慕容永一家，还有慕容廆的曾孙、慕容儁的儿子慕容泓一家等慕容贵族都在其中。淝水之战后，苻坚声势一落千丈，这些慕容贵族便趁机打起复国旗号。最先是慕容泓自称济北王，其弟慕容冲相继在河东聚集鲜卑人高举反抗前秦的旗帜。苻坚派苻睿率兵讨伐慕容泓。前秦建元二十年（384），关内外的慕容部鲜卑推举慕容泓为首领，聚众十多万，起兵于华阳（今陕西省商洛市商州区），大破前秦军队。慕容泓于是称帝，建元兴燕，史称西燕。

苻坚在派苻睿讨伐慕容泓的同时，又派窦冲率兵讨伐慕容冲，慕容冲兵败，率八千骑投奔慕容泓。不久，鲜卑贵族不堪慕容泓持法严苛，于是杀了慕容泓，拥立慕容冲。慕容冲率军进围长安，就在长安城西的阿房（今陕西省咸阳市）称帝，改元更始，时为建元二十一年。

在此期间，苻坚忙于讨伐反叛的羌族姚苌，但最后兵败，被困于五将山，并被姚苌所擒。姚苌把苻坚勒死于新平（今陕西省彬州市）的某座佛寺中。苻坚一死，前秦形同崩溃，羌族姚氏也趁机建立后秦。

经过一番权力更迭后，西燕帝位最终落入慕容永手中。

慕容永于西燕称帝之后，继续率众向东行进，在河东击败前秦苻丕，改元中兴。这时的西燕疆域大致是东依太行山、西临黄河（今陕西、山西之间）、南抵轵关（今河南省济源市）、北至新兴（今山西省忻州市）。

西燕内乱

苻坚死后，前秦太子离开长安，慕容冲顺利进入长安。一看到长安的气势宏伟，慕容冲就想长期定居长安。这和他当初复兴前燕的口号相违背，追随的部下因而心中充满怨愤，左将军韩延于是借机杀了慕容冲。

鲜卑部众起初拥立段随为西燕王，不久段随被慕容贵族慕容恒、慕容永所杀，改立慕容觊为西燕王，慕容觊被逼下令东返，一时之间四十多万鲜卑男女离开长安。

在东返的途中，慕容觊又被杀，慕容冲的儿子慕容瑶被推为西燕帝。不久，慕容永又杀了慕容瑶，立慕容泓的儿子慕容忠为帝，但慕容忠随即也被鲜卑贵族所杀，并拥立慕容永为大将军、大单于、河东王。

两燕之争

慕容永是慕容廆之弟慕容运的孙子，并非嫡系。后燕成武帝因此认为他“僭[①]举位号，惑民视听”，决定讨伐西燕。许多后燕将领认为：“（慕容）永未有衅，我连年征讨，士卒疲敝，未可也。”其弟范阳王慕容德则说：“永既国之枝叶，又僭举位号，惑民视听，宜先除之，以一民心，

① 僭音“践”，超越或冒用身份。

士卒虽疲，庸得已乎。”慕容德的这一番话正中成武帝下怀，成武帝又说：“司徒（指慕容德）意正与吾同，吾比老，叩囊底智，足以取之，终不复留此贼，以累子孙也。”[①]西燕慕容永中兴九年（394），后燕发兵讨伐西燕，西燕大败，损失八千多人。慕容永经此一战，元气大伤，退回长子。

成武帝这时已经七十多岁高龄，仍一心想消灭西燕，于是后燕再度率军围长子。慕容永见后燕大军来势汹汹，心生畏惧，想投奔羌族姚氏的后秦，侍中兰英劝他：“昔石虎伐龙城，太祖（指前燕慕容皝）坚守不去，卒成大燕之基，今（慕容）垂七十老翁，厌苦兵革，终不能顿兵连岁以攻我也；但当城守以疲之。”兰英主张据城固守，以待成武帝师老兵疲。慕容永接受了这个意见，但没想到成武帝老而弥坚，终于攻下长子，杀慕容永及其公卿大将三十多人，兼并西燕八郡六万六千多户，西燕亡。

西燕自慕容泓至慕容永，共六主十一年（384—394）。许多史学家没有把西燕算在五胡十六国之内，但是它确实是鲜卑族所建的政权，而《资治通鉴》也以西燕称之。

慕容德之南燕

北魏进兵中原，攻取河北各郡县时，后燕惠愍帝北奔龙城，北魏又取中山。惠愍帝之弟慕容麟从中山逃奔邺城，就对叔叔慕容德说：“中

① 《资治通鉴·卷一〇八·晋纪三十》。

范阳王慕容德

后燕范阳王慕容德，字玄明，是前燕文明帝（慕容皝）的幼子，后燕成武帝（慕容垂）之弟。前燕灭亡时，苻坚把慕容德迁到长安，前秦讨伐前凉时，慕容德自请从征，苻坚任他为张掖太守。

淝水之战爆发时，慕容德率兵从征，为慕容垂副将。苻坚淝水战败后，慕容垂率众离开苻坚，慕容德也跟随他到邺城。后慕容垂建立后燕政权，封慕容德为车骑大将军、范阳王。

山既没，魏必乘胜攻邺，虽粮储积，而城难固，且人情沮动，不可以战，及魏军未至，拥众南渡，就鲁阳王（慕容）和，据滑台而聚兵积谷，伺隙而动，计之上也。”①

慕容德采纳慕容麟之计，率领四万户、车两万七千辆，从邺城迁往滑台。到了滑台之后，自称燕王，史称南燕 。

慕容德既称燕王，于是大赦境内，置百官，以慕容麟为司空，领尚书令。这时，原来已经降附慕容德的苻广自立为秦王，并打败慕容德派出征讨的将领，一时之间，许多人归附苻广。于是慕容德留慕容和守滑台，亲自率兵讨伐苻广，擒而杀之。就在这时，慕容和的长史李辩“劝（慕容）和反，和不从，（李）辩怒，杀（慕容）和，以滑台降于（北）魏”。一时之间，慕容德进退维谷，极为狼狈，尚书潘聪进言：“滑台四通八达，非帝王之居，且北通大魏，西接强秦，此二国者，未可以高枕而待之，彭城（今江苏省徐州市）土旷人稀，地平无崄，晋之旧镇，必拒王师，又密迩江淮……非久安之计也。青齐沃壤，号曰东秦，土方二千，户余十万，四塞之固，负海之饶，可谓用武之地。”因而建议取广固（今

① 《晋书·慕容德载记》。

山东省青州市）以立国，盖“广固者，曹嶷之所营，山川阻峻，足为帝王之都”。[1] 慕容德遂进攻广固，并于公元400年攻下广固，同时称帝，建元建平，是为献武帝。

献武帝治军颇严，不准私掠，以安抚百姓。他并立官学，选公卿二品士门子弟二百人为学生，又经营山泽之利，立治于商山（今山东省淄博市桓台县），置盐官于乌常泽（今山东省寿光市），以供军国之用。自魏晋以来，豪门巨室为规避徭役，常“因秦之币，迭相荫昌，或百室合户，或千丁共籍，依托城社，不惧熏烧，公避课役，擅为奸宄[2]。”尚书韩认为，这是“损风毁宪，法所不容，但检令未宣，弗可加戮，今宜隐实黎氓，正其编贯，庶上增皇朝理物之明，下益军国兵资之用。”献武帝采纳此议，一方面派车骑将军慕容镇率骑三千，沿边严密防备，不让百姓逃窜；另一方面以韩为持节散骑常侍，行台尚书，巡察郡县隐匿的户口，得荫户五万八千，对南燕财政大有帮助。

这时，东晋桓玄已有篡位之意，诛害有不服者，东晋冀州刺史刘轨、荆州（今湖北省中南部）刺史司马休之、征虏将军刘敬宣、东晋名将高雅之等都惶恐不安，投奔南燕。中书侍郎韩范因此上书建议献武帝，趁此声望正高时进攻东晋，进可以开疆辟土，退可以确保三齐（指山东）之地。可是献武帝审时度势，认为桓玄新立，实力正在不断壮大，贸然进击恐有不妥。当时南燕兵力约为步兵三十七万、战车一万七千辆、铁骑五万三千。据《读史方舆纪要》所载，南燕疆域大约为东至海、南滨泗上（约今山东省）、西带巨野（今山东省菏泽市巨野县）、北薄于河。

南燕献武帝建平六年（405），献武帝去世，其兄慕容纳之子慕容超继位，改元太上。慕容超宠信佞臣公孙五楼，本人“不恤政事，畋游是好，

① 见《晋书载记》。

② 宄音“轨”，外来为盗，内起为宄。

百姓苦之”，将军韩向他进谏：“先帝以旧京倾覆，戢翼三齐，陛下不养士息民，以伺魏衅，恢复先业……可乎？”慕容超置若罔闻，竟引兵掠夺东晋土地州郡。南燕慕容超太上五年（409），东晋刘裕率军北伐，渡过淮河进攻南燕，南燕群臣建议坚壁清野以自守，但刚愎自用的慕容超认为：“今岁星居齐，以天道推之，不战自克，客主势殊；以人事言之，铁骑万群，麦禾布野，奈何芟苗徙民（指坚壁清野），先自蹙弱乎？不如纵使入岘（音‘现’，指陡险的山），以精骑蹂之，何忧不克？”结果与刘裕对战后，南燕屡战屡败。太上六年（410），刘裕攻下广固，俘获慕容超，送至东晋都城建康（今江苏省南京市），斩之，南燕亡。自慕容德之立到慕容超之亡，历二主前后共十三年（398—410）。

南燕是鲜卑慕容氏的最后一个政权。鲜卑慕容氏所建政权虽多，但南燕亡后即全部走入历史，只留下以慕容为姓的后人。

鲜卑慕容部诸燕世系表

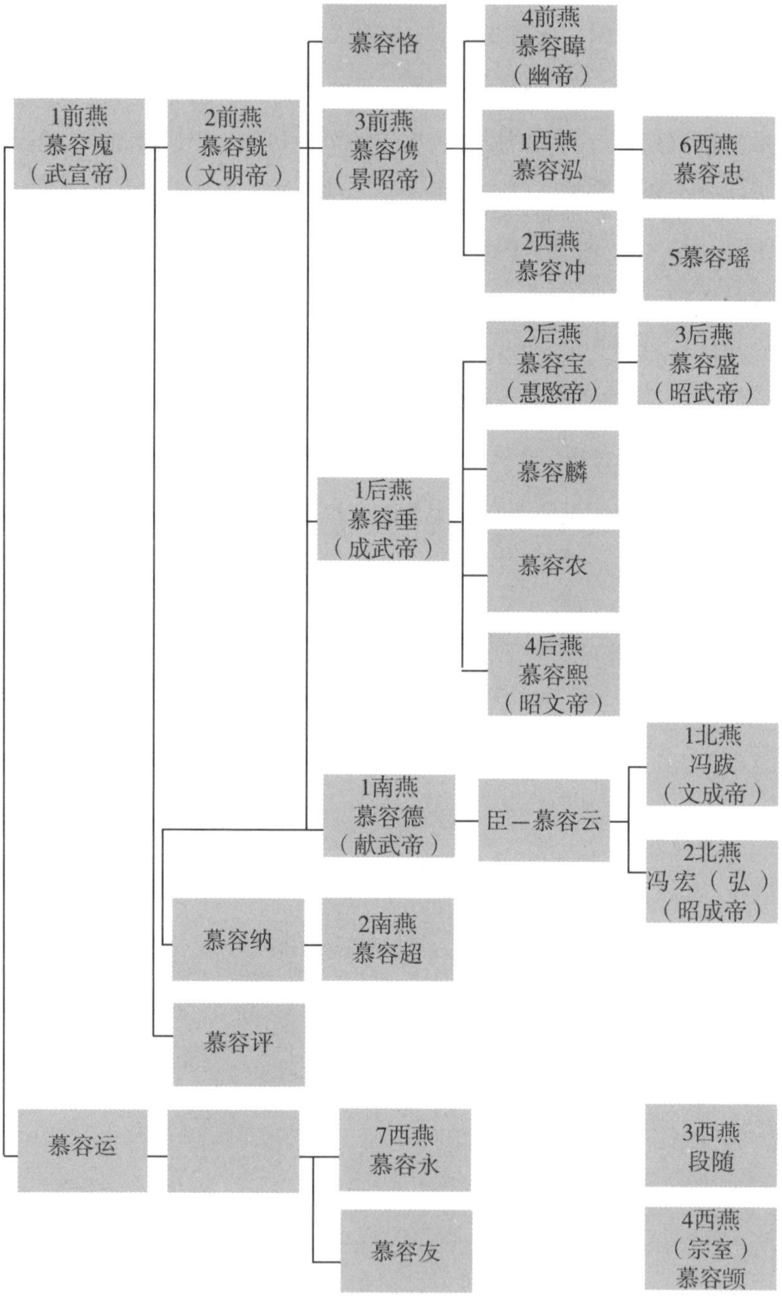
1前燕 慕容廆（武宣帝）
2前燕 慕容皝（文明帝）
慕容恪
3前燕 慕容儁（景昭帝）
4前燕 慕容暐（幽帝）
1西燕 慕容泓
6西燕 慕容忠
2西燕 慕容冲
5慕容瑶
2后燕 慕容宝（惠愍帝）
3后燕 慕容盛（昭武帝）
慕容麟
1后燕 慕容垂（成武帝）
慕容农
4后燕 慕容熙（昭文帝）
1北燕 冯跋（文成帝）
1南燕 慕容德（献武帝）
臣—慕容云
2北燕 冯宏（弘）（昭成帝）
慕容纳
2南燕 慕容超
慕容评
慕容运
7西燕 慕容永
3西燕 段随
慕容友
4西燕（宗室）慕容颉

第四章

鲜卑的列国时代（下）

鲜卑民族离开大兴安岭之后，几乎遍布北中国各地。现在介绍鲜卑族其他各部所建立的一些政权。

吐谷浑

吐谷浑一开始是人名，是慕容廆的庶长兄，《晋书·吐谷浑传》载："吐谷浑，慕容廆之庶长兄也，其父涉归分部落一千七百家以隶之。"[①]所以，吐谷浑的全名应该是慕容吐谷浑。

吐谷浑之所以向西迁徙，是因为这时宇文部在慕容部西北，段部则在慕容部东南。这两部力量都很强大，尽管都属鲜卑族，但为争夺放牧地，彼此互不相让。如果要离开慕容部游牧范围，吐谷浑除了西向别无选择。慕容廆见吐谷浑要率众离去，心生悔意，想挽留吐谷浑，史传有很详细的记载：

> 若洛廆(即慕容廆)悔，遣旧老长史七那楼谢之[②]，吐谷浑曰："我乃祖以来，树德辽右，先公之世，卜筮之言，云有二子当享福祚，并流子孙。我是卑庶，理无并大。今以马致怒，殆天所启。请君试驱马令东，马若还东，我当随去。"即令骑拥马令回，数百步，欻（突然之意）然悲鸣，突走向西，声若颓山，如是者十余辈，一回一迷，（七那）楼力屈，乃跪曰："可汗，

---

① 《魏书·吐谷浑传》则作七百户。《魏书》为北齐魏收所撰，而《晋书》虽题为唐太宗御撰，实则由房玄龄等人所著，晚于《魏书》，故《魏书》之说较为可信。

② 意为挽留别走。

吐谷浑出走之故

涉归死后，嫡子慕容廆成为部落首领，但慕容廆与吐谷浑相处得并不融洽。史传慕容廆所部与吐谷浑所部人民因为马斗而发生龃龉，慕容廆愤而说道："先君分建有别，奈何不相远离，而令马斗！"

吐谷浑则回应说："马为畜耳，斗其常性，何怒于人！乖别甚易，当去汝于万里之外矣。"（见《晋书·吐谷浑传》）于是吐谷浑就带着他的一千七百户向西而去。

此非复人事！"（吐谷）浑谓其部落曰："我兄弟子孙并应昌盛，（慕容）廆当传子及曾玄孙，其间可百余年；我乃玄孙开始当显耳。"①

一些史书都记载吐谷浑最初迁徙到阴山一带，这时大约是西晋武帝太康四年至太康十年（283—289）。

阴山就是今内蒙古河套以北的阴山山脉，这里原是匈奴故地，水草丰美，历来是北方草原诸游牧民族争夺的牧地。吐谷浑到这里之前，鲜卑拓跋部已经在这里驻牧，吐谷浑只有一千七百户（一说七百多户），与人多势众的拓跋部或匈奴余部相比，力量微弱。二十多年后，吐谷浑又从阴山向南迁徙。据《晋书·吐谷浑传》所载：

属永嘉之乱，始度陇而西，其后子孙据有西零以西甘松之界，极乎白兰数千里。

永嘉之乱发生于西晋怀帝永嘉五年（311），匈奴刘曜俘获晋怀帝北移，司马氏南下建立东晋。也就是说吐谷浑向西南迁徙的时间是在公元4世纪初期。

吐谷浑在阴山地区经过近三十年的休养生息，人口必然有所增长。

① 《北史·吐谷浑传》。

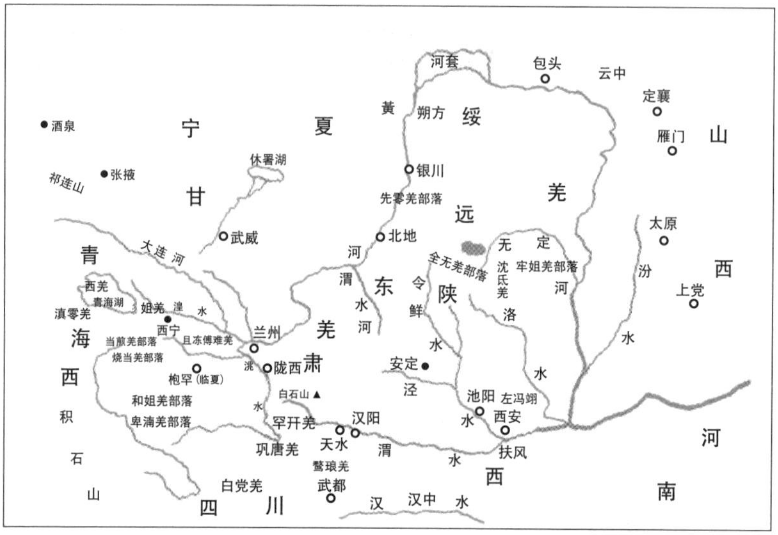

东汉时期羌人分布略图

他们迁往的地区就是今青海、四川、甘肃三省交界之地，这一地区是群羌分布之地。此地部落众多，人们往往依据山谷而居，因为分布而有不同称呼，如先零羌、烧当羌、卑湳羌、罕开羌、牢姐羌等。

群羌部落虽多，却不相统属，各自据一山谷，多则三五百家，少则数十或十数家。在这种情形下，吐谷浑就成为一个强大部落，轻易地统治了这些分散的羌族部落，形成一股力量，西北地区各游牧民族称吐谷浑为“阿柴虏”。

吐谷浑死后，长子呼延承袭酋长之位。呼延颀长且勇力过人，但是性情暴烈，后被昂城羌族酋长姜聪所杀，其子叶延继位。叶延在沙洲（今青海省海南藏族自治州贵南县）建立慕克川总部，开始设置司马、长史等官职，国家组织粗具。叶延在位二十三年，卒年三十三岁。叶延死后，由长子碎奚（有些文献作辟奚）嗣立，碎奚遣使向前秦通好，贡献良马五十匹、金银五百斤，苻坚于是拜碎奚为安远将军，这是吐谷浑有正式官号之始。

呼延临终授命

呼延被姜聪以剑刺中，他把儿子叶延以及手下大将纥拔埿叫到跟前，对他俩说："吾气绝，棺敛讫，便速去保白兰（今青海巴隆河流域布兰山一带），地既险远，又土俗懦弱，易控御。叶延小儿，欲授余人，恐仓卒不能相制，今以叶延付汝，竭股肱之力以辅之，孺子得立，吾无恨也。"（《魏书·吐谷浑传》）叶延在纥拔埿的辅佐下，将治下的鲜卑人称吐谷浑部，到部落强大建立政权时，吐谷浑又成为国家名称。

碎奚为人懦弱，政权后落入其三弟之手。有臣下不满，诛杀其弟，碎奚居然悲伤以致"不复摄事"。于是群臣就拥立其子视连为世子。碎奚死后，视连正式嗣位。公元 390 年（东晋孝武帝太元十五年），视连向西秦（另一个鲜卑政权）称臣，西秦乞伏乾归拜视连为沙洲牧、白兰王，从此吐谷浑有了"王"的称号。

视连在位十五年，死后由其弟视罴嗣立。视罴颇具才略，秉性刚毅而又处事果断。他继位之后，"秣马厉兵，争衡中国"，这里的"中国"指的是北方诸少数民族。西秦乞伏乾归拜他为都督陇涸以西诸军事、沙洲牧、白兰王，视罴却拒绝接受，并对西秦使者说："寡人建立的政权承五祖之修烈，控弦之士二万，方欲扫氛秦陇，清彼沙凉，然后饮马泾渭，戮问鼎之竖，以一丸泥封关东，闭燕赵之路，迎天子于西京，以尽遐藩之节。"[1] 立志要一一消灭北方诸国，然后迎东晋天子回长安。西秦乞伏乾归得知后大怒，但这时吐谷浑已有"控弦之士二万"，因而隐忍不发。

公元 398 年，乞伏乾归派秦州牧、益州武卫将军慕兀，冠军将军翟

① 《晋书·吐谷浑传》。

西晋永嘉元年（307）铜弩机

北京石景山区八宝山华芳墓出土，现藏于首都博物馆

瑥率两万骑讨伐吐谷浑。十月，双方交战，视罴大败，退保白兰山，遣子岩邕为质于西秦，而乞伏乾归则以宗室女嫁之。

公元 400 年，视罴卒，其子树洛干嗣立，树洛干年仅九岁，由视罴之弟乌纥堤先行嗣位。乌纥堤娶视罴之妻念氏（树洛干生母）为妻，但乌纥堤为人好色荒淫，无治国之能，《资治通鉴》称之为“大孩”。念氏则极有谋略，国人对她极为信服。乌纥堤在位的第六年（405），吐谷浑曾多次抄掠西秦，乞伏乾归因而发兵西征，“大破之，俘万余口而还，大孩走死胡园”[①]。这时，树洛干已经十四岁了，于是他率领吐谷浑余众数千家逃到莫何川（今青海省乌兰县莫河），自称车骑大将军、大单于、吐谷浑王。

树洛干虽然只有十四岁，却颇有经世之才，他轻徭薄赋，与民休息，

① 《资治通鉴·卷一一四·晋纪三十六》，这里“胡园”当为“胡国”之误。胡国指的就是西域绿洲国家。

对臣下赏罚分明以建立威信，更整军经武，厚植国力。在他的经营下，吐谷浑得以复兴，一时间“沙、漒诸戎皆附之”[①]。树洛干自称戊寅可汗[②]，并宣布：“孤先祖避地于此，暨孤七世，思与群贤共康休绪，今士马桓桓，控弦数万，孤将振威梁益，称霸西戎，观兵三秦，远朝天子，诸君以为如何？”[③]于是率兵向东进攻西秦，乞伏乾归率二万骑应战。吐谷浑战败，只好投降西秦。乞伏乾归拜树洛干为平狄将军、赤水都护，又拜树洛干之弟吐护真为捕虏将军、层城都尉。

之后，吐谷浑屡被西秦所破，树洛干忧愤病发而死，当时其子拾虔年幼，就由树洛干之同宗弟阿柴（或作阿犲）继立。阿柴兼并氐、羌各部，拓地千里，驻牧于浇河（今青海省海南藏族自治州贵德县）一带，成为群羌中的强国。

阿柴曾登西倾山（位于今青海省东南一带），寻找长江源头，目睹滚滚长江向东而去，颇为感慨，故对随行的群臣说：“水尚知有归，吾虽塞表小国，而独无所归乎！”[④]到了公元422年，阿柴遣使降归西秦，西秦王乞伏炽盘封阿柴为征西大将军、开府仪同三司、安州牧、白兰王。之后，阿柴又遣使向南朝宋贡方物，南朝宋封之为都督塞表诸军事、安西将军、沙洲刺史、浇河公。阿柴死于426年，临终前立乌纥堤之子慕璝为吐谷浑王。

慕璝颇有才略，他招募各地无业之民及羌、戎诸夷五六百个部落，以充实吐谷浑，更南通蜀汉、北交凉州（今甘肃省武威市）匈奴赫连夏，吐谷浑因此逐渐壮大，但仍与南朝宋维持良好关系，并接受南朝宋的封爵。

---

① 《资治通鉴》。

② “可汗”一词是柔然人所创，用以取代之前匈奴人所用的单于，北魏太武帝在拜祭鲜卑石室的祝文中，也用到“可汗”一词。

③ 《晋书·吐谷浑传》。

④ 《魏书·吐谷浑传》。

到了北魏太武帝时，慕璝审时度势，见北魏势力正如日中天，于是也遣使向北魏贡献，并奉表以示归附。

北魏太武帝神䴥四年（南朝宋文帝元嘉八年，公元431年），慕璝遣慕利延、拾虔等率三万骑袭击赫连夏，俘获赫连夏末主赫连定，献于北魏国都平城。北魏太武帝至为激赏，立刻派使者赴吐谷浑拜慕璝为大将军、西秦王（西秦乞伏氏亡于此年），慕璝也上表北魏请求重回旧地。

但北魏群臣认为不可答应这一请求，此后吐谷浑对北魏的贡献就一切从简。南朝宋则封慕璝为陇西王。

慕璝死于公元436年，其弟慕利延嗣立。慕利延仍接受北魏的封爵，只是改封为西平王，同时也与南朝宋有所来往。北魏对慕利延这种两面讨好的做法不满，曾出兵讨伐，吐谷浑大败，此后便以低姿态与北魏往来。终南北朝之世，吐谷浑都只能在夹缝中求生存。

慕利延死后，树洛干的儿子拾寅继立，之后传子度易侯。隋初，吐谷浑以夸吕为可汗，经隋朝大力讨伐，终降于隋。夸吕卒，其子世伏嗣立，吐谷浑与隋朝关系转为良好，隋文帝杨坚曾以光化公主嫁世伏。世伏卒，其弟伏允嗣立，伏允曾遣使至隋朝国都长安，请以光化公主依其俗再嫁伏允，隋文帝准，自此吐谷浑每年朝贡不绝。

隋文帝驾崩后，继位的隋炀帝好大喜功，四处征讨。隋炀帝大业五年（609），隋会同高车大举讨伐吐谷浑，吐谷浑大败，十多万人向隋朝投降。同年，隋朝在吐谷浑境内置西海郡（郡治在伏俟城，今青海省内）、河源郡（郡治在赤水、曼头二城，今青海省内）、鄯善郡（约今新疆维吾尔自治区巴音郭楞蒙古自治州若羌县）、且末郡（约今新疆维吾尔自治区巴音郭楞蒙古自治州且末县）等。可见当时吐谷浑的疆域已包括今天新疆南部的一部分。隋末，天下大乱，吐谷浑伏允趁机恢复故国。

唐太宗贞观四年（630），唐朝大破东突厥，唐太宗李世民声望大增，

慕璝上表引文

臣诚庸弱，敢竭情款，俘擒僭逆，献捷王府，爵秩虽崇，土不增廓，车旗既饰而财不周赏，愿重鉴察，亮其单款，臣顷接寇逆，疆境之人，为贼所抄，流转东下，今皇化混一，求还乡土，乞佛日连、窟略寒、张华等三人家弱在此，分乖可愍，愿并敕遣，使恩洽遐荒，存亡感戴。（《魏书·吐谷浑传》）

四周各民族尊之为“天可汗”。吐谷浑伏允一方面遣使到长安与唐朝通好，另一方面却率军大掠鄯州（今青海省一带）。唐朝遣使责问伏允，并要伏允到长安解释，伏允称病不去，反遣使向唐朝请为其子尊王求亲。唐太宗答应和亲，但要尊王亲自到长安迎娶，尊王又称病不来，唐朝顺势拒绝和亲，伏允则寇掠唐兰（今甘肃省一带）、廓（今青海省一带）二州，唐朝迫不得已，派军出击吐谷浑。

贞观九年（635），降唐的党项羌归附吐谷浑[①]，洮州（今甘肃省南部）羌人杀害唐刺史孔长秀后投归吐谷浑。唐朝忍无可忍，以李靖为统帅，下令全面讨伐吐谷浑。此役唐朝大获全胜，吐谷浑死伤惨重。吐谷浑部众认为是因为宰相天柱王主张与唐朝为敌，所以才招来唐朝讨伐，于是就杀了天柱王，伏允也自缢而亡。由于伏允之子顺长期在长安为人质，唐朝就让顺回吐谷浑为王。可是，顺的生活习惯早已和吐谷浑脱节，因此不得人心，不久就被臣下所杀，顺之子诺曷钵嗣立。

诺曷钵继位之后，上表奏请愿奉唐为正朔，并且派遣子弟入侍宿卫，唐朝封诺曷钵为河源王、乌地也拔勤豆可汗，并且派淮阳王李道明持节前往策拜。贞观十三年（639），吐谷浑诺曷钵亲自入朝觐见唐太宗，并

① 党项羌就是羌族，以其居于宕昌，讹为党项，后来建有西夏王朝。吐谷浑的统治阶层虽然是鲜卑族，但久居群羌之中，早已西羌化了。

吐谷浑世系表

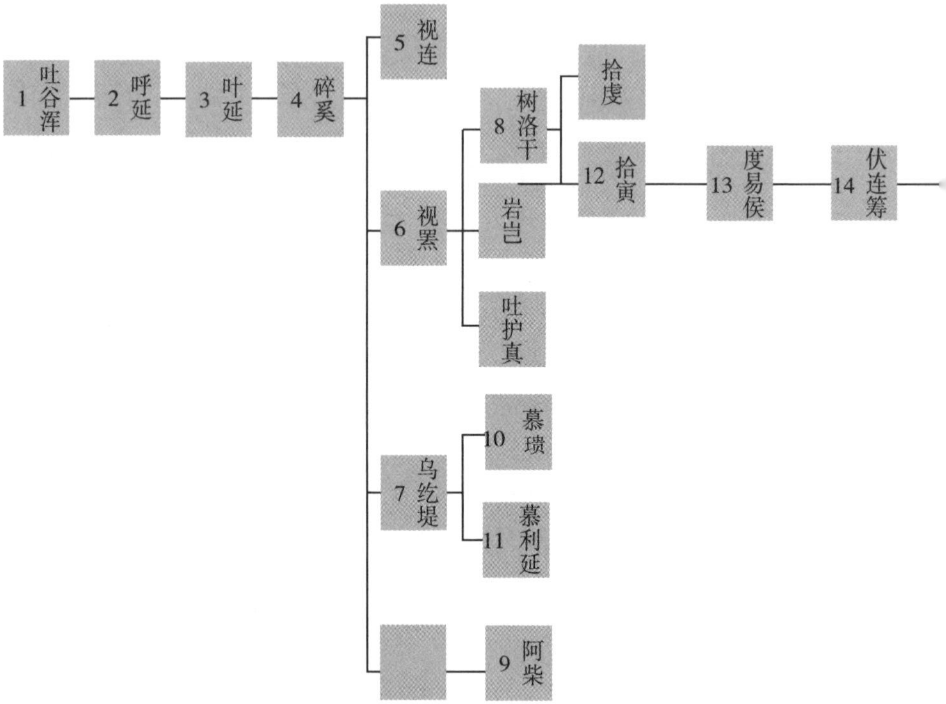

向唐朝请婚，唐太宗以宗室女弘化公主嫁诺曷钵。次年，唐朝派淮阳王李道明及右武卫将军慕容宝持节送弘化公主到吐谷浑成婚，更赐以丰厚的嫁妆，以示重视。没想到唐朝此举引起吐蕃不满，这时的吐蕃赞普（藏语“首领”意）松赞干布英明果决，刚刚统一全吐蕃，眼见蕞尔小国的吐谷浑都能娶到大唐公主，于是就出兵攻打吐谷浑，期望通过这种方式也能娶一个唐朝公主。

吐谷浑的诺曷钵可汗虽然已和弘化公主成亲，但他嗣位不久，权力还不稳固，丞相宣王更是专横跋扈。宣王暗中勾结吐蕃，要在贞观十五年（641）暗杀弘化公主，劫持诺曷钵投奔吐蕃，结果被诺曷钵察知，于

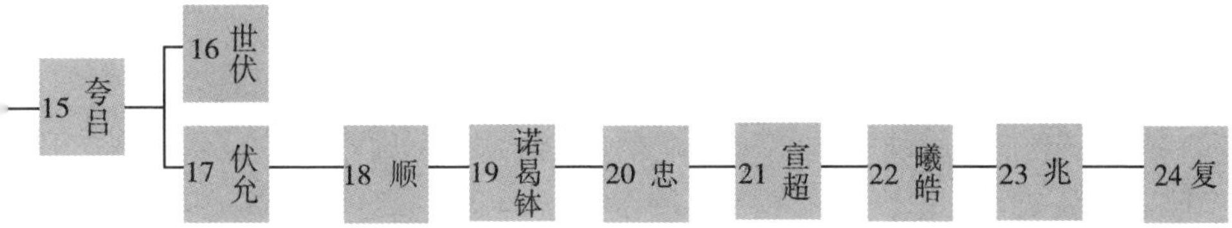

是诺曷钵率轻骑奔鄯善城，威信王带兵迎接，唐朝果毅都尉席君宝[1]率精骑与威信王合兵讨伐宣王，杀了宣王兄弟三人。

唐高宗登基后，封诺曷钵为驸马都尉，赐丝绢四十段，诺曷钵也遣使向唐贡宝马名驹。唐高宗永徽元年（650）十二月，诺曷钵又亲赴长安，唐高宗再以宗室女金城公主嫁诺曷钵的长子苏度摸末，并拜之为领军大将军。不久，苏度摸末卒，诺曷钵又为次子闼庐摸末请婚于唐，唐高宗以宗室女金明公主嫁闼庐摸末。

吐蕃的力量持续强大，唐高宗龙朔三年（663），吐谷浑阻绝吐蕃东进之路，双方多次交战。吐谷浑和吐蕃都遣使于唐，请断曲直，但唐欲坐收渔翁之利，因此对两边请求皆不予理会。最后吐谷浑战败，诺曷钵率弘化公主及几千帐人民逃奔凉州，吐谷浑之地被吐蕃吞并。唐朝为了防范吐蕃继续东进，派兵出征吐蕃，准备获胜后再送诺曷钵重回故土。此役以薛仁贵为主帅，率五万大军，于唐高宗咸亨元年（670）出征吐蕃，两军在大非川（今青海省海南藏族自治州共和县西南切吉旷原）交战，

① 《旧唐书·吐谷浑传》作“鄯州刺史杜凤举”，《新唐书》则作席君宝，今从《新唐书》。

铜莲花手菩萨像

吐蕃时期（7—9世纪）作品

薛仁贵大败，诺曷钵率几千帐人民逃入唐境。咸亨三年（672），唐朝将诺曷钵及几千帐吐谷浑人民安置在鄯州浩亹水（今甘肃省兰州市永登县大通河）以南，但该地区狭窄，难以容置吐谷浑之众，又距吐蕃很近（指吐蕃占领的吐谷浑国土），诺曷钵深感不安。于是唐朝又将其迁到灵州（今宁夏回族自治区西南方）境内，设立乐安州，命诺曷钵为州刺史。

唐武后垂拱四年（688），诺曷钵死，由子忠嗣，忠死，子宣超立。武周圣历三年（700），唐以宣超为左豹韬员外大将军，承袭乌地也拔勤豆可汗名号，许多被吐蕃占领土地上的吐谷浑人民也到凉、甘（今甘肃省张掖市）、肃（今甘肃省西北）、瓜（今甘肃省西北）、沙（今甘肃省敦煌市）等州降于武周政权，武周采用就地安置的方法处理。所以说，后世甘肃人中，有很多可能是吐谷浑人的后裔。之后，朝廷“岁遣镇遏使者与宣超兄弟抚护之，无令相侵夺”[1]。宣超死，子曦皓嗣立，曦皓死，子兆嗣立。

① 见《新唐书·吐谷浑传》。

唐德宗贞元十四年（798），吐谷浑首领恢复了“慕容”的姓氏，为慕容复。德宗拜慕容复为朔方（今内蒙古河套地区）节度使、左金吾大将军，承袭乐安州都督、青海国王、乌地也拔勤豆可汗。不久，慕容复死，此时唐朝内部也不安稳，就中断了对吐谷浑王室的封爵。

与此同时，吐蕃力量持续壮大，之后攻占灵州，吐谷浑余众逃往朔方、河东（今山西省北部）一带，被称为“退浑”或“吐浑”。五代时期，吐谷浑散居于蔚州（今山西省境内）等地，曾经附属于沙陀李氏，后来又依附于后晋石氏。

公元 938 年（五代十国时期），石敬瑭割燕云十六州（今北京、天津以及山西、河北北部的十六个州）给契丹。吐谷浑又受契丹役属，以接受汉文化程度而分为生、熟吐谷浑，其后世渐渐与北方汉人融合，或融入吐蕃与其他民族之中。

乞伏部西秦

西秦是鲜卑乞伏部所建立的政权。乞伏部是从大兴安岭山区西进，再南下进入陇西地区的鲜卑人。传到乞伏祐邻时，已经有了五千多户，在河套以南地区驻牧。再五传到乞伏国仁时，建立秦政权，因其位置偏西（相对于前秦、后秦而言），所以史称“西秦”。

乞伏国仁的生年已经无法考证，但据史载，可知他死于东晋孝武帝太元十三年（388）。前秦苻坚淝水之战失败后，北方各少数民族纷纷叛离前秦而建立政权，乞伏国仁也不例外。

叔侄共计

乞伏国仁被前秦封为南单于，受命镇守勇士城。淝水之战爆发时，苻坚令乞伏国仁为前将军领先锋骑，但就在此时，乞伏国仁的叔叔乞伏步颓在陇西叛变，苻坚于是改命乞伏国仁率军征讨乞伏步颓。但乞伏国仁前往陇西时，竟在途中与前来迎接乞伏国仁的乞伏步颓会合。原来所谓乞伏步颓“叛变”只是一个烟幕弹，乞伏步颓的目的是要阻止乞伏部的军队南下讨伐东晋，以保存自身实力，这样才能“成一方之业”。

乞伏国仁宣称：“苻氏往因赵石之乱（指羯族石勒的后赵），遂妄窃名号、穷兵极武，跨僭八州，疆宇既宁，宜绥之德，方虚广威声，勤心远略，骚动苍生，疲敝中国，违天怒人，将何以济，且物穷则亏，祸盈而覆者，天之道也，以吾量之，是役也，难以免矣，当与诸君成一方之业。”（《晋书·乞伏国仁载记》）

苻坚败于淝水之战后，乞伏国仁立即召集各部，准备叛前秦而自立，如有不从者，则以武力讨伐，然后并吞，一时之间聚集了十多万人。后来，苻坚被羌族姚苌缢死的消息传来，乞伏国仁对各部落酋长及手下将领说：“苻氏以高世之姿而困于乌合之众，可谓天也，夫守常迷运先达耻之，见机而作，英豪之举，吾虽德薄，藉累世之资，岂可睹时来之运而不作乎！”

乞伏国仁认为，苻坚既败于淝水，这是天赐良机，如果再不起而自立，那就有亏天道。于是，公元385年，乞伏国仁自称大都督、大将军、大单于，领秦、河二州牧，建元建义。

这时，乞伏国仁虽已建元，但是尚未立号，他以手下大将乙旃音埿为左相，以屋引出支为右相，以独匹蹄为左辅，以武群勇士为右辅，又以其弟乞伏乾归为上将军，其余封官设职各就各位，政治结构大致完成，并以勇士城（今甘肃省兰州市榆中县东北）为都，一时之间声势浩大。这时，前秦苻登已经无力讨伐，只好承认既成事实，封乞伏国仁为大将军、大单于、苑川王，目的只在羁縻而已。

乞伏国仁在位仅四年（385—388）。他死后，由于儿子乞伏公府年纪还小，群臣共推乞伏乾归为主，改元太初，称河南王，迁都金城。后来，羌族后秦出兵攻打前秦苻登，苻登不能敌，遣使向乞伏乾归求援，乾归派了两万骑兵驰援。苻登败死，乞伏乾归趁机扩张势力，降伏附近氐、羌、鲜卑各部落，占领陇西、巴西（今四川省和重庆市之间）之地，并于公元394年自称秦王。

乞伏乾归即位之初，三河王吕光①趁机命其弟吕宝伐西秦，吕宝大败。次年（395），吕光亲率步骑十万伐西秦，声势浩大，左辅密贵周、左卫将军莫者羖羝（羖，音“古”；羝，音“低”）都劝乾归以子乞伏敕勒为人质向吕光求和，乾归只好照办，吕光引兵而退。事后，乾归悔之，杀了密贵周和莫者羖羝。

公元396年，吕光自行即位，国号大凉，史称“后凉”。次年，吕光出兵讨伐西秦，西秦群臣皆主张应往成纪（今甘肃省天水市）避风头，只有乞伏乾归坚持抵抗，最终西秦得胜。

乞伏乾归派人到吕光之弟吕延军中放假消息说：“西秦军队已经闻风崩溃，逃到成纪去了。”吕延竟然信以为真，只带少部分轻骑往成纪方向追去，结果被西秦大军打得落花流水，吕延本人也死于此役。吕光

① 吕光，略阳氐族，初为前秦苻坚手下大将。公元382年，苻坚命他率六万氐族大军伐西域，威服西域各绿洲国，并获高僧鸠摩罗什。凯旋时，恰苻坚败于淝水，且于公元385年为后秦姚苌所缢杀，因此他自立为王，初称三河王，后改称凉，为后凉的创立者，在位十三年。

一看形势不妙，不得不引兵回到姑臧。

公元400年，乞伏乾归迁都苑川（今甘肃省兰州市榆中县）。次年，被后秦姚兴击败，西秦降于后秦，被迫摘去秦王名号，姚兴封乞伏乾归为河州（今甘肃省南部）刺史。姚兴唯恐乞伏乾归死灰复燃，把乞伏乾归强行留在后秦都城长安达三年之久，乞伏乾归之子乞伏炽磐则暂时统领西秦余众。三年后，乞伏乾归回到苑川，姚兴正忙于应付匈奴赫连勃勃所建立的夏，已经无暇经营陇西，于是乞伏乾归趁机再度称秦王。

公元412年，乞伏国仁之子乞伏公府杀了乞伏乾归。不久，乞伏炽磐又杀了乞伏公府，自立为秦王。两年后（414），秃发氏的南凉连年饥馑，国力衰退，而南凉之主秃发傉檀又率兵西征，乞伏炽磐趁机出兵攻打南凉，在南凉枹罕（今甘肃省临夏回族自治州临夏县）掠夺了一万多户人民，又顺势击败吐谷浑，掠夺其契汗部落牛羊五十多万头，拓地到青海湖以东地区。

公元412年，乞伏炽磐改元永康，八年后（420）又改元建宏。乞伏炽磐共在位十七年（412—428），死于建宏九年（428），由其子乞伏暮末嗣立，改元永洪。

乞伏暮末字安石跋，他生性残忍，暮末之弟乞伏殊罗与乞伏炽磐左

乞伏乾归论战

当后凉派大军攻打西秦时，西秦群臣以吕光人多势众，建议向东到成纪暂避风头，但乞伏乾归另有看法，他说："军之胜败，在于巧拙，不在众寡，（吕）光虽众而无法，其弟（吕）延勇而无谋，不足惮也。且其精兵尽在（吕）延所，（吕）延败，（吕）光自走矣。"（《资治通鉴·卷一〇九》）

鲜卑乞伏部西秦世系表

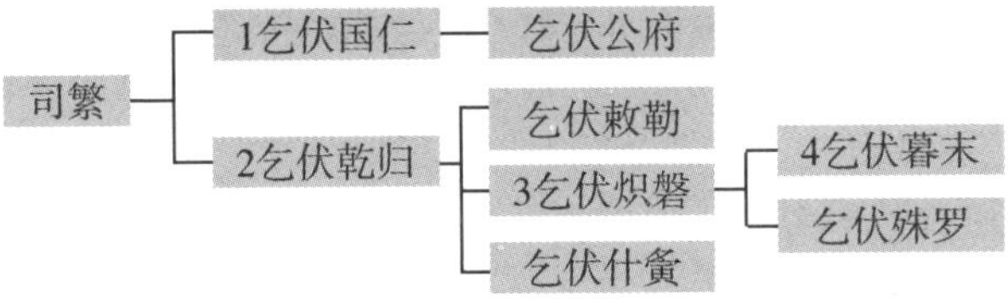

夫人秃发氏私通，乞伏暮末得知后，把乞伏殊罗监禁起来。秃发氏心生恐惧，于是与小叔乞伏什夤合谋，想偷取宫门钥匙，杀了乞伏暮末。但没想到拿错钥匙，被守门人发觉，而向乞伏暮末报告，于是乞伏暮末把参与这件事的人都给杀了。

乞伏暮末政酷刑滥，内外崩离，有许多部民反叛而去。西秦乞伏暮末永弘三年（430），遭逢天旱，饥荒极其严重，人民四处流亡。无计可施之下，乞伏暮末请求归附拓跋氏的北魏，于是率领一万五千户向东迁移。可是才走到南安（今甘肃省定西市陇西县）的高田谷，就遭到赫连夏的赫连定围堵攻击，只好退守南安。

乞伏暮末退保南安的第二年（431），赫连定又率军包围南安，乞伏暮末及其宗族五百多人被赫连定所杀，西秦至此灭亡。自乞伏国仁立国到乞伏暮末被杀，共历四主四十七年（385—431）。

秃发部南凉

南凉是鲜卑秃发部所建。秃发部鲜卑和拓跋部鲜卑同源共祖，同时从大兴安岭西迁南下，只是在不同的地区游牧，后来拓跋部先后建立代及北魏政权，并把驻牧在黄河以南的鲜卑人称为秃发部。

史载："鲜卑秃发乌孤八世祖匹孤，自塞北迁于河西，其地东至麦田牵屯，西至湿罗，南至浇河，北接大漠；匹孤死，子寿阗统任，初，母孕寿阗，因寝产于被中，乃名秃发，其俗为被覆之义。"

从中可得知秃发部的驻牧地区和世系。后寿阗再两传到树机能，这时秃发部已经有相当部众，也有相当的力量，经常骚扰西晋边境。西晋武帝泰始六年（270），秦州（今甘肃省境内）刺史胡烈发兵讨伐树机能，双方战于万斛堆（西晋安定郡内，今宁夏回族自治区固原市原州区），晋军大败，胡烈被杀，西晋都督雍、凉州诸军事扶风王司马亮派将军刘旗前往救援，刘旗却观望不前。司马亮将刘旗贬为平西将军。朝廷又遣尚书石鉴行讨伐树机能，结果还是无功而返。

泰始七年（271），北地胡（安定郡内的匈奴军）和树机能联合起来进犯金城，西晋凉州刺史牵弘率军讨伐，却被困在青山（约今陕西省铜川市耀州区），结果牵弘兵败被杀。之后，树机能又在金山（地名已不可考）打败新任凉州刺史苏愉，占有凉州之地。

一时之间，西晋对树机能无可奈何。这时匈奴人刘渊在洛阳为质。刘渊相貌堂堂，一表人才，轻财好施而又博学多闻，善于结交权贵，为洛阳名人，西晋武帝召见后也非常欣赏他，就想要以刘渊统军前往剿讨树机能，但群臣认为此举无异于纵虎归山，纷纷劝阻。

西晋武帝咸宁三年（277），西晋又以文鸯为首，派兵讨伐树机能。这次西晋总算打了一个胜仗，鲜卑等各胡族近二十万人投降[①]。次年，西晋朝议树机能久为边患，应该彻底予以剿灭，于是仆射[②]李意再请发兵讨伐，未果。咸宁五年（279），树机能又攻陷凉州，西晋武帝不禁临朝叹息：

① 见《资治通鉴》。

② 官名，指尚书省官员。

“谁能为我讨此虏者？”司马督（官名）马隆站出来说：“陛下能任臣，臣能平之。”西晋武帝说：“必能平贼，为何不任？顾方略何如耳！”马隆曰：“臣愿募勇士三千人，无问所从来，率之以西，虏不足平也。”帝许之。于是马隆募得三千五百人，向西渡过温水（武威之东有温围水，可能就是温水）。可是马隆自西行之后就断了音讯，西晋一度以为他已经战死沙场。不久，马隆信使来到朝廷，告知马隆还活着，而且还打了几场胜仗，西晋武帝大为宽心，封马隆为宣威将军。

马隆所率三千多人到了武威后，鲜卑大人猝跋韩且能率万余落降于马隆。之后，马隆与树机能交战，终于斩杀了树机能，时为咸宁五年（279）十二月。树机能死后，其弟务丸代领秃发部之众，秃发部经此一役，力量衰弱，对西晋已不构成威胁。务丸死，其孙推斤立；推斤死，子思复鞬立，部众又逐渐聚合起来；思复鞬死，子秃发乌孤立，秃发部鲜卑进入一个新的时代。

秃发乌孤嗣位后，养民务农，秃发部鲜卑渐渐改变了游牧生活，兼事农业，并筑帘川堡（今青海省海东市乐都区东）作为政治中心。公元397年，后凉吕光拜秃发乌孤为益州牧、左贤王。

声势蒸蒸日上的秃发乌孤令吕光深感不安，于是遣将军窦苟讨伐秃发乌孤，双方大战于街亭（今甘肃省秦安县内），窦苟大败，乐都（后凉都城，今青海省海东市内）、湟河（今青海省化隆回族自治县西）、浇河（今青海省贵德县境内）三郡及岭南羌胡好几万户都投附秃发乌孤。吕光手下将军杨轨、王乞基等也率几千户前来投靠。秃发乌孤于是拜其弟秃发利鹿孤为骠骑大将军、广武公，驻守西平（今青海省西宁市），以来降的杨轨为宾客，其余分别派任各种官职，史称“官方授才，咸得其所”。

秃发乌孤问治

秃发乌孤曾问大臣："乞伏乾归、北凉段业和吕光，这三方势力究竟要先讨伐哪个呢？"

他的臣子分析："乞伏乾归和我们同为鲜卑族，迟早会来归服；段业只是个读书人，而且和我们关系良好，不宜讨伐；吕光已老，且内部猜忌严重，不用两年我们就可以攻下姑臧，将之降伏。"

这个说法深得秃发乌孤赞赏，之后许多措施都按这个原则进行。

公元399年，秃发乌孤因酒醉坠马受伤。他临终时对左右说："方难未静，宜立长君。"秃发乌孤在位三年，后被追谥为武王，庙号烈祖。秃发乌孤死后，秃发利鹿孤继位，次年（400）改元建和，迁都西平。

就在秃发利鹿孤改元、迁都之时，后凉吕纂率兵前来讨伐，利鹿孤派其弟秃发傉檀率兵抗击。双方交战后，利鹿孤战胜吕纂，斩杀后凉两千多人。六月，吕纂率兵西击北凉段业，利鹿孤率万骑趁虚偷袭姑臧，掠得八千多户而回。

南凉秃发利鹿孤建和二年（401），秃发利鹿孤改称河西王，但仍向后秦姚兴称臣。手下将领勿仑曾向他进言："……今建大号，诚顺人心，然宁居乐土，非贻厥之规，仓府粟帛，生敌人之志，且首兵始号，事必无成，陈胜、项籍前鉴不远，宜署晋人于诸城，劝课农桑，以供军国之用，我则习战法以诛未宾，若东西有变，长算以縻之，如其敌于我，徙而以避其锋，不亦善乎。"[1]劝他先充实国内实力，利鹿孤对这个说法颇为认同。此外，利鹿孤又采纳大臣史暠"建学校，开庠序，选耆德硕儒以训胄子"的建议，让百姓无论在生活或教育上都有了长足的进展。

---

① 《晋书·秃发利鹿孤载记》。

建和三年（402），秃发利鹿孤死，其弟秃发傉檀嗣立，改元弘昌，统领诸部，又迁回乐都，改称凉王，史称南凉。秃发傉檀表面上仍向后秦称臣，不久，后秦姚兴灭氐族吕氏的后凉，取得姑臧，秃发傉檀向姚兴献马三千匹、羊三万头，希望能得到姑臧。

姑臧地处北凉、西秦、后秦之间，四面受敌。姚兴初得河西走廊，为了固守姑臧，经常要派数万大军镇守，财政上是一项较大负担。现在秃发傉檀表示要得到姑臧，而且又献上大量的马羊，姚兴就将姑臧送给南凉，并且封秃发傉檀为车骑大将军、领匈奴中郎将、凉州刺史。此外，姚兴还派尚书韦宗到南凉，秃发傉檀与韦宗“论六国纵横之规，三家战争之略，远言天命兴废，近陈人事成败，机变无穷，辞致清辩”。他的高瞻远瞩之论令韦宗大为惊异，赞之曰：“命世大才，经论名教者，不必华宗夏士。”[①]

秃发傉檀初称凉王，改元弘昌，三年后（405）称臣于后秦，就不再使用年号。后秦姚兴弘始十年（408），秃发傉檀率军进攻沮渠蒙逊的北凉，结果反被北凉打败。同年，赫连夏侵南凉，杀伤一万多人，驱掠百姓两万七千多人，牛、马、羊几十万头。秃发傉檀率军追击，被赫连夏所败，“将佐死者十余万，傉檀与数骑奔南山，几为追骑所得”。赫连夏把杀死的南凉战士的尸体堆积成高台，称之为“髑髅台”。此役南凉可说是损失惨重。

赫连夏攻击南凉没多久，后秦姚兴就想趁机夺回姑臧，没想到却被秃发傉檀所败。双方既然以兵戎相见，南凉称臣之事当然一笔勾销。所以秃发傉檀就于这一年（408）又建元为嘉平元年，称凉王。

后来，秃发傉檀被赫连夏打得仅以数骑逃奔南山，已经无力立足于河西走廊，不得不放弃姑臧。赫连夏退兵后，傉檀又回到乐都，而姑臧落入沮渠蒙逊之手。北凉既得姑臧，又继续进攻南凉，三度进逼乐都。

① 《晋书·秃发傉檀载记》。

"赫连勃勃"名称的由来

赫连勃勃是匈奴人刘卫辰的儿子。汉时，匈奴与汉朝多次和亲，因此匈奴人也以"刘"姓为自己的姓氏。赫连勃勃与建立"汉赵"的刘渊有亲属关系，但是他自己建立政权后，认为姓刘不合"礼"法，为此他曾说："朕之皇祖自北迁幽朔，姓改姒氏[①]，音殊中国，故从母氏为刘，子而从母之姓，非礼也。古人氏族无常，或以因生为氏，或以王父之名，朕将以义易之，帝王者系天为子，是为徽赫，实与天连，今改姓名赫连氏……"（《晋书·赫连勃勃载记》）

南凉连年苦战，不事农业，粮食严重不足。内外交困之下，秃发傉檀只得掠夺游牧于青海湖附近的乙弗部落，以解燃眉之急，结果"大破之，获牛马羊四十余万"。但西秦的乞伏炽磐则乘虚亲率步骑两万来袭，攻占乐都，将南凉文武官员、百姓一万多户强行迁往枹罕（今甘肃省临夏回族自治州临夏县）。南凉其余城镇也陆续降于西秦。

先前随秃发傉檀西掠乙弗部的南凉将士在得知乐都失守后大多逃散，傉檀在"四海之广，匹夫无所容其身"的情况下，只好向西秦的乞伏炽磐投降。傉檀到西平时，乞伏炽磐特别遣使郊迎，以上宾之仪待之，称之为骠骑大将军，封左南公。但傉檀毕竟是个才华洋溢的人物，绝对不会甘于雌伏，久了必有问题。一年多后，乞伏炽磐果然设法对秃发傉檀下毒，傉檀吃了含毒药的食物后，他的手下急忙寻找解药，但傉檀却说："吾病岂宜疗邪？"说完就死了，得年五十一岁，南凉亡。南凉自秃发乌孤称武威王起，到秃发傉檀死，共历三主十八年（397—414年）。

---

① 《史记·匈奴传》曾载称匈奴之先为夏后氏之后，而夏禹姓姒，赫连勃勃以《史记》所载自认是夏后氏之后，所以说"姓改姒氏"。

高僧法显

乞伏氏的西秦及秃发氏的南凉都曾接待过到西域求佛法的僧侣法显。法显于公元400年从长安出发，经西域往天竺（今印度）求佛法，途中经过西秦和南凉，据《法显传》首章记载：“初发迹长安，度陇，至乾归国，夏坐。夏坐讫，前行至耨檀国。”

乾归国，就是乞伏乾归在位时的西秦；所谓“夏坐”，缘于印度佛教僧侣每年两季在家安居三个月，不外出，也称为雨安居或坐夏。耨（傉）檀国，指秃发傉檀，但是在公元400年，南凉还是秃发利鹿孤在位。法显之所以称南凉为檀国，或许是因为当时的利鹿孤把国家大事都委由傉檀处理。如同《晋书·第二十六载记》所言：“傉檀才机警，有才略……及利鹿孤即位，垂拱而已，军国大事，皆以委之。”

南凉秃发部世系表

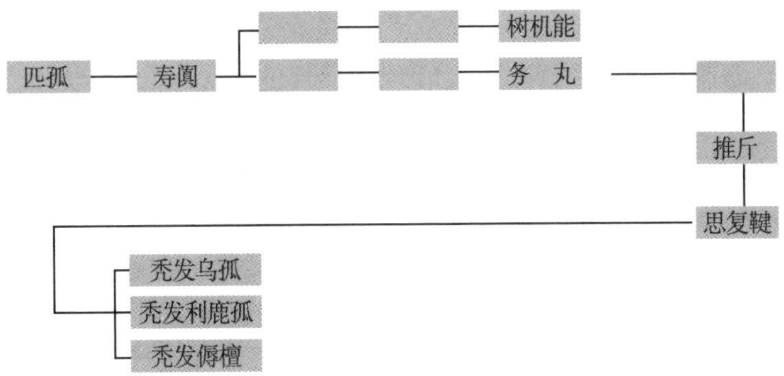

代政权

代政权由鲜卑拓跋部所建，拓跋部鲜卑从大兴安岭北段向西迁入今蒙古国一带，然后再向南到我国内蒙古西部以及山西北部。拓跋部后来建立北魏，声势显赫。据《魏书》载：

黄帝有子二十五人……昌意少子，受封北土，国有大鲜卑山，因以为号。……至宣帝南迁大泽，方千余里……圣武皇帝南迁，始居匈奴故地。

但《史记·匈奴传》说："匈奴，其先祖夏后氏之苗裔也，曰淳维。"《魏书》又载：

故以（拓跋）为氏，其裔始均入仕尧世，逐女魃（音"拔"，司旱之神）于弱水之北，民赖其勤，帝舜嘉之，命为田祖，爰历三代，以及秦汉，獯鬻、猃狁、山戎、匈奴之属，累代残暴，作害中州，而始均之裔不交南夏，是以载籍无闻焉，积六十七世，至成皇帝讳毛立，聪明武略远近所推，统国三十六，大姓九十九，威振北方，莫不率服。

上文所引的成皇帝毛五传到推寅时，鲜卑人在推寅的带领下，由"鲜卑石室"迁徙至今天内蒙古自治区东北部呼伦贝尔大草原西边靠近呼伦池的沼泽地带，这就是《魏书》上所说的："南迁大泽，方千余里，厥土昏冥沮洳，谋更南迁，未行而崩。"他们在这一带生活了一百年左右，推寅后来被北魏追尊为宣皇帝。

黄釉扁壶

高20厘米，壶身绘有北齐胡腾舞及配乐演奏，1971年河南安阳洪河屯北齐范粹墓出土，见证了北方民族的大融合

推寅之后七传到邻，之后的世系比较明确可信。邻觉得呼伦池一带“厥土昏冥沮洳”，沮洳是低洼之意，也就是说生存环境不佳，所以初步定下大迁徙计划，但是由于邻的年事已高，就传位给儿子诘汾，并由诘汾负责执行大迁徙。

据《魏书》载：“圣武皇帝讳诘汾，献帝（邻）命南迁，山谷高深，九难八阻，于是欲止，有神兽，其形似马，其声类牛，先行导引，历年乃出，始居匈奴之故地。”

这次迁徙的时间大约是在东汉桓帝、灵帝之时（147—189），这时也正是鲜卑檀石槐铁骑席卷蒙古草原，将鲜卑分为东、中、西三部的年代。

邻带领族人迁往更适宜的生活空间，族人也推崇他为“推寅”，也就是说，拓跋鲜卑先祖有两个“推寅”。檀石槐分鲜卑为东、中、西三部，各立大人或大帅以统之，《资治通鉴·卷七十七》及《魏书》所载“西部大人有推寅”，根据当代学者马长寿进一步考证，这里指的就是邻，他的部族大约驻牧在今蒙古国科布多一带。檀石槐的鲜卑部落联盟崩解后，拓跋部鲜卑就从漠北迁到漠南阴山一带的匈奴故地驻牧，与中原汉

史传力微神话引录

关于力微的出生，在《魏书·序纪》里曾记载了一段美妙的神话："初，圣武（指诘汾）尝率数万骑田于山泽，欻见辎车开开（意车轴头）自天而下。既至，见美妇人，侍卫甚盛。帝（指诘汾）异而问之，对曰：'我，天女也，受命相偶。'遂同寝宿。旦，请还，曰：'明年周时，复会此处。'言终而别，去如风雨。及期，帝先至所田处，果复相见。天女以所生男授帝曰：'此君子也，善养视之，子孙相承，当世为帝王。'语讫而去。子即始祖也（指力微）。故时人谚曰：'诘汾皇帝无妇家，力微皇帝无舅家。'"

人地区直接接壤，拓跋部从此进入一个新的发展阶段。

公元220年（曹魏黄初元年），诘汾卒，子力微嗣立。据文献所载，力微在位五十八年，领导鲜卑拓跋部在漠南、代北一带立足生根，力微认为和华夏民族通好有助于自身发展，也因此奠定了日后代政权成立的基石。北魏建立后，追尊他为神元皇帝，作为北魏太庙的始祖。

拓跋部曾经受到西部鲜卑大人蒲头的攻击，力微兵败溃退，部落人民纷纷离散。力微投奔没鹿回部大人窦宾，不久两人联合反击西部蒲头，窦宾被重兵围攻，多亏力微极力保护才得以脱困。窦宾于是把女儿嫁力微，并以没鹿回部北边的长川（约今内蒙古自治区乌兰察布市察哈右翼前旗、兴和县）作为力微及其部落的驻牧之地。力微在长川收整离散的人民，渐渐聚集了一些力量。窦宾死后，力微就吞并了没鹿回部，力量马上壮大起来，草原上"诸部大人，悉皆款服，控弦上马二十余万"。公元258年（曹魏高贵乡公甘露三年），力微迁居盛乐（今内蒙古自治区呼和浩特市和林格尔县），举行祭天大会，惩杀不服的段部鲜卑大人，让各部落大人对他敬畏有加。

力微曾说："我历观前世匈奴，蹋顿之徒，苟贪财利，抄掠边民，虽有所得，而其死伤不足相补，更招寇雠，百姓涂炭，非长计也。"所以，他对中原开始采用睦邻政策。曹魏元帝景元二年（261），力微把长子沙漠汗送到洛阳，向曹魏学习华夏文明与习俗。史传载：沙漠汗身长八尺（约今1.92米），英姿瓌（音"瑰"，奇伟壮丽之意）伟，以拓跋部太子身份客居洛阳，成为曹魏外宾之冠。

沙漠汗在洛阳结交了许多中原朝野有识之士，由于他的居中协调，拓跋部和中原时有往来，互市不绝。每年由中原输往盛乐的金、帛、缯、絮数量相当多，手工艺匠人、乐师也常常前往盛乐献艺交流，对拓跋部的经济、文化都产生了推动作用。

西晋武帝咸宁三年（277），力微卒，子悉禄（或作悉鹿）嗣立。悉禄在位九年卒（277—285），北魏建国后追尊其为章皇帝。悉禄死后，其弟绰继位。拓跋绰在位七年（285—291），死后由沙漠汗的次子拓跋弗嗣立。拓跋弗史称代恩帝，聪哲有大度，政崇宽简，百姓怀服，但拓跋弗在位一年就死了，之后再由力微的儿子禄官嗣立（西晋惠帝元康四年，公元294年）。

禄官将国家分为三个部分，他本人自领一部居东方，统治上谷（今河北省张家口市怀来县）以北、濡源（今河北省承德市丰宁满族自治县滦河上源）以西；沙漠汗长子猗㐌统中部，居代郡参合陂（今内蒙古自治区乌兰察布市凉城县东北）；以猗㐌弟猗卢统西部，居定襄郡盛乐故城。拓跋部经过拓跋绰、拓跋禄官二位领袖的统治，部落得以休养生息，人口、牲畜都增加不少，有控弦之士四十多万。

猗卢善于用兵，他曾南入并州，把并州北部的其他部落都赶到云中（今内蒙古自治区呼和浩特市托克托县东北）、五原（今内蒙古自治区巴彦淖尔市五原县）、朔方界内，又西渡黄河，攻击在那里驻牧的匈奴、乌桓各部，树立声威。西晋人卫操多次出使拓跋部，对拓跋部的情况相当了解，在目睹西晋诸王争权夺利、国将不国之后，便率儿子卫雄、宗族乡亲姬澹等一群人投奔拓跋部，他劝拓跋部大人善用汉人，用他们的才华为拓跋部建功立业。拓跋部采纳了卫操的意见，之后中原汉人前来投靠者日渐增多，影响了拓跋鲜卑的政治、文化、经济等各个层面。

拓跋禄官嗣立后三年(297)，猗㐌渡漠北巡，因而西略各部，历时五年，降附于拓跋者二十多国（部落或部族），拓跋部声势更加壮大。禄官继位的第十年（304），匈奴人刘渊建立“汉”政权，西晋并州刺史司马腾向拓跋部求救，猗㐌率十万骑相助，大破刘渊于西河（今山西、陕西交界处）、上党（今山西省东南部）。次年（305），刘渊攻并州郡县，司马腾再度向拓跋部求援，猗㐌以轻骑数千前往救援，斩杀刘汉大将綦毋豚，解并州之危。司马腾上表朝廷请褒奖拓跋鲜卑，西晋就封猗㐌“大单于”名号，赐金印紫绶，这是拓跋鲜卑首次有了正式名号。同年，拓跋猗㐌卒，子拓跋普根嗣立，继续统领中部。西晋怀帝永嘉元年(307)，拓跋禄官卒，后被追谥为昭帝。

拓跋禄官死后，由沙漠汗之子拓跋猗卢嗣立，史称拓跋猗卢“天资因特，勇略过人”。他嗣位后，立即总摄三部，以盛乐为政治中心，以求国家统一。猗卢在位九年（307—316），前五年曾两度出师援西晋，西晋封他为代公；后四年全力建设内部，使拓跋部国富民丰，西晋又封猗卢为代王，这便是日后拓跋部称“代”的缘由。

猗卢晚年转趋苛峻，各部落的人民常因小事违命而获罪，如果有征召不能准时到达的，竟歼杀整个部落。他在位的第九年（316），猗卢召长子拓跋六修到盛乐。在这之前，猗卢命六修镇守新筑的平城（西晋称之为小平城）。此次召见，六修可能怕被杀而不来，猗卢一怒，发兵讨伐，

沙漠汗之死

司马氏代曹魏建立西晋政权后，和拓跋部交好如故，六年后（267），力微已经很老了，沙漠汗只得回盛乐，晋武帝特送厚礼并护送他北返。沙漠汗回到盛乐后，为封闭的拓跋部带来许多新见闻和新知识。八年后，因父亲力微仍身强力壮，于是沙漠汗又重回一趟洛阳，当年冬天起身北返拓跋部。到并州（今山西省太原市）时，沙漠汗被西晋征北大将军卫瓘强行挽留，卫瓘觉得沙漠汗是人中之龙，让他回到拓跋部迟早会成为西晋大患，于是派人到拓跋部大人中以重金贿赂挑拨离间，让各部落大人开始猜忌沙漠汗。两年后，可能是卫瓘眼看离间计已达成，才让沙漠汗继续北返。

得知沙漠汗返国，拓跋各部落大人前往阴馆（今山西省忻州市代县西北）迎接，席间，沙漠汗拿出弹弓打飞鸟，只见天上飞鸟应手而落，各部落大人议论纷纷，认为太子“奇术绝世，若继国统，变易旧俗，吾等必不得志”。有人抢先驰返盛乐，向力微进谗言，说沙漠汗“似得晋人异法怪术，乱国害民之兆”。沙漠汗久在中原，加上力微其他儿子常在身边侍奉争宠，而且力微这时已在位五十四年，是一老人矣，思虑不免有些迟钝，在众多谗言围绕下，也开始怀疑起沙漠汗，便说：“不可容者，便当除之。”于是各部落大人急忙回去杀了沙漠汗。

但战事不利，不久后猗卢就死了。

猗卢死后，拓跋普根嗣立，一个多月后，拓跋普根卒，普根刚出生

南朝舂米画像砖

河南邓州市出土，国家博物馆藏

不久的儿子拓跋始生也夭折，结果由拓跋弗的儿子郁律嗣立。史称拓跋郁律“资质雄壮，甚有威略”。郁律继位的第五年（东晋元帝大兴四年，公元321年），东晋元帝司马睿派韩畅到拓跋部，赐郁律爵位封号和服饰，郁律拒绝接受。郁律平时练兵有道，他胸怀大志，却为猗㐌的遗孀惟氏所忌，惟氏暗中谋害郁律得逞。在鲜卑族，部落首领的妻子都有举足轻重的地位，首领的力量也多有赖于妻族的支持，这也是日后北魏要定下“立子杀母”原则的历史背景。

郁律死后，惟氏立儿子贺傉，惟氏大权在握。

贺傉立四年之后，惟氏才还权给贺傉，诸部大人并不真心诚意顺服，惟氏母子为了自保，乃筑城于东木根山（今内蒙古自治区乌兰察布市集宁区东边），时为公元324年。

次年，贺傉卒，由弟纥那嗣位，史称炀帝。拓跋部在后赵石勒大军

毛至力微及其诸子的世系

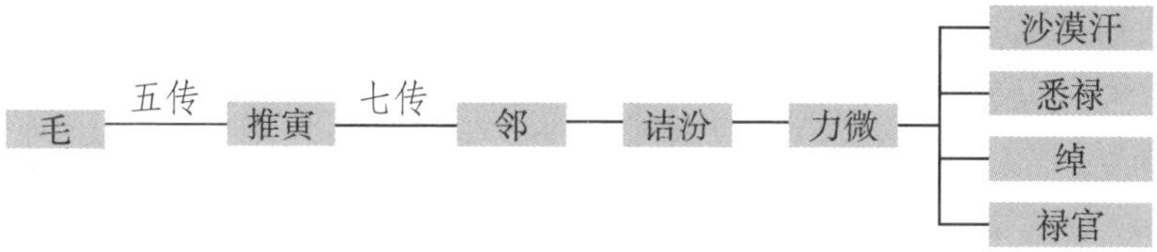

的进逼下，被迫迁往大宁（今河北省张家口市南）。公元329年，郁律的长子翳槐（烈帝）赶走纥那而自立。公元333年，石勒死，后赵立刻陷于动荡。东晋南渡之后，偏安江右，早已失去斗志，而这时拓跋部的内部也是动乱不安。纥那复辟，赶走翳槐，没几年又被翳槐赶走，但翳槐夺位成功一年后便死了。

公元338年，郁律的次子什翼犍嗣位，正式创建“代”政权，建元建国，代从此有了年号，而拓跋部也从乱局中解脱出来，走向复兴。什翼犍在位三十九年。

现从拓跋什翼犍建设、出巡、征讨、衰亡四个阶段加以探讨。

一、建立代政权

拓跋什翼犍出生于公元320年，他是郁律的次子、翳槐的胞弟。拓跋什翼犍幼年时，翳槐要向后赵石勒请和，就把什翼犍送到后赵国都襄国（今河北省邢台市）为质子达九年。翳槐临终时交代一定要迎立什翼犍，社稷才可以安定。翳槐死后，诸部大人拥立郁律的幼子孤，但孤认为应该拥立什翼犍，于是拓跋孤自行到后赵国都邺（这时后赵已迁都），向后赵请愿，要求顶替什翼犍留在邺都做质子。后赵石虎对他们的兄弟义气感到敬佩，就让他们两人都回去了。就在这年（338）冬天十一月，什翼犍在北返途中于繁峙（今山西省忻州市繁峙县）即位。

代建国元年至十年（338—347），什翼犍致力于奠定代政权的制度，他在后赵多年，吸取了许多政治经验。什翼犍以代郡汉人燕凤为长史[①]、许谦为郎中令[②]，“余官杂号，多同于晋”。建国三年（340），什翼犍迁都盛乐。次年在盛乐旧城南八里处修建一座新城，作为拓跋部的政治中心。什翼犍把四方来附的各族统称为“乌桓”，将这些非鲜卑民族分为南、北两部，各置大人监领，北部由其弟拓跋孤监领，南部由其子拓跋寔监领。也可说北部以各种胡族为主，南部则以汉人居多，这种分法前赵、后赵都实行过。

什翼犍智勇兼具，是一个杰出的政治人才，也是一个极具涵养的君王。他胸襟宽广，连对待敌人都非常仁厚，而且号令明确，政清刑简，所以获得人民拥戴，出现“东自濊貊[③]，西及破洛那（葱岭以西的绿洲国家），南距阴山，北尽沙漠，率皆归服，有众数十万”[④]。

什翼犍和同是鲜卑人建立的前燕维持友好关系，曾向前燕文明帝（慕容皝）请婚，娶文明帝之妹为妻。但不久这位慕容夫人就死了，于是什翼犍二度向前燕请婚，文明帝将女儿嫁给什翼犍。这位慕容夫人生拓跋寔及拓跋翰，拓跋寔就是后来建立北魏政权的拓跋珪之父。

二、什翼犍出巡

从建国十一年到二十五年（348—362），这十五年间拓跋什翼犍出巡代国各地，以巩固国家。建国十二年（349），羯族石氏所建的后赵崩解，

① 官名，行政官员。
② 官名，皇帝身边的助理。
③ 中国东北古老民族。
④ 《资治通鉴》。

冉闵肆虐邺都，凡“深目高鼻多须”（指具有羯族特征）者一律杀无赦，一时中原大乱。什翼犍想趁此动荡不安时进军中原，他对左右说：“石胡衰灭，冉闵肆祸，中州纷梗，莫有匡救。吾将亲率六军，廓定四海！”[①]但此时的代还未完全实现中央集权，各部大人极力反对，什翼犍只好作罢。

因此，什翼犍出巡各地，视察农牧业，进而建立威望。代国此时仍以鲜卑人经营的畜牧业为主，乌桓人（以汉人居多）经营的农业为辅。在什翼犍的巡视督导下，代国经济有了很大发展。据文献所载，建国十二年，什翼犍西巡到黄河；十九年再次西巡；二十二年东巡；二十五年到君子津（今内蒙古自治区乌兰察布市的浑河）。

后赵崩解后，前燕鲜卑慕容部乘机西进，占据华北东部，而原来后赵辖下的关中地区氐族苻氏也乘机建立前秦政权，和前燕形成东西对峙的局面。就是在这样的情况下，前秦暂时无暇处理北方的代国，所以什翼犍才得以从容地巡视各地，厚植代国的力量。

三、对外征讨

什翼犍两度北伐高车。建国二十六年（363），什翼犍大破高车，掠得高车一万多人，马、牛、羊一百多万头。建国三十三年（370），再度伐高车，又大破之。

建国三十年（367）冬，什翼犍讨伐匈奴铁弗部。拓跋部与匈奴铁弗部素来不合，此时铁弗部首领为刘卫辰，尽管什翼犍曾将女儿嫁给刘卫辰，但两族还是常常因放牧地而起争执。战争开始后，拓跋氏以苇草结成绳索以控制黄河，并在流冰上面再铺芦苇，结成一道冰桥，出其不意地偷渡黄河，匈奴刘卫辰被打得落花流水。拓跋部掠得许多匈奴人及马、牛、

① 《资治通鉴》。

羊几十万头。刘卫辰奔降前秦，苻坚派兵护送他返回朔方，并留下前秦军戍守黄河。这场战争什翼犍获利不少，但也让前秦苻坚注意到了代国。

四、拓跋代的衰亡

不久，前秦灭前燕，实力大增。拓跋代内部也产生了一些变化，建国三十四年（371）春，宗室长孙斤谋叛，在部族酋长会议上拔刀刺向什翼犍，什翼犍幸得不死。太子拓跋寔虽然杀死长孙斤，但自己也身负重伤而死。

前秦灭前燕后，将目标转向拓跋氏。建国三十九年（376）八月，苻坚攻灭前凉，声势如日中天。恰逢刘卫辰向前秦求救，苻坚就命幽州刺史、行唐公苻洛为北讨大都督，率幽、冀兵十万讨伐拓跋代。苻坚命并州刺史俱难、镇军将军邓羌、尚书赵迁及李柔、前将军朱肜、前禁将军张蚝、右禁将军郭庆，统部骑二十万，东出和龙（今辽宁省朝阳市）、西出上郡（今陕西省榆林市），分兵几路，大举伐代。

十一月，什翼犍命段部、独孤部鲜卑在桑干河（今河北省西北部和山西省北部）一线布防，遭前秦所破。什翼犍又派南部大人刘库仁（匈奴人）率领十万骑兵抵抗，刘库仁虽和刘卫辰同宗，但也是什翼犍的外甥。刘库仁与前秦军在石子岭（今山西省忻州市偏关县北）激战惨败。此时已病重的什翼犍只好率领部众退到阴山之北，渡漠放牧。可是这里是高车部落的驻牧之地，于是高车从四面八方抄掠，鲜卑人无法放牧，只好再次回到漠南。十二月，什翼犍听说前秦军队大部分都已撤退了，便率众返回国都。十几天后，庶长子寔君在拓跋孤之子拓跋斤的教唆之下杀了什翼犍，又杀光几个弟弟。拓跋诸王室家眷只得投奔前秦将领苻洛，苻洛派李柔、张蚝率兵，抓回寔君以及拓跋斤，将二人押回长安，五马分尸。

高车

高车就是敕勒、铁勒，更早则叫丁零，文献上说其最早分布在今贝加尔湖周边，由于他们使用高轮车，所以又称之为高车。突厥、回纥都与高车有血缘关系，高车也是游牧民族，魏晋以来分化为六氏和十二姓。这六氏是狄氏、素氏、斛律氏、解批氏、异奇斤氏、护骨氏；十二姓为泣伏利、吐卢、乙旃、大连、窟贺、达薄干、阿仑、莫允、俟分、副伏罗、乞袁及右叔沛。六氏大致分布在东部今鄂尔浑河、土拉河流域一带游牧；十二姓则在西部今色楞格河以西、阿尔泰山一带游牧。但也有人认为，在阿尔泰山以西也有高车人，多以西丁零称之，中国史传上所出现的丁零或敕勒，都是东丁零。

什翼犍在位三十九年（338—376）。如果以猗卢受封为代王那年（315）算起，鲜卑拓跋部之代国，共历猗卢、普根、始生（仅月余）、郁律、贺傉、纥那、翳槐及什翼犍三代八主，享祚六十二年（315—376）。

鲜卑代政权世系表（力微后）

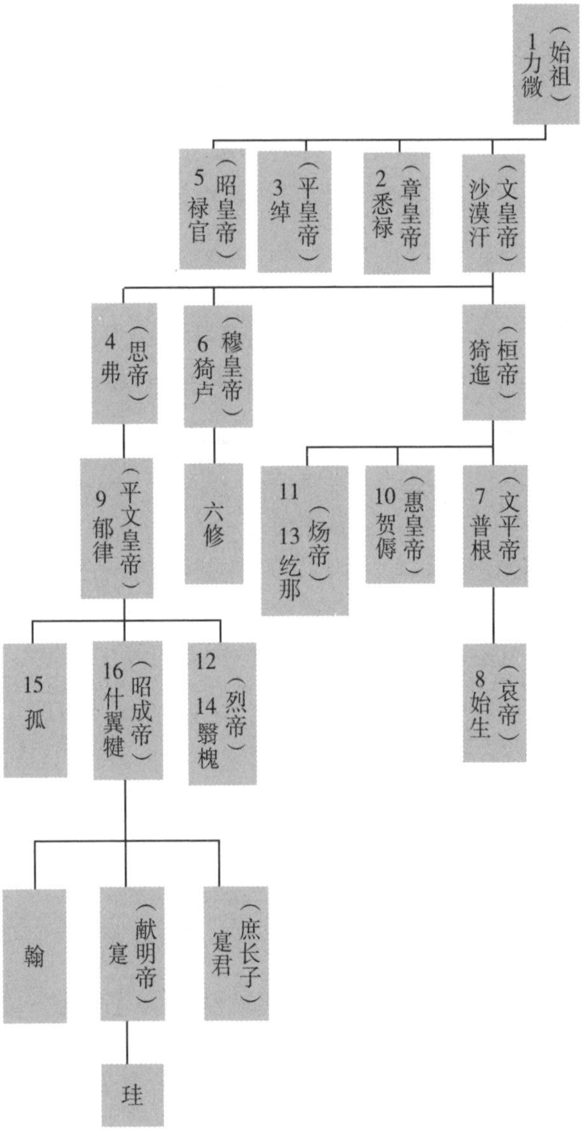

第五章

北魏王朝的建立

道武帝拓跋珪

代国灭亡时，前秦苻坚曾召见代国长史燕凤，问他代国为何会内乱，燕凤据实以告，苻坚因此将拓跋寔君和拓跋斤五马分尸。苻坚原本打算将拓跋什翼犍的孙子拓跋珪带到长安居住，但燕凤再三请求："代王初亡，群下叛散，遗孙冲幼，莫相统摄。其别部大人刘库仁，勇而有智，铁弗卫辰，狡猾多变，皆不可独任。宜分诸部为二，令此二人统之，两人素有深仇，其势莫敢先发。俟其孙稍长，引而立之，是陛下有存亡继绝之德于代，使其子子孙孙永为不侵不叛之臣，此安边之良策也。"①

燕凤之言合情入理，苻坚于是采纳了这个意见，把原来拓跋代的疆域分成两部分，黄河以东属刘库仁，授为前秦陵江将军、关内使，分统拓跋部众；黄河以西则归刘卫辰统辖。

拓跋珪及其母贺氏因此交由刘库仁。刘库仁本性纯良宽厚，所以离散的人民又逐渐聚集，他对拓跋珪更是"恩勤周备"，经常对几个儿子说："此儿有高天下之志，必能恢隆祖业，汝曹当谨遇之。"

前秦灭代之后，将原来拓跋部人民分散到云中、定襄、雁门（今山西省代县）、五原四郡，并派官监督刘库仁、刘卫辰的统辖。前秦苻坚建元十九年（383），淝水之战爆发，前秦大败；建元二十一年（385），苻坚被羌族姚苌所杀。原来归附的鲜卑、羌等都纷纷叛离，北方又陷入一片混乱，这就给了拓跋珪复国的机会。

① 《资治通鉴·卷一〇四》，另《魏书·燕凤列传》也有类似说辞。

什翼犍之死

公元338年，什翼犍的幼弟拓跋孤自愿到后赵代替什翼犍为人质，好让什翼犍返回代国即位，此举令什翼犍深受感动。因此，他即位后就把国土一分为二，封拓跋孤为北部大人。待拓跋孤死后，什翼犍收回北部国土，拓跋孤的儿子拓跋斤因而怀恨在心，伺机加以报复。

拓拔什翼犍建国三十四年（371），长孙斤谋叛，被太子拓跋寔所杀，但拓跋寔不久也伤重而死，只留下一个遗腹子拓跋珪。

后来，前秦派苻洛率军攻讨代国时，为了安全起见，什翼犍就命儿子每夜轮流保护自己。拓跋斤见状挑唆庶长子寔君："王将立慕容妃之子，欲先杀汝，故顷来诸子每夜戎服，以兵绕庐帐，伺便将发耳。"（《资治通鉴·卷一〇四·晋纪二十六》）寔君非慕容妃所生，故信以为真，便趁轮值守夜时杀了什翼犍及慕容妃所有儿子，只留下窟咄一人。

从代到魏的建立

建元十九年（383），刘库仁被慕容文所杀。刘库仁之子刘显想趁苻坚淝水战败，各民族纷纷恢复或建立政权之机，闯出一番事业。刘显以前就常听父亲赞扬拓跋珪，因此对拓跋珪不满，欲杀之，以免其阻碍自己建立大业。

刘显的弟媳是拓跋珪的姑姑，就把刘显的想法告诉了拓跋珪的母亲贺氏，贺氏连忙带拓跋珪逃回娘家贺兰部（属东部鲜卑），拓跋珪这才逃过一劫。原先拓跋什翼犍时的旧部大人见拓跋珪现身贺兰部，而前秦此刻已是风雨飘摇，危在旦夕，因而纷纷前来投归。建元二十一年（385）底，拓跋各部大人共同推举拓跋珪为主。

来年（386）正月，拓跋珪于牛川（今内蒙古自治区乌兰察布市境内的塔布河，一说为今内蒙古呼和浩特市东）大会诸部大人，即代王位，建元登国。拓跋珪以长孙嵩为南部大人，叔孙普洛为北部大人，分统其众。南部以汉人居多，北部则仍以鲜卑、匈奴、高车为主。此外，拓跋珪又以上谷张衮为左长史，许谦为右司马，广宁王建，代人和跋、叔孙建、庾岳为外朝大人，奚牧为治民长，都掌宿卫及参与军国大政；又以长孙道生、贺毗等侍从左右，出纳教命，一个以鲜卑人和汉人共同建构而成的新代国终于建立。二月，拓跋珪到定襄息众课农；三月，刘显族人奴真率众归附；四月，拓跋珪改称魏王，北魏王朝就此诞生。

北魏建国初期，根基尚未稳固。而前秦瓦解后，长安落入建立西燕的慕容永手中，慕容永以拓跋什翼犍的幼子窟咄为新兴（今山西省忻州市）太守。北魏拓跋珪登国元年（386）八月，刘显之弟刘亢埿和窟咄合作，联合攻打北魏，拓跋珪一时无法抵挡，于是北避阴山依靠于贺兰部，再遣安同（辽东胡人）向后燕慕容垂求援。慕容垂派子慕容麟率军来援，于高柳（今山西省大同市阳高县）大破窟咄。窟咄兵败，逃亡归附刘卫辰，被刘卫辰所杀。北魏安然度过这场危机，而且收编了窟咄之众。

登国二年（387），拓跋珪亲征刘显。双方展开大战，刘显败逃，投奔西燕慕容永，拓跋珪尽收其众，声势逐渐壮大。登国三年至五年

恩将仇报的慕容文

苻坚败于淝水之战后，原本投靠苻坚的鲜卑人慕容垂就以扫墓为借口，率支持者返回邺城（详见本书第三章）。

之后，慕容垂攻伐苻坚之子苻丕于邺，又遣手下平规攻讨前秦刺史王永，刘库仁秉性厚实，感苻坚知遇之恩，认为既受苻坚之命，就有义务为苻坚效力，故动员人力助王永抗击平规，并分兵救苻丕。这时，留在前秦的鲜卑人慕容文犯了错，苻坚要他到长安，慕容文怕会受到惩处，就去投靠刘库仁，宽厚的刘库仁收留了他，没想到慕容文恩将仇报，居然杀了刘库仁，然后东去投靠慕容垂。

（388—390），拓跋珪亲自率兵讨伐库莫奚（在东北地区）、高车、回纥等部，且都获得胜利，计掳得牛、马、羊等牲口数十万之多，实力更加强大。

登国六年（391）九月，拓跋珪以高车诸部都已降附，只有柔然未服，于是决定率兵亲征柔然。

拓跋珪出兵柔然，柔然大败而逃，拓跋珪追了六百里。诸将皆劝说："贼远粮尽，不如早还。"拓跋珪问诸将："若杀副马，为三日食，足乎？"于是大军快马加鞭，在南床山（今蒙古国南边的席勒山）下追上柔然，大破柔然，掳掠柔然半数的人畜。

拓跋珪问诸将："卿曹知吾前问三日粮意乎？"诸将都说不知，拓跋珪说："柔然驱牲畜奔走数日，至水必留，我以轻骑追之，计其道里，不过三日及之矣！"可见拓跋珪料事精准，机智与胆识过人。

北魏既胜柔然，拓跋珪率大部队准备班师回国，只派长孙嵩、长孙肥继续追击。柔然匹候跋和屋击各自率领所余的残兵败将跑到大漠深处，长孙嵩等人只好一路追击。

长孙嵩最后终于追上屋击部，斩杀屋击；长孙肥也在涿邪山（今蒙古国境内，阿尔泰山东南）追上匹候跋部，匹候跋举部投降，又另外俘获好几百人。北魏把这些被俘的和投降的柔然部众迁往云中，让他们在那里驻牧。但柔然元气未伤，整个北魏时代始终与之为敌，是北魏的主要外患。

登国六年（391）十一月，刘卫辰遣子直力鞮袭北魏，拓跋珪亲自率兵迎敌，大破直力鞮大军于铁歧（约今内蒙古自治区包头市固阳县西北、坤都伦河之东），获其器械及辎重，掳得牛羊二十多万头，再从五原渡河向南到刘卫辰所居住的悦跋城（又名代来城，在今内蒙古自治区鄂尔多斯市伊金霍洛旗西北）。刘卫辰父子逃遁，拓跋珪命诸将追击，终于擒获直力鞮，同年底获刘卫辰尸首。拓跋珪命人将刘卫辰尸体斩断，灭刘卫辰部，从此平定了黄河以南各部。

柔然

柔然曾一度征服西域并威震中亚，在汉文史料中，柔然有各种不同的写法，《晋书》称之为“蝚蠕”，《魏书》则作“蠕蠕”，《宋书》《南齐书》及《梁书》称之为“芮芮”，《北齐书》《周书》及《隋书》则作“茹茹”，但应以“柔然”一词较为准确。

柔然的族源历来也有许多不同说法。有人认为柔然是匈奴别部；也有人说柔然是东胡的苗裔，与拓跋鲜卑同源共祖；更有人说柔然是塞外杂胡；还有人说柔然即是西方所说的阿瓦尔（Avars）人，但目前尚无定论。

刘卫辰的另一个儿子勃勃逃到薛干部（鲜卑的一支），拓跋珪派使者到薛干部索要勃勃，薛干部不肯照办，还对北魏使者说："勃勃国破家亡，以穷归我，我宁与之俱亡，何忍执以与魏。"接着把勃勃送到后秦高平公没亦干处，没亦干把女儿嫁给勃勃，又把勃勃推荐给后秦姚兴。姚兴与勃勃一谈之后大为赏识，拜他为骁骑将军、加奉车都尉，让其参与后秦军国大政。勃勃从此开创事业，最后改回原姓"赫连"，并建立夏政权（详见本书第四章）。

薛干部不肯把勃勃送交北魏，令拓跋珪不悦，经过周详计划，准备充足粮草后，拓跋珪于登国八年（393）秋天出兵讨伐薛干部。时逢薛干部的太悉仗率兵出征，所占三城皆空虚，拓跋珪因此得以一举攻下，毁了整座城池，迁走城民。太悉仗得知消息后想追赶，但是已经来不及了，只好带着军队投靠后秦姚兴。

登国十一年（396），拓跋珪改元皇始，十一月，拓跋珪建天子旌旗，出入警跸，正式称帝，是为道武帝。翌年八月，道武帝出兵讨伐后燕，史称："帝（指道武帝）亲勒六军四十余万，南出马邑（今山西省朔州市），逾于句注，旌旗络驿二十余里，鼓行而前，民屋皆震。"可见此时北魏已有莫之能御之势了。

见北魏大军压境，后燕并州牧辽西王慕容农心生恐惧，连夜与妻子儿女弃城向东逃遁，北魏兵不血刃拿下并州，这下北魏一脚踏进中原。道武帝拿下并州城后，很快平定晋阳（今山西省太原市）以南。对这些新征服的地区，道武帝采用中原传统官制，以儒生为刺史、太守、尚书郎以下各官，招抚杂散、劝课农桑，争取人心并发展经济，而这些措施也的确收到了良好效果。

晋阳自古就是军事重镇，道武帝夺得晋阳，就等于在中原站稳了脚跟，之后一路进攻，夺得今山西、河北，疆域扩大，人口增多，政治形态有

北魏与后燕的关系

北魏逐渐讨平塞外各部后，就将注意力转到塞内。后燕成武帝慕容垂这时年事已高，对新兴的北魏不够警觉，对道武帝有觊觎塞内的意图也不以为然。登国六年（391），北魏与后燕联兵，在赤城（今河北省张家口市赤城县）击败贺纳部，慕容麟看出道武帝的野心，因此向成武帝进言："臣观道武帝举动，终为国患，不若摄之还朝，使其弟监国事。"（《资治通鉴·卷一百七》）然而，这时的成武帝还是认为北魏只是一个蕞尔小国，不足为患，并没有采纳慕容麟的建议。不久，道武帝派其弟拓跋觚到后燕进贡，此时成武帝因耄耋不堪，朝政由子弟执掌，慕容氏便扣留拓跋觚，北魏与后燕的关系就此破裂，因而有北魏皇始元年（396）出兵讨伐后燕之举。

了很大的改变。原有的国都盛乐已经无法统领全局，于是道武帝天兴元年（398）七月，北魏迁都平城，进入新的纪元。

北魏国家建立

北魏迁都平城后，大量拓跋部鲜卑人、汉人以及北方其他各草原游牧民族纷纷迁到平城周围。拓跋贵族、北魏政府官员、众多商人及手工业工匠也都聚集在平城，此地逐渐形成一个人口密集、工商业繁荣的城市。

相较于鲜卑其他各部，拓跋部进入中原较晚，属于文明程度比较落后的一支。在道武帝建立北魏政权时，拓跋部仍然保持着浓厚的部落色彩，各部大人有自己的武力，武力大小可以决定他在国政上参与决策力的大小。对此，道武帝当然不能忍受，下定决心要大刀阔斧地进行政治改革。

据《魏书》载："登国初，太祖（指道武帝）散诸部落，始同为编民。"即解散原有血缘体的部落组织，将权力收归君主。接着道武帝推行"息众课农""计口授田"政策。北魏破后燕后，"诏给内徙新民耕牛，计口授田"，又把平城周围划为畿内，"其外四方、四维置八部帅以监之"。

这里的"方""维"和原来的部落完全不同，这八部帅是由朝廷任命的地方官，随时可以调任或免职。在"方""维"内居住的一般人民，"计口授田"后必须定居下来，不得任意搬迁，这对统计户口和课税有莫大帮助。所以任"方""维"部帅的主要责任就在于劝课农桑，以农业收成为政绩考核的标准。此举对北魏的经济发展有很大帮助，而只有人民丰衣足食，国家政治才会安定。

道武帝尽量采纳中原政权的官制，并吸纳汉人士大夫到北魏政府中担任官职。当道武帝攻下后燕晋阳后，就在晋阳建置台省，封拜公侯将军；刺史、太守、尚书郎以下的官员均用文人担任，士大夫入军门者，也都大加擢用。在夺取今河北地区时，道武帝也设立了类似的官职，更吸纳了许多汉人士大夫。

北魏道武帝皇始元年（396），北魏开始建置省、曹，设置百官，立五等封爵，在地方则设刺史、太守、令长等。道武帝天兴元年（398）十一月，道武帝又"诏吏部郎邓渊典官制、立爵品"；十二月又置八部大夫，这八部大夫就是原来的八部帅。天兴二年（399）三月，对朝官又做更详细的分工，即"分尚书三十六曹及诸外署，凡置三百六十曹，令大夫主之。大夫各有属官，其有文簿，当曹敷奏，欲以省弹驳之烦"。这里的曹是

平城

在北魏建都以前，秦汉时代的平城一片荒凉。西汉虽在此筑城，但并没有多少人口，所谓的“设县”，也只是防御北方游牧民族“南下牧马”所筑的土堡而已。东汉以后，游牧民族力量扩张，平城一带先后成为匈奴、乌桓、鲜卑各民族的游牧地。公元310年（西晋怀帝永嘉四年），西晋封道武帝先祖猗卢为代公。公元313年，猗卢以平城为南部大人政治中心，开始营建城邑屋宇。公元376年，前秦苻坚派苻洛灭拓跋代时，平城沦为会战之地，该地城邑毁坏，人口流散，一片荒凉。

道武帝迁都平城后，改称为代都，设置司州、代尹及平城县等各级行政机构，并大规模建设代都，大量兴建宫殿、官衙、民居、市肆，平城一跃成为北魏政治、经济及文化中心。

平城分为廓城、宫城及汉代旧城三个部分。廓城范围最大，与宫城南北相对，汉代旧城则位于廓城东边一隅。宫城始建于道武帝迁都平城时，跨浑水（今名御河）两岸平坦开阔处，与旧城保持一段相当大的距离，其位置大约在今天山西省大同市火车站附近。旧城则大约在今天山西省大同市东边京包铁路南侧的古城村附近。

分职治事的官署或部门，或郡县属官，类似于现在的司、科。天兴三年（400）十月，置受恩、蒙养、长德、训士四官。道武帝天赐元年（404）八月，置六谒官，准古六卿，秩五品；次月，又减五等之爵，分为王、公、侯、子四等，剔除伯、男两个爵位。至此，北魏国家体制的建构大致完成。

讨高车与争河

当北魏与后燕激烈作战、无暇北顾之际，在北边的高车又趁机崛起，而且快速发展，对北魏形成威胁。天兴二年(399)正月，北魏大举北伐高车，道武帝将大军分为三路，以大将军常山王拓跋遵等为东路，以镇北将军高凉王乐真等率七路大军为西路，道武帝亲率大军为中路，分袭高车。二月，各路大军均胜高车，三路会师。这次出征，总计大破高车三十多个部落，俘获七万多人、马三十多万匹、牛羊一百四十多万头。道武帝又命骠骑大将军卫王仪率三万骑出西北，渡大漠追击逃逸的高车七部，又大捷，俘获两万多人、马五万多匹、牛羊二十多万头、车两万多辆。

经此打击，高车元气大伤，残留在漠北的高车余部纷纷降于北魏，其中侄利曷部的莫弗（或作“莫贺”，指部落酋长）敕力犍率所属九百多落归附北魏；鲜批部莫弗幡豆建也率所部三千余落内附。此外，高车斛律部帅倍侯利被柔然击败，也来投奔北魏。北魏对前来投附的高车人都做妥善安置。据载：“太祖时，分散诸部，唯高车以类粗犷，不任使役，故得别为部落。”也就是说，其他各族降于北魏后，北魏都将他们纳为一般民众，只有高车部落因为游牧习气尚重，几乎无法指挥，所以还是让他们以原来的部落组织生活在北魏境内。

北魏从事畜牧的人民，大致上可以分为以下三类：

一、部落解散后的自由牧民，如拓跋鲜卑各部落解散后，各个鲜卑以家庭为单位，在草原上自由放牧。

“魏”之由来

皇始三年（北魏道武年号，公元398年）十二月，道武帝在平城举行登基大典，同时改元天兴，令群臣议定国号。许多大臣认为，周、秦以前，都是从诸侯升为天子，所以都用原来诸侯封地名号作为国号。汉朝以后，帝王多另行议定国号，而拓跋之前被封为代公、代王，所以建议以“代”为国号。崔宏独排众议，认为登国初年已经把代改为魏，以示不接受晋的封号，而是一个独立自主的国家，而“魏”曾经是中原国家（这里显然是指曹魏），所以建议还是用“魏”为国号。

二、在北魏国有草场上放牧国有牲畜的牧人，相当于受北魏政府雇用的牧人。

三、附属于北魏各部落的牧民，高车就属于这一类。其中也有一部分转化为国有草场的牧人，这可能是因为草场被其他部落抢夺，或草场沙漠化，无法放牧，只好转为国有草场的牧人，也就是所谓的“费也头”（牧子）。

天兴六年（403）十一月，北魏命将军伊谓率两万骑袭高车余部，获得大胜。至此，终道武帝之世，高车各部已经没有能力再来寇掠北魏。

北魏道武帝登国九年(394)，后秦姚苌病逝，子姚兴嗣立。姚兴继位后，击杀苻坚之子苻登，肃清氐族残余势力，并渐次清除关陇一带地方割据势力。西燕灭亡后，姚兴又取得河东（约今山西省运城市等十三个市县），并趁东晋衰乱之际，出兵潼关（今陕西省渭南市潼关县），夺得东晋北方重镇洛阳。据《读史方舆纪要》所载，姚兴版图“南至汉川，东逾汝颍，西控西河，北守上郡”。

鎏金铜佛像

内蒙古呼和浩特市托克托县征集

天兴三年（400），道武帝派北部大人贺狄干向姚兴献马千匹以请婚。姚兴原本已经同意与北魏结亲，但听说道武帝已立后燕惠愍帝幼女为后，因不甘心后秦所嫁之女只能为妃，于是扣留贺狄干，两国关系趋于紧张。

天兴五年（402），姚兴命姚平、狄伯支、唐小方、姚良国等率四万大军攻下北魏乾壁（又作乾城，今山西省临汾市南汾河东岸）。道武帝以十万大军迎战，同年八月，北魏军到达永安（今山西省霍州市），姚平派二百精骑前去侦探军情，结果全被北魏擒获。姚平一看苗头不对，率军退到柴壁（今山西省临汾市襄汾县西南，汾河东岸柴庄），但被追来的北魏军团团围住。姚兴得知后，亲率四万七千人前来救援，姚兴大军从西边东进，想占据西岸渡口，然后从此运粮草接济姚平，但却被道武帝抢先一步，筑工事以拒姚兴援军。姚兴眼见北魏军容壮盛，难与抗争，乃迁蒙坑（今山西省临汾市襄汾、曲沃两县之间，汾河以东的地方），道武帝率步骑三万攻击姚兴，斩杀后秦军一千多人，兵力不敌的姚兴只好撤军。

道武帝纳贤

皇始元年（北魏道武帝年号，公元396年），北魏军队驻扎在鲁口（今河北省衡水市饶阳县）时，高阳（今河北省高阳县）太守崔宏逃奔海岛。道武帝对崔宏之名早有耳闻，他派骑兵追赶，终于擒获崔宏。道武帝不计前嫌，拜崔宏为黄门侍郎，与给事黄门侍郎张衮共同掌管机要。崔宏感其重用之恩，与张衮共同为北魏建立制度。

博陵（约今河北省安平县一带）县令屈遵降于北魏时，道武帝认为屈遵有才华，任他为中书令，使其出纳号令，兼总文诰。

道武帝并任后燕吏部尚书崔逞为尚书，“任政事，录三十六曹，别给吏属，居门下省”（《魏书·崔逞传》）。攻下中山后，道武帝南巡到高邑（今河北省邢台市柏乡县），又得王宪，很高兴地说：“此王猛孙也。”（《魏书·王宪传》）道武帝对王宪礼遇有加，任之为高邑州中正，“领选曹事，兼掌门下”。

道武帝趁势以重兵围柴壁，又分兵占据险要。姚兴屯兵河西，凭险修筑营垒，但无力进击北魏。同年十月，姚平粮竭矢尽，难以继续坚守，就率全部人马从西南突围而出，此时姚兴也列兵汾河西岸，举烽火击鼓相应。但无论是姚兴还是姚平，都不敢和设围的北魏大军正面交战。姚平等人进退不得，又不愿被北魏军所俘，于是率手下将领跳汾河自尽，又被北魏军中擅水性的士兵救上岸来。此役，姚平所部两万多人全部成为俘虏。姚兴所部举军痛哭，声震山谷。从此后秦不敢来犯，并不断遣使向北魏求和，但道武帝恃胜不允，更趁势进攻蒲坂（今山西省永济市），

姚兴治后秦

姚兴大兴儒学，网罗宿儒姜龛、淳于岐、郭高等人，“经明行修，各门徒数百，教授长安，诸生自远而至者万数千人，（姚）兴每于听政之暇，引（姜）龛等于东堂，讲道论艺，错综名理。凉州胡辩，苻坚之末，东徙洛阳，讲授弟子百余人，关中后进多赴之请业，（姚）兴敕关尉曰：‘诸生咨访道艺，修己厉身，往来出入，勿拘常限。’于是学者咸劝，儒风盛焉”。姚兴还曾礼请西域高僧鸠摩罗什，以长安逍遥园作为鸠摩罗什下榻之所，翻译佛经。到今天还有许多佛经是用鸠摩罗什的译本，因此姚兴对佛教的传播也颇有一番贡献。

后秦守将姚绪不敢应战，只闭门固守。就在这时，柔然有攻击北魏的迹象，道武帝才撤兵。

除了柔然来犯之外，北魏新得后燕土地需要整治，也无法全力进击后秦，何况柔然生活在草原地区，属纯游牧性质，可以说是飘浮不定，北魏对之剿不胜剿，防不胜防。在这种形势下，自然不宜再与实力不小的后秦为敌，更重要的是，道武帝担心姚兴一旦与中原其他政权联合，将会对北魏造成莫大的威胁。

牵马陶俑

北魏时期文物，内蒙古呼和浩特市出土

于是，天赐四年（407），道武帝主动把之前所俘获的后秦俘虏送还，后秦也送回贺狄干，并向北魏贡献良马千匹，希望能赎回被俘的狄伯支，获得北魏同意。

在与后秦的争执中，北魏获得河东地区，向中原地区更跨进了一步。

道武帝晚年的昏乱

北魏力量正在不断地壮大，或许是权力攀到巅峰，让才三十九岁的道武帝担心生命走到尽头，竟然渐渐迷上方术，寻求长生不老之药。天兴三年（400），仪曹郎董谧向他献《服饵仙经》，道武帝深为信任，还特别为此设置“仙人博士”，立仙坊，提炼丹药。丹药炼成后，他命死刑犯服下，并不见效果，但经过炼丹术士的巧言善辩，道武帝仍然深信不疑。

道武帝更以身试药，服用寒食散。寒食散是用钟乳石、鸟喙等配合提炼而成，据《本草纲目》记载：“石钟乳主治咳逆上气，能明目益精、安五脏、通百节、利九窍、下乳汁、益气、补虚损……”与延年寿益并无关联，更谈不上长生不老。但服用寒食散后，会使人精神亢奋，通宵不寐，喜怒无常。从此，道武帝上朝时，只要想到某个官员以前犯过一些小错，就衍生放大，然后一怒杀了这个官员。只要官员面色不佳、眼神闪烁，或呼吸不顺、步履不稳、语言差错，就认为其心怀不轨，对之处以极刑。

曾出使后秦的北部大人贺狄干被后秦扣留在长安长达七年，在此期

东晋内乱

当北魏道武帝大举讨伐后燕时，东晋王朝正内乱不已，东晋安帝隆安二年（北魏天兴元年，公元398年），东晋藩镇共推东晋大族桓玄为盟主，形成足以和东晋皇室相抗衡的门阀世族集团。

桓玄（369—404），字敬道，乃桓温之子。由于桓温曾有篡位的意图，这使得桓氏在东晋的处境有些艰难。桓温诸子中，以桓玄最受乃父喜爱，桓玄二十三岁开始任官，后来因不得志而弃官回南郡（今湖北省荆州市江陵县）。

桓玄虽受朝廷排抑，但其父桓温在荆州经营三十年，仍根基雄厚，荆州人民亲附桓氏更甚于对朝廷的效忠。隆安三年（天兴二年，公元399年），东晋发生叛乱，桓玄趁机吞并长江上游诸镇，占有东晋过半土地，并于东晋安帝元兴元年（402）自立为帝。东晋的混乱引起道武帝的注意，北魏道武帝天赐元年（404）四月，道武帝派尚书郎公孙表出使江南，以刺探桓玄所控制地区的真实情况。

桓玄建立政权后，立即削弱支持他的北府将领权力，处死北府将领多人，并夺大将刘牢之兵权。事后，桓玄提拔刘裕等一批北府将领后起之秀，但刘裕不甘为桓玄所用，于元兴三年（404）二月纠集北府兵叛乱，广陵（今江苏省扬州市）的北府兵起而响应，并渡江与刘裕会师，进攻东晋国都建康。桓玄抵挡不住，只得放弃建康，退守江陵，随即又聚集兵力，到峥嵘州（今湖北省鄂州市），但被刘裕击败，不久就被部下所杀。北魏使者公孙表到江南时，桓玄已死，政权落入刘裕手中，形势混乱，公孙表于是返回北魏。

公孙表的出使，是北魏或北朝第一次出使江南或南朝。他的出使开启了之后南北朝之间的多次使者往来，对南北的经济、文化交流大有帮助。

间，因无事可做，于是研读经史，不知不觉言行举止就有了儒生之气。回到北魏后，道武帝看不顺眼，认为他是有意模仿后秦人，就把贺狄干和他的弟弟一起杀掉。司空庾岳为国之重臣，和司徒、太尉并列三公。但道武帝只因有一次听人说庾岳服饰鲜丽，起居风采可比人君，就当场处死了庾岳。

高邑公莫题，在当年拓跋窟咄起兵反对才十来岁的道武帝时，曾暗中送箭给窟咄，并说："三岁犊岂胜重载！"道武帝对这件事一直耿耿于怀。道武帝晚年时，命人送箭给莫题说："三岁犊能胜重载不？"莫题父子至此无话可说，相对而泣，隔日就被杀了。

道武帝对大臣尚且如此，对一般人民更是生杀予夺，只凭一念之间。天赐六年（409），原本来投靠道武帝的一百多户慕容部企图逃走，可惜事机不密，结果被道武帝全部杀掉。在任情杀戮的道武帝治下，北魏人人自危，百官不敢有任何作为，以免稍有不慎引来杀身之祸，以致朝政荒乱，盗贼横行，里巷人稀。

天赐六年冬，道武帝为小事谴责嫔妃贺夫人，并将她囚禁起来准备杀掉。贺夫人暗中派人通知儿子清河王拓跋绍，拓跋绍闻讯后就与部下商量，认为只有除掉祸源，也就是道武帝，才能彻底解决问题。于是，拓跋绍买通宦官及宫人，趁夜爬进宫墙，潜入道武帝的寝宫天安殿，杀了道武帝。

道武帝结束了早年雄才大略、晚年却极为荒唐的一生，庙号太祖。

太武帝的霸业

清河王拓跋绍杀死父亲后，即被道武帝的长子拓跋嗣所杀。拓跋嗣即帝位，改元永兴，在位十五年（409—423），是为明元帝。史称“隆基固本，内外和辑”。道武帝晚期因服食丹药，性情大变，造成“朝野人情各怀危惧，有司懈怠，莫相督摄，百工偷劫，盗贼公行，巷里之间，人为稀少”。[1]因此，明元帝即位后，首先就是安定人心，缓和拓跋王室之间的猜忌。所以，明元帝只杀了清河王拓跋绍、贺夫人，以及参与其事的宦官十几个人，并没有扩大打击面。

接着，明元帝任命德才兼备的南平公长孙嵩、北新侯安同、白马侯崔宏、元城侯拓跋屈等八人为执政大臣，令他们共听朝政。道武帝性情大变时，明元帝也怕遭到不测，曾在王洛儿、车路头的协助下逃出京城，现在对这两人也都奖赏有加，对协助他杀掉拓跋绍夺得帝位的长孙俊、拓跋磨浑等人，也都封官赐爵，加以重用。之前被免官者，也都官复原职，这样一来政局稳定了，人心也安定了。史料有载：“公卿大臣先罢归第不与朝政者，悉复登用之。”

明元帝致力于劝课农桑，让人民丰衣足食、家给户足，他曾说：“非夫耕妇织，内外相成，何以家给人足。”

明元帝知人善任，察纳雅言。神瑞二年（415），北魏“比岁霜旱，

① 《魏书·太祖纪》。

云代之民多饥死”。[1]为了抵御饥荒，大多数大臣都主张迁都到邺（今河北省邯郸市临漳县），只有崔浩、周澹二人认为要提高生产能力，应疏迁云、代最贫困的人到太行山以东的定、相、冀三州“就食”。在五胡十六国时期，一旦发生天灾，成群的灾民集体逃到其他地方求生，叫作“就食”或“乞食”。明元帝采纳了这个意见，终于度过危机。

明元帝以严刑峻法整饬吏治，如宗室元城侯拓跋屈到并州当刺史，到任后，“纵酒，颇废事”[2]。明元帝知道后立刻下令把他调回平城，“斩于市”。贵为元城侯的拓跋屈都会因纵酒误事而被斩杀，此后再无人敢怠惰公事。

明元帝在位时，南方正是东晋、南朝宋交替之际，南北虽然形成对峙局面，但双方都无吞并对方的实力与野心，因此，相比发动大规模战争，明元帝更看重和南方的交流往来。明元帝泰常七年（422），南朝宋武帝刘裕病死，太子刘义符即位。

刘义符沉溺于戏狎，大臣傅亮等人想要废黜他，可是刘裕的次子刘义真也举止轻浮，望之不似人君。南朝宋一时国基不稳、人心浮动，明元帝认为这是南伐的一个大好机会，可趁机夺取南朝宋在河南的滑台、虎牢、洛阳等城镇。

泰常八年（423），北魏进攻滑台、虎牢及洛阳三城。洛阳守将王涓之见北魏将军于栗磾（音“低”）率军奔向洛阳，吓得弃城而逃，于栗磾几乎兵不血刃就拿下洛阳城。但滑台守将王景度奋力坚守，南朝宋又命虎牢守将毛祖德手下司马翟广等三千步骑前去支援，北魏奚斤、公孙表等久攻不下，急向平城求援。明元帝既急且怒，此时也只能一面下诏斥责奚斤等人，一面亲率五万大军支援，花了一个月时间才攻克滑台。

---

① 《资治通鉴·卷一一九》，时为南朝宋少帝景平元年。

② 《魏书·拓跋屈传》。

由于虎牢守将毛祖德率领军民协力固守，奚斤、公孙表则更为艰苦。虽然北魏长孙建率领的东线军队也加入了攻城战斗，但在北魏的强势攻击下，虎牢还是苦守了两百日。最后南朝宋因粮食不足、瘟疫流行，又加上伤亡过多，才失掉虎牢，而北魏“疫死者，亦十二三”[①]。北魏虽然如愿攻占滑台、虎牢及洛阳三座城市，但也是杀敌一万，自损三千。

明元帝在位十五年，实为一位守成的好君王，更重要的是，他明确规定了北魏的皇位继承制度，这一点对北魏后来皇权能顺利传承贡献极大。

泰常末年，明元帝也因为服用寒食散而出现焦虑不安的情况。于是泰常七年（422），明元帝密遣中使问崔浩：“朕疾弥年不愈，恐一旦不讳，诸子并少，将若之何？其为我思身后之计！”崔浩分析给他听：“自圣代龙兴，不崇储二，是以永兴之始，社稷几危。”“永兴之始，社稷几危”指的是明元帝即位之初的乱事，而要避免这种乱象重现，“宜早建东宫，选贤公卿以为师傅，左右信臣以为宾友，入总万机，出抚戎政”。也就是早定太子，并且选择贤能公卿作为太子的师傅，让太子及早参与军政大事，从实际参与中得到经验，以免继位时手忙脚乱。

明元帝有七个儿子，长子拓跋焘十五岁，是杜贵嫔所生；次子拓跋丕是大慕容夫人所生，极得明元帝喜爱。北魏人高允所著的《筮论》有载：“昔明元末起白台，其高二十余丈，乐平王（拓跋丕）尝梦登其上，四望无所见。王以问日者董道秀，筮之曰：‘大吉’。王默而有喜色。”

其他五子年龄都还小，所以明元帝就在长子和次子之间犹豫不决。崔浩以中国传统“立子以长，礼之大经”，建议明元帝立长，并且进一步说，如果废长立幼，将“倒错天伦，则召（同招）乱之道也”。明元帝又征询宰执大臣孙嵩的意见，结果孙嵩论点和崔浩相同，明元帝这才下定决心，立长子拓跋焘为太子，北魏从此有了明确的立储制度。泰常

① 《魏书·蠕蠕传》。

八年（423），明元帝驾崩，享年三十二岁，庙号太宗。

年仅十六岁的太子拓跋焘嗣立，改元始光，史称太武帝。太武帝雄才大略，是难得一见的好君主，在他的治理之下，北魏王朝登上新的高峰。

拓跋焘生于道武帝天赐五年（408），小名佛狸。佛狸是鲜卑语，意思是“狼”，凡是草原游牧民族，几乎都对“狼”情有独钟，因为狼是草原上最有智慧、最合群的动物，所以各游牧民族对狼都有一种近乎崇拜的情结。

明元帝泰常七年（422），拓跋焘被封为泰平王，后被立为太子。《魏书·世祖纪·史臣语》说他：“聪明雄断，威灵杰立，借二世之资，奋征伐之气，遂戎轩四出，周旋险夷。扫统万，平秦陇，翦辽海，荡河源，南夷荷担，北蠕削迹，廓定四表，混一戎华，其为功也大矣。”

太武帝即位时，北方柔然可汗大檀闻讯大喜，认为这是“南下牧马”的大好时机，于是就在太武帝始光元年（424）秋，寇掠云中，“杀掠吏民，攻陷盛乐宫”。北魏国都平城陷入危境之中，太武帝立刻率大军北上。据《魏书》载：“三日二夜至云中，大檀骑围世祖（即太武帝）五十余重，骑逼马首，相次如堵焉。士卒大惧，世祖颜色自若，众情乃安。”当他面对强敌的层层包围，不仅面无惧色，而且“神色自若”，这份勇气令人敬佩。更难得的是，太武帝身先士卒，英勇杀敌，逼得柔然大檀可汗震惊而退。

始光二年（425），太武帝主动率军亲征柔然。大军兵分五路，直奔漠北，大檀闻讯而逃，太武帝只好收兵。柔然经过这两次与北魏的接触，安分了一段时间，使北魏有时间累积战力，得以对付赫连夏。

始光二年（425），赫连勃勃崩殂，他的几个儿子为了争夺帝位而互相残杀，国力大为减弱，最后由三子赫连昌夺得帝位。太武帝认为这是讨伐赫连夏的大好机会，于是在第二年（426）九月，派奚斤、周几进攻

北魏彩绘武士陶俑

现藏于陕西省西安市博物馆

蒲坂、长安，太武帝本人则率两万轻骑直逼统万城。时值隆冬，天寒地冻，骑兵从冰冻的河面上过去，直逼统万城下。城里的赫连昌听说北魏大军兵临城下，惊慌失措，赶忙披挂出战，战败退回城中，闭门固守。北魏大军宿营城北，分兵四处，斩杀及掠得人口好几万，掳牛、马十多万头而返。此时奚斤攻下长安，赫连昌派其弟赫连定率兵两万夺回长安，因此与奚斤所部相持不下。

始光三年（426）十月及始光四年（427）五月，太武帝两度率军再次讨伐赫连夏。第一次北魏攻占夏的弘农、蒲坂、长安；第二次攻占夏的国都统万城。

始光四年四月，太武帝听说赫连定带两万兵前往长安，认为统万城必然兵力减少，决定再度进攻统万城。太武帝调集十万大军，从平城出发，以轻骑两万直指统万城。群臣纷纷进谏表示反对，认为统万城极其坚固，非一朝一夕所能攻下，现在只以轻骑进讨，如果攻不下来，想退又粮草不足，不如让步兵和大量装备跟随一起前进。太武帝却认为："用兵之术，攻城最下，万不得已才去攻城。如果和步兵装备一起前进，敌人一见畏惧，必将闭门坚守；如果攻城不能成功，则粮尽兵疲，进退无路。不如轻骑直指城下，敌人一见步兵没来，定会产生轻敌之心，如果我们以示弱之势出现，诱敌人出城应战，这样就能擒夏王赫连昌。何况我军已经离开家乡两千多里，又隔着大河，所谓置之死地而后生，以两万轻骑攻城确实不足，但如以之决战，则又有余。"

战局的发展果然如太武帝所料。六月，太武帝兵临统万城下时，将大部军队隐藏在山谷中，只以少数士兵引诱赫连昌出战。赫连昌率步骑三万出城应战，北魏长孙翰等鲜卑贵族一见赫连昌来势汹汹，向太武帝说，夏军来势凶猛，应该避其锋芒。太武帝则认为：我们远道而来，就是要与赫连昌决战，唯恐他闭门不出，现在既然出来了，岂可避而不战？

于是，北魏佯退，引夏军来追，赫连昌果然紧追不舍，退后五六里之后，太武帝回军冲击追兵，虽然身中流矢，仍一马当先。北魏军一见这种情形，莫不拼死作战，把夏军打得落花流水。魏军乘胜追到城北，杀死赫连昌之弟及侄，歼敌一万多人。赫连昌见苗头不对，可是已经来不及逃回城里，只好带了些残兵逃到上邽（今甘肃省天水市）。就这样，太武帝率军攻入统万城，俘获赫连夏王、公、卿、将及后妃、宫人近一万人，马三十多万匹、牛羊数百万头，府库中珍宝、车旗、器物不计其数。第二年，奚斤打败赫连昌，并将他擒获送到平城，由赫连定继为夏主。到了太武帝神䴥四年（431），吐谷浑可汗慕容璝再擒获赫连定，将他送到北魏，赫连夏至此灭亡。

崔浩驳李顺

太武帝召集公卿大臣，讨论是否出兵攻打北凉。崔浩主张出兵，并认为沮渠牧犍背叛之心业已暴露，必须加以讨伐，而且要在出其不意的情况下兵临城下，让他措手不及。奚斤等鲜卑贵族三十多人反对作战，他们认为国家才刚征服柔然，兵马疲惫，不宜大举发兵，而且出使北凉的使者李顺说，北凉境内都是盐石咸地，遍地枯石，绝无水草，城南天梯山上冬日积雪，春夏融化，流下成河，居民如果听说大军到来，必会切断水源，环城百里内人马饥渴，难以久留。大军远征，如果短时间内攻城不下，也无粮草，将士处境十分危险。

饱读经史、博闻强记的崔浩一听此说，立刻想起《汉书·地理志》上记载凉州牲畜为天下最肥壮者，他反问："如无水草，牲畜如何能繁殖、肥壮？如无水草，汉代人如何在沙地上筑城？"但李顺还是辩解："百闻不如一见，我可是亲眼所见！"崔浩这才说出李顺接受北凉重金贿赂之事。太武帝立刻出面斥责奚斤、李顺一伙人，最后决定出兵讨伐北凉。

当北魏讨伐赫连夏时，太武帝就担心柔然会乘虚南下。始光四年（427）七月，柔然果如所料入侵云中，后来得知北魏已克赫连夏，太武帝正率主力班师，这才"惧而还走"。柔然位处北魏北方，只要北魏对外有所行动，柔然就会成为该国的后顾之忧。为了解决这个问题，神䴥二年（429），太武帝决定北伐柔然。此时，朝廷除了崔浩支持外，众朝臣和太后都极力劝阻他。正在朝臣争论是否应北伐之时，南朝宋却派使者向北魏要求归还之前被明元帝夺占的滑台、虎牢、洛阳等地，并且语带威胁地说：

“不然，尽我将士之力！”太武帝对此一笑置之，认为南朝宋“鱼鳖小竖，自救不暇，何能为也，就使能来，若不先灭蠕蠕（即柔然），便是坐待寇至，腹背受敌，非上策也，吾行决矣”，认为柔然的威胁要远大于南方的南朝宋，所以决定先行北伐柔然。

神䴥二年（429）四月，太武帝亲率大军大举北伐，进入漠南后，舍弃辎重，以轻骑奇袭。大军至栗水（今蒙古国境内翁金河），柔然焚烧庐舍，绝迹西遁。太武帝追至兔园水（今蒙古国境内吐沁河），分军搜讨，东至翰海（约今蒙古高原东北处），西接张掖水，北度燕然山（今蒙古国境内杭爱山），东西五千余里，南北三千里。柔然前后归降者三十多万，俘获柔然部落酋长及战马数万匹，这次征伐使柔然元气大伤，短时间内已无力再与北魏抗衡。不久，柔然可汗吴提遣使向北魏进贡，并请求与北魏和亲。吴提是大檀的儿子。吴提既已向北魏进贡，太武帝也就把之前所俘的二十多万人放回去，又把西海公主嫁给吴提，并派颍川王拓跋提出使柔然，把吴提之妹请到平城，纳为夫人，后进封为左昭仪，位阶仅次于皇后。

和亲之后，吴提又派其兄秃鹿傀带领数百人到北魏平城朝贡，献马两千匹，而太武帝对柔然也赏赐许多东西。从此之后，柔然和北魏有多次和亲记录。

暂时解决了柔然的问题后，太武帝又着眼于周围各国。这时，中国北方还有冯氏的北燕，以及泸水胡沮渠氏的北凉。

太武帝延和元年（432），太武帝率军伐北燕，大获全胜。北燕尚书郭渊劝君主冯弘“筛诚进女，乞为附庸，保守宗庙”。冯弘则认为：“负衅在前，忿形已露，降附取死，不如守志，更图所适也。”[①] 到了太武帝太延元年（435），北魏又攻打北燕，冯弘于是遣使到建康向南朝宋称蕃

① 《魏书·冯弘传》。

沮渠无讳迁西缘由

沮渠无讳当时的根据地，东境是北魏，北境为柔然，东南则是南朝宋，力量都比他强大，他只能向西发展，也就是往西域迁徙。

西域传统上是指天山以南的塔里木盆地，空间虽然极其宽广，可是塔克拉玛干沙漠横亘其中，绿洲呈星状分布于沙漠南北边缘，绿洲与绿洲之间又有沙漠阻隔，而且绿洲面积都不大，可承载的人口多则十几万，少则几万人。《史记》《前后汉书》都说西域某国“胜兵几千或万余人”，这里的“胜兵”应该作“可胜任当兵的人”解，而不是“强壮的兵”，所以每个绿洲的防卫力量都不强，适宜沮渠无讳部众的发展。

奉贡，想借南朝宋牵制北魏，南朝宋于是诏封冯弘为燕王，江南则称之为黄龙国。

北燕形势日益危急，太常杨岷劝冯弘派太子到北魏做质子，冯弘则说：“吾未忍为此，若事急，且东依高句丽，以图后举。”杨岷又说：“魏以天下之众击一隅之地，以臣愚见，势必土崩，且高句丽夷狄，难以信期，始虽相亲，终恐为变，若不早裁，悔无及也。”冯弘还是不听，暗中向高句丽表达想去“避难”的想法。太延二年（436），高句丽派将军葛卢等迎冯弘。太武帝知道后，也派散骑常侍封拨出使高句丽，要高句丽把冯弘送到北魏，高句丽不从，北魏于是打算讨伐。恰巧冯弘在高句丽与高句丽王发生摩擦，高句丽王一怒之下杀了冯弘，冯氏子孙十多人也未能幸免，北燕灭亡。

北方势力只剩下北凉。以往许多史料或文献都称北凉沮渠氏是匈奴别部，其实不然，沮渠部很可能是汉初月氏部的后裔与羌族混合后的一支民族。太武帝神䴥三年（430），北凉沮渠蒙逊遣尚书郎宗等向北魏进贡，延和元年（432），沮渠蒙逊死，由沮渠牧犍嗣立，北魏太武帝拜沮渠牧犍为凉州刺史、河西王，并纳沮渠牧犍之妹兴平公主为右昭仪，太武帝也把妹妹武威公主嫁给沮渠牧犍，希望借着联姻，让北凉长期顺服北魏。太延五年（439），沮渠牧犍与寡嫂李氏私通，又联合姐姐毒害武威公主，太武帝得知后，火速派医生前去北凉解救武威公主。太武帝令沮渠牧犍交出李氏，牧犍不肯，只把李氏送到酒泉（今甘肃省酒泉市），同时又大肆渲染说北魏受柔然攻击，国势已大不如前。北凉沮渠牧犍的种种言行惹怒了太武帝，太武帝决心出兵讨伐北凉。

太延五年六月，太武帝亲率大军从平城出发，命永昌王拓跋健和尚书令刘洁为前锋。一个月后，大军渡过黄河；八月，永昌王在河西掠得牲畜二十多万头。太武帝兵临北凉的姑臧城下时，使者劝沮渠牧犍出降。牧犍听说柔然南下掠夺北魏北边郡县，估计北魏大军不会久留，因而不肯投降，牧犍的侄子沮渠祖则投降北魏。因此，太武帝得以从沮渠祖口中得知姑臧城里的军情，于是改用分兵包围的方式。

太延五年九月，沮渠牧犍的另一个侄子沮渠万年率所领部众降于北魏。沮渠牧犍见无法坚守姑臧，于是率领文武百官五千人自缚请降。太武帝亲自为沮渠牧犍松绑，并以礼相待，得北凉城内二十多万人和不可胜数的珍宝。另外，安远将军贺鸿也在姑臧以外地区征服许多不同的民族，总人数有几十万都降于北魏。这年十月，太武帝大军东返，把沮渠牧犍及其宗族、北凉官吏、百姓共三万户都迁到北魏国都平城。沮渠牧犍降于北魏后，沮渠蒙逊三子沮渠无讳收集北凉残余势力，自立于敦煌，北魏原拟继续加以讨伐，但柔然又在此时骚扰北方边境，而且逼近平城，太武帝只好移师北伐柔然，但仍然派弋阳公元絜率诸将戍守酒泉、武威、张掖诸城。由于太武帝自率大军北伐柔然，沮渠无讳趁机整补军队，伺机反扑，率兵围攻酒泉，擒获北魏弋阳公元絜，时为太延六年（440）。之后，沮渠无讳又进攻张掖，在张掖形成与北魏对峙之局面。

不久后，沮渠无讳就深知凭自己单薄的兵力无法与强大的北魏相抗衡，于是遣使向北魏请降，并送回之前所擒获的北魏弋阳公元絜。太武帝太平真君二年（441），北魏封沮渠无讳为征西大将军、凉州牧、酒泉王，一时北凉残余势力和北魏处于和平状态。

沮渠牧犍迁到平城后，太武帝以妹婿之礼待之，并维持原来河西王封号。可是沮渠牧犍不甘心就此成为被豢养的“闲员”，还暗中与旧臣民有所往来，太武帝就派崔浩到沮渠牧犍宅第将其赐死。

沮渠无讳虽然以请降暂时得到和平，但他深知，北魏一旦解决柔然，定会“临之以兵威”，而自己无力抗衡，必须另谋发展。

于是，沮渠无讳命其弟沮渠安周率军进入西域，攻占鄯善（今新疆维吾尔自治区巴音郭楞蒙古自治州若羌县），为未来打通西进之路。沮渠安周率军沿蒲昌海（今罗布泊）南岸阿尔泰山北麓抵达鄯善，攻下东城。太平真君三年（442），沮渠无讳率北凉残部一万多户弃敦煌西走。鄯善城的鄯善王比能对这股外来力量感到恐惧，故率领人民迁往且末（今新疆维吾尔自治区巴音郭楞蒙古自治州且末县，在若羌之西）。于是，沮渠一族占据鄯善，得以延续北凉政权。之后，沮渠无讳又攻下高昌（今新疆维吾尔自治区吐鲁番市），并派常侍氾隽奉表前往建康，向南朝宋称藩纳贡，南朝宋文帝为此特别下诏曰：

往年狡虏（指北魏）纵逸，侵害凉土，河西王茂虔（沮渠牧犍）遂至不守，沦陷寇逆，累世著诚，以为矜悼，次弟无讳，克绍遗业，保据方隅，外结邻国，内辑民庶，系心阙庭，践修贡职，宜加朝命，以褒笃勋，可持节散骑常侍、都督凉河沙三州诸军事、征西大将军、领护匈奴中郎将、西夷校尉、凉州刺史、西河王。[1]

沮渠无讳之所以向南朝宋奉表称藩，一方面是因为向南朝宋称藩讨得封号，可象征在西域统治的正当性；另一方面，向南朝宋称藩，即可借南朝宋牵制北魏，让北魏有所顾忌，不敢全力西征。太平真君五年（444），沮渠无讳卒，其弟沮渠安周嗣立。北魏文成帝和平元年（460），柔然攻破高昌，杀沮渠安周，北凉灭亡。

太武帝在位期间还收服了由氐族杨氏建立的仇池（今甘肃省仇池山）地方政权。

仇池政权初由杨定所建。东晋孝武帝太元十年（385），杨定在甘肃东部自称龙骧将军、仇池公，遣使称藩于东晋，东晋也承认他仇池公的称号。后杨定攻取天水、略阳（今陕西省汉中市略阳县）之地，自称秦州刺史、陇西王。

杨定被西秦乞伏乾归所杀后，杨盛嗣立，仍称藩于东晋。北魏道武帝天兴初（398）遣使贡于北魏。杨盛死后，子杨玄嗣立，初称藩于南朝宋，以南朝宋为正朔。北魏太武帝始光四年（427），北魏遣大鸿胪公孙轨拜杨玄为征南大将军、都督、梁州刺史、南秦王，杨玄上表请比照内附，得北魏同意。

杨玄死后，子杨保宗嗣立，后来杨玄之弟杨难当废杨保宗而自立。杨难当选择称藩于南朝宋，等于背叛北魏。之后，杨保宗及弟杨保显投奔北魏，此时是北魏太武帝太延五年（439），太武帝拜杨保宗为征南大将军、秦州牧、武都王，并以女嫁之；另拜杨保显为镇西将军、晋寿公。

与此同时，北魏还是拜杨难当为征南大将军、仪同三司、领护西羌校尉、秦梁二州牧、南秦王，以为羁縻。后杨难当自立为大秦王，建元“建义”，立妻子为后，立世子为太子，设置文武百官，且仍然向南朝宋贡

① 《宋书·氐胡传》。

献不绝。太武帝于是决定加以讨伐。北魏太武帝太延元年（435），遣车骑大将军拓跋丕等率军攻取杨难当的上邽，另外下诏令杨难当克尽臣礼，不得逾越。

太武帝曾令杨保宗镇上邽，后来杨保宗叛北魏，北魏下诏要杨难当杀杨保宗。杨难当死后，三传至杨公熙，最后在北魏宣武帝景明元年（500）被北魏所灭。

仇池杨氏不足以对北魏造成威胁，因此，自淝水之战后，北方分崩离析的局面终于在太武帝手中结束，进而使北魏的声势攀上高峰，确定了此后一百多年南北对峙的局面。

南北对峙

北魏太武帝在位期间（423—452），南方正是南朝宋文帝刘义隆统治时期（424—453），太武帝固然是一位战功显赫的君王，宋文帝也算是一位颇有政绩的帝王。

北魏和南朝宋最大的争执点在于大片“河南地”的归属权。北魏明元帝时，曾趁南朝宋少帝在位、朝政混乱时攻占滑台、虎牢及洛阳，另外也占领了青、兖、豫等一些郡县，所以南朝宋文帝继位后，便有收复河南地之志。

宋文帝曾以殿中将田奇为使，到北魏对太武帝说：“河南旧是（南朝）宋土，中为彼所侵，今当修复旧境，不关河北。”

太武帝闻之大怒，对田奇说：“我生发未燥，已闻河南是我地。此

《八公图》（局部）

唐陈闳绘。描绘了北魏长孙嵩、奚斤、安同、崔宏等八人

岂可得！必若进军，今当权敛戍相避，须冬寒地净，河冰坚合，自更取之。”[①]显然，对河南地的归属，双方意见是南辕北辙，既然如此，解决问题之道只有诉诸武力一途了。于是北魏与南朝宋爆发了第一次大规模战争。

北魏太武帝神䴥三年（南朝宋文帝元嘉七年，公元430年），宋文帝下诏："今民和年丰，方隅无事，宜时经理，以固疆场。"以长沙王刘义欣为帅，坐镇彭城，以右将军到彦之为主将，率十万大军北伐。

面对南朝宋的大军，北魏采取"敛戍相避"的策略。太武帝以河南诸镇兵力不足，"命诸军悉收众北渡"，避免与南朝宋大部队硬拼，另一方面则调兵遣将、筹措军用物资，但仍是以黄河北岸为布防重点，严防南朝宋军队越过黄河。而南朝宋主将到彦之出兵之初，也怕北魏军队全力反击，所以也是小心翼翼地缓缓前进，从四月开始，花了三个月时间才到须昌（今山东省东平县）。当他在须昌溯河西上时，看到北魏在

① 《资治通鉴·卷一二一》，时为南朝宋文帝元嘉七年。

河南诸军纷纷北撤，这才加快脚步。七月底，到彦之大军顺利占领碻磝（今山东省茌平县）、滑台、虎牢、洛阳等地，并且很快完成了沿黄河南岸的布防工作。

正当北魏军队北撤、南朝宋军队占领碻磝各地时，退守平凉（今甘肃省平凉市）的赫连夏残余势力在赫连定的率领下，配合南朝宋军队在关中地区向北魏发动攻击，并于八月遣使南朝宋，“约合兵灭魏，遥分河北，自恒山以东属宋，以西属夏”。北魏腹背受敌，面对如此严峻的局势，太武帝做出了超乎常情的决定。他决定东西两面同时作战，并以赫连夏为主要对象，亲率大军与赫连定交战。许多大臣认为：“刘义隆兵犹在河中，舍之西行，前寇未必可克，而义隆乘虚济河，则山东失矣！”但崔浩也劝太武帝率军西征，他认为：“义隆与赫连定遥相招引，以虚声唱和，共窥大国，义隆雍（赫连）定进，定待义隆前，皆莫敢先入，比如连鸡，不得俱飞，无能为害也。”崔浩又进一步指出，到彦之北上后，“东西列兵径二千里，一处不过数千，形分势弱……此不过欲固河自守，无北渡意也。……赫连定残根易摧，拟之必仆。克定之后，东出潼关，席卷而前，则威南极，江淮以北无立草矣”。太武帝对崔浩的战略分析大为赞赏，于是将应付南朝宋的军事交由冠军将军安颉、寿光侯叔孙建、汝阴公长孙道生等人负责，他则亲率大军西征赫连定。

太武帝从神䴥三年（430）九月西征，到十二月就攻占了平凉，临晋（今陕西省大荔县）、武功（今陕西省咸阳市）的赫连夏守将闻风而逃，北魏顺利拿下这两座城，于是“关中悉入于魏”。在东边战场的北魏将军安颉、叔孙建、长孙道生等人，趁到彦之从洛阳退往东边，并逐步南撤时，渡过黄河攻击宋军。从该年十月到次年二月，北魏先后收复洛阳、滑台、虎牢及青、兖地区的失土。这时，宋文帝加派征南将军檀道济为统帅，率兵救援滑台、历城（今山东省济南市），结果在北魏轻骑的袭击下，也无功而返。史载南朝宋“委弃荡尽，府藏、武库为之空虚”，而北魏两面作战，都得到胜利。太武帝敢冒兵家大忌，决定东、西两面作战，令人不得不佩服他的胆识。

北伐失败后，宋文帝意志消沉，对北魏的主动遣使通好都消极以对。心有不甘的宋文帝决定从“外交”上着手，削弱北魏的势力，于是南朝宋主动联系柔然、沮渠氏的北凉、吐谷浑，希望借这些胡族的势力打击北魏。北魏太武帝太平真君三年（南朝宋元嘉十九年，公元 442 年）五月，宋文帝派梁（今陕西省汉中市）、雍（今陕西、青海、甘肃、宁夏交界处）二州刺史刘真道、龙骧将军裴方明攻打依附于北魏的仇池氐族杨难当，并占据仇池。太平真君六年（元嘉二十二年，公元 445 年）九月，宋文帝又趁卢水胡（与沮渠氏同族）盖吴在杏城（今陕西省黄陵县）起兵反北魏时，命“雍、梁二州发兵境上，为吴声援”。又派使者拜盖吴为雍州刺史、北地公，并赐盖吴大印一百二十枚，“使吴随宜假授”。[①]为反击南朝宋，北魏太武帝派兵击退攻占仇池的南朝宋军队，对于盖吴的叛乱更是亲率大军加以镇压，同时派军攻打南朝宋的兖、青、冀三州，对南朝宋北方边境造成很大的损失。宋文帝的轻率之举，可说是得不偿失。

但是宋文帝还是野心勃勃，在吏部尚书江湛、仆射徐湛之、彭城令王玄谟的鼓动下，兴起北伐的念头。太平真君十一年（元嘉二十七年，公元 450 年）七月，南朝宋以原彭城令王玄谟为宁朔将军，率军北伐，同时又令王骏、豫州刺史南平王刘铄、青冀二州刺史辅国将军萧斌、雍州刺史随王刘诞等，各遣所管辖的将兵，分道出击，总兵力大约有二十万以上；再以江夏王刘义恭出镇彭城，总统诸军，浩浩荡荡地向北而去。

这时，北魏太武帝以“马今未肥、天时尚热，速出必无功”，不愿

① 让盖吴可以随时对他手下发布南朝宋的官位，并颁给印信。

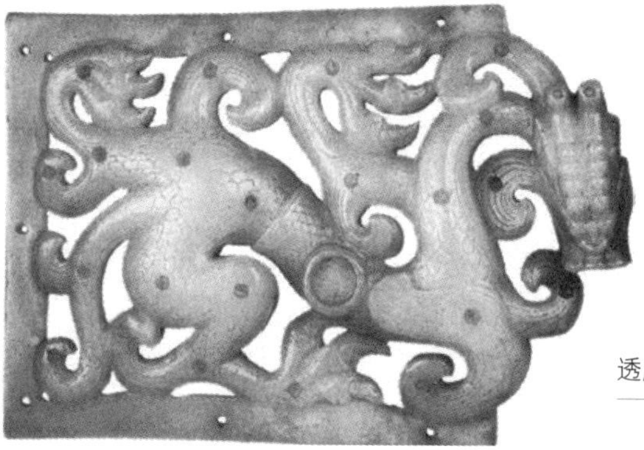

透雕龙纹玉鲜卑头

白玉器，南朝宋文帝的御用品

正面迎战，因而南朝宋的北伐军初期相当顺利，攻占许多城池。但随着时间流逝，进入深秋后，太武帝率军从平城出发，南救滑台。十月，太武帝率大军渡河，史传称“众号百万，鞞鼓之声，震动天地，（王）玄谟惧，退去，魏人追击之，死者万余人，麾下散亡略尽，委尽军资器械山积。”原来极力主张北伐的王玄谟惊惶失措，带头溃散败逃。从此太武帝开始反攻，所到之处南朝宋大军莫不“望风崩溃”。

十二月，北魏大军长驱直下，渡过淮河，屯军瓜步（今江苏省南京市六合区东南），北魏其他各路军也几乎是“同日临江”。在瓜步，太武帝下令“伐苇为筏，声言欲渡长江”，这下可吓坏了南朝宋的君臣，宋文帝下令建康城内外戒备，并沿长江南岸六七百里陈舰列营，加强防守。但北魏并没有渡江，而是在次年（451）正月率军北返。二月，所有北魏军队撤回黄河以北，南朝宋逃过一劫。

第六章

统一北方的北魏

北魏的兵制

自东汉中期以来，北方草原游牧民族纷纷南下。三国鼎立，彼此内争不已，更无余力经营塞外。司马炎统一中国、创立西晋后，北方诸少数民族先后建立政权，就是以往所称的五胡十六国时期，但事实上不只五胡，所建的国家也不只十六国。

鲜卑拓跋部虽然是较晚才进入中原的，但却是中国历史上第一个由少数民族建立的正统王朝。[①] 在北魏统治疆域内的人民以汉人为主，其他民族居于少数。北魏疆域内又以宜农之地居多，为了便于统治多数汉人，以及到中原后适应生存空间，北魏逐渐从游牧过渡到农耕，从逐水草而居过渡到定居。原有以血缘关系为基础的部落组织，既难以适应新的生存空间，而各部落大人也往往干涉皇权，这是中原王朝的大忌，所以道武帝建立北魏后，就将部落组织打破。

可是，部落组织平时是牧民，战时是士兵，承担着维护国家安全及向外扩张的作用，但是又不能让部落组织存在。为了既拥有北方胡族的武力，又瓦解原有的部落组织，北魏效法五胡十六国时代由胡族负责军队的方法，组织部落兵。此外，另有常备兵、州兵等，兹分别介绍如下。

① 一般以是否有“正史”作为是否为“正统”王朝的标准，北魏有正史《魏书》。

一、兵种

（一）部落兵

部落兵以鲜卑族为主，但也征召其他北方少数民族青年，如高车、氐、羌、匈奴人。原本这些部落兵是由该部落酋长组成的骑兵队，每一位骑兵都有两匹马，从事各种战争，而战争的目的在于掠夺人口——主要是小孩和有生育力的女人、牲畜及财物。然后，国家会颁赐参与战争的有功人员。游牧民族的兵将之所以个个勇于作战，是因为战争就是他们的“生财”手段，所以部落兵中很少有逃兵。

北魏建立后，部落兵有以下几个特点：其一是全为骑兵，而且每个骑兵至少有两匹马；其次是人数并不固定，几乎没有固定的驻防地，属于游移流动方式；其三是战争与掠夺几乎是合二为一的。

北魏部落兵的规模相当庞大，道武帝皇始元年（396）讨伐后燕惠愍帝时，道武帝所率的六军人数就多达四十多万；同时，将军封真所率的三军可能也有二十万人之多，两者总数应当不少于六十万人，这时北魏各种制度尚未完备，这六十万人几乎全是部落兵。

（二）常备兵

所谓常备兵，是指由部落兵演化而来的镇戍兵、侍卫军，以及后来北魏分裂为东、西魏后西魏的府兵。现在分别叙述如下。

1. 镇戍兵

北魏兵制粗具规模可能是在道武帝登国十年（395）参合陂大破后燕大军前后完成。常备兵的建置始自道武帝于皇始三年（398）称帝前夕，北魏夺取后燕大部分领土后完备。北魏在所夺得的新领土上设置八个军府，每个军府各配兵五千人。不久，为了防御北方的柔然、高车等游牧

魏晋后期北方少数民族分布及其建立的政权表①

族名	历史概况	魏晋后期主要分布地	建立的政权
匈奴	世居蒙古草原，东汉时分为南北两部，北匈奴西迁，南匈奴不断南迁，曹操将其分为左右南北中五部。分支有屠各胡、卢水胡、稽胡（山胡）等。	今山西、陕西中部，甘肃西北部、青海一带。	前赵（屠各胡） 北凉（卢水胡） 夏
羯	又号羯胡、杂胡。可能来自今中亚塔什干，曾附属于匈奴，深目、高鼻、多须，信奉“胡天教”（祆教）。	太行山以西的并州诸郡，主要聚居在上党郡武乡县（今山西榆社县）。	后赵
氐	古老民族西戎之别种，从事畜牧和农业，其种繁多，有巴氐、白马氐、武都氐、青氐等，与汉族杂处。	甘肃、陕西、四川邻接地带，集中在武都（今甘肃成县西北）等地。	前秦 后凉 仇池（白马氐）
羌	古三苗之后裔，活动于黄河中上游，以游牧为主，与汉人杂处者也从事农业。东汉曾发生羌人反抗事件。有烧当、宕昌、邓至等部。	今陕西、甘肃一带，主要聚居在当时的冯翊、北地、新平、安定等地。	成汉（巴羌） 后秦（烧当羌）
鲜卑	东胡的一支，初依鲜卑山，因此得名。后北匈奴西迁，进入匈奴故地。曹魏时轲比能部强盛，建立部落军事王国。其国瓦解后，东部地区有慕容部、宇文部和段部，中部有拓跋部，西部有乞伏部。	今辽宁、河北、山西、内蒙古、陕西及青海等地。	前燕（慕容部） 后燕（慕容部） 北燕（慕容部） 西燕（慕容部） 南燕（慕容部） 西秦（乞伏部） 南凉（秃发部） 北魏（拓跋部） 北周（宇文部）

① 刘精诚：《话说中国：空前的融合》，上海文艺出版社2004年版，第233页。

汉族为兵

五胡十六国时期，胡族普遍认为汉人懦弱，难以从事战争，或者认为汉人“忠诚度”不够，不宜从军，所以武装力量都掌握在胡族领袖手里，战士也多是各种胡族青壮。若有汉人投身军旅，则多半是相当胡化的汉人，如后赵时依附羯族石氏的汉人冉闵。后赵石虎死后，政局动荡不安，冉闵为夺政权，展开了一场惨绝人寰的大屠杀，屠杀人数多达二十多万，其中有许多是汉人。又如，尽管建立前秦的氐族人苻坚是相当汉化的胡人，但是前秦军队中仍然是以各种胡族占绝对多数。

民族的侵扰，北魏在沿边设置了很多个镇戍，这些镇戍又称军镇，是常态性的驻边军队。这些军镇不但沿北方边界，在南方也有。镇戍兵中，以北方六镇最有名，其镇将称都大将，另有副将。各个军镇的地位与州相同，但内部组织则与州不同，这是南北分治的一大特色，北方以胡族为主体实行军镇之制，南方以汉人为主体实行州郡县之制。

镇戍兵的主要任务，顾名思义就是镇守地方，但有时也要配合中央主动出击。由于每个军镇大小不一，所以配属的兵力也不一样，一般都是三五千人，但重要的军镇则不在此限。例如彭城，因其紧邻南朝，为南边重镇，所以驻有重兵，“在镇之兵，不减数万”[1]。镇戍兵将主要由鲜卑人担任，特别是北方六镇，几乎都是由鲜卑拓跋部人出任，极少数由“中原强宗子弟”充任。所谓“中原强宗”，指的是胡化很深的汉人。把“中原强宗”子弟征召为军镇兵将，可以拉拢、羁縻汉人。而面对南方的各军镇兵将，也是由鲜卑及其他少数民族充任，绝少有汉人，以避

① 《魏书·薛野睹传附子虎子传》。

北朝时期的彩绘骑马俑

免面对南朝时的风险。

2. 侍卫兵

侍卫兵属中央军的一部分，多由鲜卑人充任，他们原都是部落兵。早在拓跋什翼犍“代”政权建国二年（339）“始置百官，分掌众职”的同时，就设置了左、右近侍之职，这些近侍的官将人数多到上百。官将既已上百，兵员总额当然会有好几千人，这就是北魏侍卫兵的前身。道武帝建立北魏后，对京城及皇宫的保护防卫就成为军队的主要任务，负责这部分工作的军队就称为侍卫军。由于国家组织走上了轨道，侍卫军的挑选与组织也就日趋严密。

道武帝于皇始三年（398）正式称帝。他设立八部帅，每部帅各领一军，管理国都平城外围，并督导辖区内人民从事农业生产，有些类似于后代京城的卫戍军。京城内还有相当数量的禁军宿卫，宫殿里面还有扈从武士，这些扈从武士或者称为羽林军或虎贲军。挑选扈从武士有相当严格的条件，除体力过人、善骑射、武功好之外，还要勇猛强悍。宿卫军平时也要经过严格的考核，然后才能决定位阶高低。宿卫军的位阶可分为羽林、虎贲、直从。关于这一点，北魏宣武帝（499—515年在位）时，太保、太尉、高阳王元雍在上奏表章中说得非常清楚：“武人本挽上格者为羽林，次格者为虎贲，下格者为直从。”

侍卫军中除羽林、虎贲、直从三等外，还有宗子军和庶子军。从名称上就可以看出，所谓宗子军、庶子军，显然都是从拓跋鲜卑族里挑选身体强壮、武艺高强的子弟组成的侍卫队伍。游牧民族建立的政权通常都把各部落酋长的子弟选作宿卫，一方面是让部落酋长子弟接近政权中心，以增强部落的向心力；另一方面是让领导者可直接掌控这些子弟，形同“质子”，使各部落不得不对领导人效忠。

北魏侍卫军的数量愈往后人数愈多。孝文帝（471—499）迁都洛阳时，鲜卑贵族几乎都不赞成，因为他们在平城既有田地又有奴隶，一旦迁到洛阳，就什么都没有了。为了补偿他们，孝文帝让他们一律出任羽林、虎贲。所以北魏迁都洛阳之后，侍卫军人数多达三四十万，不过其中有不少是酬庸性质，并不具有战斗力。

（三）州兵

除部落兵、镇戍军、侍卫军之外，还有州兵。早在道武帝天赐元年（404），州兵就已完成建置，“又制诸州各置都尉以领兵”。州兵的任务是保境安民，但有时也得接受上命调出境外作战，或者调到他处做戍兵。如孝文帝兴师南征时，就曾经调雍、泾（今甘肃省泾川县）、岐三州的州兵六千人。

北魏法律规定，一般汉人无权服兵役，但“中原强宗子弟或已胡化的汉人”不在此限。太武帝神䴥四年（431），尚书刘絜上疏：“郡国之民，虽不征讨，服勤农桑，以供军国，实经世之大本，府库之所资。”这里所称的郡国之民，应该就是指汉人。虽然他们没有服兵役的义务，但是如果自愿要从军，尤其只担任保境安民的州兵，是不会被禁止的。

北方六镇

沃野，约今内蒙古自治区巴彦淖尔市五原县北。最晚在北魏太武帝时就已设立。当时北凉、南燕、赫连夏以及北燕均存在，所以设置沃野镇不仅具有防高车、柔然的作用，也可以防备这些国家。

怀朔，约今内蒙古自治区包头市固阳县南。此镇原为汉五原郡，太武帝延和二年（433）置为镇，初名五原镇，后改名怀朔。

武川，今内蒙古自治区呼和浩特市武川县西。此镇建置时代已不可考，但《魏书·辽西公意烈传》记载拓跋叱奴为武川镇将，因此武川镇的设置应早于或不迟于拓跋叱奴为镇将之时。

抚冥，约今内蒙古自治区乌兰察布市四子王旗东南。据《魏书·京北王黎传》载："高祖（孝文帝）时除使持节、安北将军、抚冥镇都大将。"另《魏书·安定王休传》中载："蠕蠕（柔然）犯塞，出为使持节、征北大将军、抚冥镇大将。"《魏书·阳平王熙传》则称元笃为北中郎将抚冥镇将。这些都是孝文帝任内发生的事。

柔玄，今内蒙古自治区乌兰察布市兴和县北。据《魏书·罗结传子斤》"太武帝平凉州"载："除长安镇都大将。会蠕蠕侵境，驰驲（音'亦'，古代驿站专用马车）征还，除柔玄镇都大将。"说明太武帝时已设置柔玄镇。

怀荒，今河北省张北县北部，为六镇最东一镇。据《魏书·陆俟传》载："出为平东将军、怀荒镇大将。未期，诸高车莫弗讼俟严急，待下无恩，还请前镇将郎孤。世祖（即太武帝）诏许之。征俟还京。”从“还请前镇将郎孤”可知，在陆俟为怀荒镇大将前，已有郎孤为该镇镇将，其时为北魏前期，而直至北魏后期，此镇仍在。

（四）府兵

北魏末年分裂为东魏和西魏，后来鲜卑宇文氏篡西魏，建立周政权，史称北周。北周时，宇文泰创设府兵制。所谓府兵，是指某部督府或某军府的兵，这是魏晋以来的通称。

府兵是一种禁旅（即禁卫军）性质的中央禁卫军，指挥权掌握在西魏丞相宇文泰手里。西魏文帝大统三年（537），宇文泰出任柱国大将军，也就是八柱国之首，同时还都督中外诸军事，成为西魏实际上的统治者。

西魏文帝大统八年(542),宇文泰把十二军鲜卑禁旅五万人改为六军，这就是府兵制的开始。府兵改组领导部门，形式上采用旧时的鲜卑八部之制，设立八柱国作为中央禁军的主要将领。十一年后，宇文泰又分别任命于谨、赵贵、李虎（李渊先人，北周赐姓“大野”）、李弼、独孤信、侯莫陈崇六人为柱国大将军，各统一军。这六个柱国大将军中，于谨是宇文泰的亲信；赵贵、李虎、侯莫陈崇是贺拔岳军团的首领；李弼原本就是一个军团；以上这五个柱国大将军都是原来就有的，只需要把“专制陇右”的独孤信调来做一个柱国大将军。至于新招募来的所谓“关陇豪右”，只是分别隶属到六个柱国大将军麾下，本身并没有形成一个军团。宇文泰美其名曰仿《周礼》的六军之制。

每个柱国大将军之下设两个大将军，共有十二个大将军，六军各分左、右两军，每个大将军各领一军，每个大将军之下又设两个开府，于是等于有二十四个开府。所谓开府，原本是指文武官将开建府署辟置属僚而言，但在西魏专指府兵军官名称，为军团将领，位在大将军之下，而大将军又位在柱国大将军之下。二十四个开府等于有二十四军，每个开府之下，又有两个仪同。所谓仪同，原本是指仪同三司，意为仪制与三公相同，西魏的仪同则指开府之下的将军名称，这样就有四十八个仪同。每个仪同在西魏初期约有一千士兵。这样推算，每个开府有两千，每个大将军领兵四千，每个柱国大将军统府兵八千人，所以南宋人应麟所著的《玉海・邺侯家传》中的“六柱国有众不满五万”是相当正确的记载。

参加府兵者，可以免除本身的租庸调税制，除了自备“弓刀一具”的简单武器外，其他“甲、槊、戈、弩，并资官给”。

二、兵役

北魏的兵员大致上有两个来源：一是“世兵制”，也就是职业军人。世兵制的主要来源几乎都是拓跋鲜卑的部落兵。入主中原后，一部分鲜卑人转化为侍卫兵，也称中兵或台兵；一部分转化为镇戍兵，世世代代都为兵，这种人也叫兵户，有时也叫军户。

随着时间的推移，兵户除了原来拓跋鲜卑之外，又增加了一些来源，大约从文成帝（452—465 年在位）起，北魏就把一些罪犯及其家属发配作为兵户，判死刑的罪人也常被赦免，发配到北方各镇去戍守边境。如宣武帝（499—515 年在位）时，出身羌族的名将杨大眼，因为打了场败仗，就“坐徙为营州兵”。又如孝文帝太和十二年（488），梁州刺史临淮王拓跋提“坐贪纵徙配北镇”。此外，因叛逃而被充军的人也成为兵户的一个来源。这些人主要是北方游牧民族，如高车等，因为叛逃而被大量屠杀，剩下的就发配到边镇成为兵户。如太武帝太平真君五年（444）六月，“北部民[1]杀立义将军衡阳公莫孤，率五千余落北走。追击于漠南，杀其

① 就是游牧的少数民族。

敦煌西魏壁画《四骑士与指挥官》

骑兵在魏晋时期已成为战场上的主力兵种，“铁骑”更成为骑兵中的精锐部队，其特点是骑士和战马都身披甲胄

渠帅，余徙居冀、相、定三州为营户”。营户就是兵户。又如孝文帝延兴元年（471）十月，沃野、统万两镇高车族叛乱，被平定后，斩首三万余人，其余人口被迁往冀、定、相三州为营户。延兴二年（472），连川高车谋叛，又被徙配青、徐、齐、兖四州为营户。延兴四年（474）十二月，下诏：“西征吐谷浑兵在句律城初叛军者斩，次分配柔玄、武川二镇。”可见，兵户里像这种发配而来的罪人、叛逃者应占有相当数量。

北魏兵员的另一个来源是“民兵”，或者叫番兵（轮番当兵）。民兵类似于现在的征兵制，有一定的服役年限，这种兵员主要来自于民户，也就是编民，民兵有“八丁兵”“十二丁兵”或“十五丁出一番兵”，意为每八个、十二个或十五个男子中出一人当兵，定期更替，所以叫番兵。据《魏书·皮豹子传》所载：“臣所领之众，本自不多，惟仰民兵，专恃防固。其统万、安定二镇之兵，从戎以来，经三四岁，长安之兵，役过期月，未有代期，形颜枯悴，窘切恋家，逃亡不已，既临寇难，不任攻战。”句中“役过期月”，可以看出役期应该是一年（期月）。文成帝兴安二年（453），皮豹子迎战南朝宋军队，北魏因兵员不足，战斗力弱，而士兵中很多服役期超过一年的还没有更替，所以“形颜枯悴”。

北魏牵马陶俑

内蒙古出土

皮豹子于是请求朝廷增援，从而可见民兵的役期大约是一年。除此之外，因战争需要，也会临时征调民兵，如孝文帝延兴三年（473），太上皇献文帝亲率步骑讨伐南朝宋，就曾临时增加征兵，诏令州、郡之民十丁取一，这种因战争需要而临时征兵的情况平时并不常见。

民兵中另有以募兵方式而来的。孝文帝在迁都洛阳之前，曾经几次募兵，用以增加军中宿卫力量。如孝文帝太和十七年（493）十月，诏“京师及诸州从戎者赐爵一级，应募者加二级，主将加三级”。民兵还有一种来源，就是收编的降兵降将，其中更含各种民族。北魏对外征战，经常有俘虏及降兵降将。在对待俘虏的方式上，北魏或者全部屠杀，或者杀去一部分，余下的俘虏和战利品视同财物，颁赐给有功人员。

对于主动投降者，则优遇有加，不但会保全其生命，有的还会委以官爵。如道武帝皇始二年（397）二月，北魏与后燕作战，北魏道武帝大

敦煌莫高窟战马壁画

此画绘于西魏大统四至五年（538—539），从画面上出现的披挂马甲的战马可以想见一千四百余年前骑战的发达程度。

胜后燕惠愍帝大军，斩首一万多人，擒获后燕将军高长等四千多人，后燕“尚书闵亮、秘书监崔逞、太常孙沂、殿中侍御史孟辅等并降，降者相属”。道武帝对这些投降的后燕大臣都“赐拜职爵各有差”。对于南朝来降的将领，北魏则让他们招募汉人为兵，把招募来的称之为“义兵”“义众”或“吴兵”。一旦发生战争，鲜卑骑兵就驱迫这些“义兵”打头阵，如果这些“义兵”不奋勇前进，后面的鲜卑骑兵就以群马奔腾踩死他们。为了活命，“义兵”只好奋勇前进杀敌。这一招是北方草原各游牧民族所惯用的手法，蒙古骑兵席卷欧亚大陆时也不例外，“蒙古西征”之所以能够成功，这也是背后的原因之一。

北魏疆域

北魏建国时，疆域以原有的“代”政权为基础，逐渐向外扩张。公元386年，道武帝建立魏国，攻占黄河以北的后燕领土，明元帝后，渐渐占有黄河以南州郡。到了公元439年，灭北凉沮渠牧犍后，太武帝已经统一了中国北方，较前秦苻坚时的疆域尤有过之。孝文帝于公元494年迁都洛阳时，更为“光宅中原”提供了有利条件。经过二十多年的南征北伐，到孝明帝正光年间（520—525），北魏的疆域空前广袤，人口更是达到前所未有的高峰。史传称：“正光以前，时惟全盛，户口之数，比夫晋之太康①，倍而已矣。”

北魏时的疆域可分为中央直辖区和附属部族两大部分。中央直辖区是指由北魏政府设置的州、郡、县行政组织，管辖区域大致是东起渤海、黄海西岸；西至今新疆维吾尔自治区乌鲁木齐西南焉耆回族自治县西的天山山脉与昆仑山脉之间；南到青海省青海湖以东的湟水与洮河流域，南部西段以嘉陵江上游和秦岭大巴山为界，东边则以淮河为界；北边到今蒙古国阿尔泰山山脉以南、我国大兴安岭以西一带，可以说是疆域广袤。

据《魏书·地形志》所载，北魏直辖的州郡行政区划，以东魏孝静帝武定年间（543—550）的地方行政区域为蓝本，加以推算整理，大约有十三个州，另有镇、戍、校尉府十二个。

至于附属部族疆域，西至帕米尔高原以西、巴尔喀什湖一带，东至

① 西晋武帝年号，公元280—289年，为西晋全盛时期。

库页岛，北至贝加尔湖以北，南至吐蕃，在这个范围之内的各民族部落，几乎都臣服于北魏。自东汉以后，这是中国正统王朝首次经营西域。

立子杀母

东汉晚年，皇帝往往英年早逝，只好立年纪更轻的小皇帝为君。而为了维护君权，垂帘听政的太后往往会借助娘家力量也就是外戚来辅政。

一旦小皇帝长大后，就想收回外戚手中的权力，开始亲政。但皇帝从小生长在宫中，与世隔绝，身边能够信任的人只有长期照顾他们的宦官，因此皇帝只能联合宦官以铲除外戚，造成外戚铲除后大权就落入宦官手中的局面。如此周而复始，东汉就在宦官、外戚的轮流把持下灭亡。这一历史事实给北魏建国者道武帝很深的教训。

在北方草原游牧民族政权中，后族出身的部落力量大小，决定了她地位的高下以及发言权的大小。每一代拓跋部领袖都是因为有一位强有力的母亲才能稳固住自己的权力。实际上，新君如果没有母亲出身部落的支持，位子可能就坐不稳，而母族部落之所以愿意支持新君，显然意在分享君王的权力，换言之也是外戚当权，这个结果当然是任何一位鲜卑君王长大后所不能忍受的。道武帝建立北魏后，既然实行汉人政权的政府架构，就必须终结这种母族部落干涉政权的情况，可想而知，这不会是一件简单的工作。

因此，道武帝赐死太子的生母刘贵人。刘贵人出身鲜卑独孤部，后来改称刘氏。独孤部是一个强有力的部落，道武帝最初靠母亲贺氏的贺

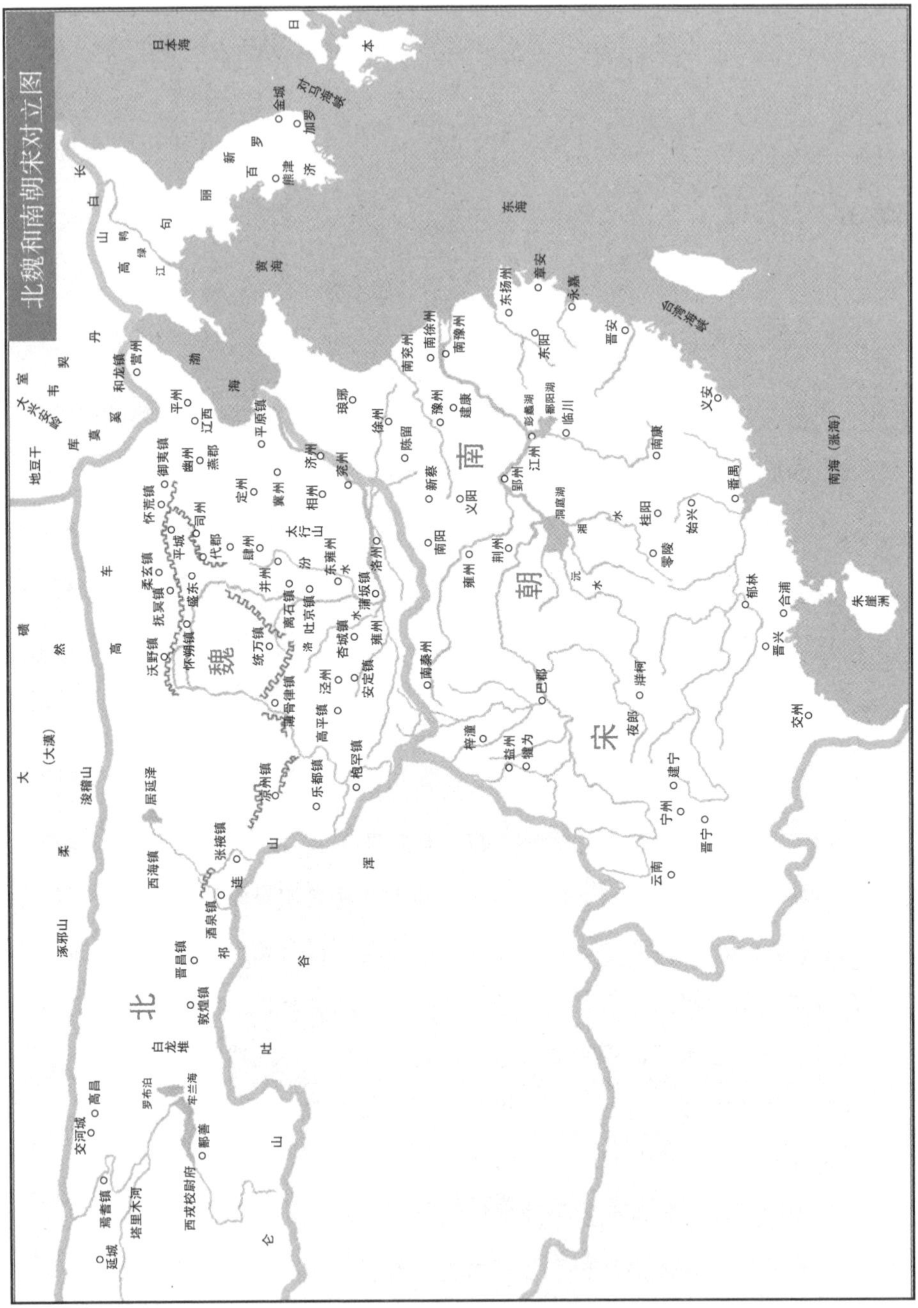
北魏和南朝宋对立图

力微杀妻

鲜卑拓跋部先祖力微曾托庇于妻族没鹿回部，后来没鹿回部大人凭借这一点恩情，而自己又有相当实力，因而时常介入甚至干预拓跋部事务，力微于是手刃妻子及没鹿回部大人。从此之后，拓跋部才开始壮大。

力微和没鹿回氏所生的儿子就是沙漠汗。后来，拓跋部建立了代和魏两个政权，追尊力微为拓跋部的始祖时，也把没鹿回氏的牌位请到太庙，飨始祖力微，没鹿回氏因而被尊为始祖皇后。

兰部支持，后来娶了独孤部的刘氏之后，力量就更加稳固了。但是，贺兰部、独孤部也因而享有了若干权力，也就是说，道武帝的君权除了和母族分享外，还要和妻族分享。因此，道武帝对当时还是太子的明元帝说："昔汉武帝将立其子而杀其母，不令妇人参与国政，使外家为乱。汝当继统，故吾远同汉武，为长久之计。"[1]

草原游牧政权的后族既然会凭借本身的实力而干预朝政，那么，为避免这种事的发生，一旦预立继承人时，就把其生母杀掉，这样对现任皇帝来说是没有皇后族人干政，对未来皇帝来说，没有太后族人干政，如此一来就可以避免外戚干政，也就是道武帝所说的"外家为乱"。

"立子杀母"更深层的意义是帝族与后族（太后、皇后）的权力斗争，是部落的兼并和掠夺，从此"立子杀母"就成为北魏的一项"国策"。

---

① 《魏书·太宗纪》。

崔浩撰史族诛事件

北魏第一本史书是由邓渊所修的《代记》。史传称："始，魏初邓彦海（邓渊，字彦海）撰《代记》十余卷。"这是北魏修史之始。邓渊，雍州安定人，祖、父都仕于前秦苻坚，道武帝攻下冀州后，以邓渊为著作郎、吏部郎，他在道武帝天兴元年（398）入代，与时为吏部尚书的崔浩"参定朝仪、律令、音乐；及军国文记诏策，多（邓）渊所为"。

修史必须要有史料，而之前拓跋氏并没有文字史料留下，邓渊能参考的只有代代口耳相传的民族史诗《代歌》。邓渊曾受命辑集《代歌》，他对拓跋鲜卑的早期历史传说有相当的了解，这可能也是命他修史的原因之一。《代记》[1]只有十几卷，篇幅不大，内容比较简略，可能只是历代帝王的传记。

据近代史家考证，邓渊修《代记》的时间大约是在道武帝天兴五年至天赐四年（约402—407）之间。后来，邓渊因采用《代歌》中有关拓跋鲜卑早期的传说修史而罹祸，故邓渊死后，没人敢再提修史之事。明元帝即位后，对于修史一事更是"废而不述"。直到太武帝即位后，才旧事重提。太武帝神䴥二年（429），太武帝命诸多文人"撰录国书"，崔浩及其弟崔览都参与其中，最后完成《国书》三十卷，太武帝曾加以表扬。

太武帝统一北方后，又命中书侍郎高允、散骑常侍张伟等人负责"续

① 或作《国记》，见《魏书》。

《真人代歌》

世界上许多没有创制文字的民族，常把本民族的历史故事编为歌谣，代代相传。拓跋部曾被封为代公，所以拓跋人常被说成代人，他们的歌谣很自然地被称为“代歌”。北魏建立后，发现可以基本上用汉字音译鲜卑人的歌谣。由于鲜卑语属阿尔泰语系，而汉语属汉藏语系，因此原有的汉字无法正确音译某些鲜卑语，于是北魏太武帝始光二年(425)，又创制了一千多个新汉字，来音译这些祖先流传下来的有关民族历史的歌谣，称之为《代歌》或《真人代歌》，经常唱诵于北魏宫廷。可是这种汉字音译鲜卑语的歌词，只有既认得汉字又懂得鲜卑语的人才能看懂，随着鲜卑人的逐步汉化，能看懂这种音译书的人愈来愈少，到了唐代，已经没人能懂，《真人代歌》也就亡佚。

我们有理由相信这些《真人代歌》保存了许多真实、鲜为人知的史实。北齐魏收撰《魏书》时，《序纪》的一部分很可能就是参考《真人代歌》的内容，如“诘汾皇帝无妇家，力微皇帝无舅家”的线索，好让后人可以进一步探寻。

成前纪”，等于把之前三十卷的《国书》补上太武帝统一北方的丰功伟业，命崔浩总负责。

崔浩本是俘虏之子，能够保全性命已属万幸，居然受到三代皇帝的重用，足见崔浩之能力。然而，崔浩如此受到重用，也令许多拓跋贵族心生不满，一心等待机会，欲置崔浩于死地。

在修《国书》时，崔浩仅是“损益褒贬，析中润色”，并没有实际

名臣崔浩

崔浩是后燕高阳太守崔玄之子。道武帝攻打后燕时，崔玄被北魏骑兵所擒，道武帝于是任命他为黄门侍郎，从此崔氏一门极受道武帝、明元帝及太武帝祖孙三代的重用。

崔浩笃信道教，影响所及，使太武帝也改信道教（道教又称“太平道”），连年号都改为“太平真君”（440—451），而太武帝之后灭佛（佛教史上有所谓“三武之祸”，指北魏太武帝、北周武帝及唐武宗毁佛），原因固然很多，但崔浩的影响力也不可忽视。

参与撰著。书成之后，著作令史闵湛、赵邵郄（音“隙”）建议朝廷立石刊刻《国书》于国都平城郊外，供国人学习，当时的太子拓跋晃也同意做此安排，《国书》于是刊刻公开展示。可是，北魏之先起自荒漠，初期事迹可说是鄙陋不堪，现在把这些不堪之事公开展示，于是“北人（指鲜卑人）咸悉忿毒，相与构浩于帝”[①]。加油添醋地说崔浩有意把拓跋鲜卑人的窘状丑态公之于世，好让世人耻笑鲜卑人。

此事果然激怒太武帝，下令将崔氏一族全部灭门，被牵连者不计其数。当时的卫士（军人）几乎都是鲜卑人或其他少数民族，他们对崔浩的重汉抑胡早就累积了满腔怒火，当崔浩被押解到刑场时，几十个卫士竟然往崔浩身上随意便溺，极尽羞辱。

以往论述鲜卑史的人多认为崔浩是因为撰修《国书》而招来杀身灭族之祸，其实不然，从根源上说这是一场胡、汉文化的冲突。鲜卑或其他胡族认为，所有胡族的地位都应该高于汉人，而身为汉人的崔浩被重视、

① 《北史·崔宏传附崔浩》。

重用，正是犯了胡人之大忌，撰修《国书》只是导火线及欲加之罪的借口而已。

事实上，在孝文帝之前，鲜卑族在北魏朝廷文武大臣中的人数占绝对多数，近人万斯同所撰《魏将相大臣年表》里，将北魏创建者道武帝的皇始元年（396）到孝文帝的太和十八年（494）前后九十九年间的将相文武大臣鲜卑人、汉人人数及比例做了统计，并以表格方式呈现，可以让人一目了然。

北魏朝臣鲜卑与汉人任官比例表

北魏帝王（公元起讫）	将相大臣人数		占总数之百分比	
	鲜卑人	汉人	鲜卑人	汉人
道武帝拓跋珪朝（386—409）	19	6	76%	24%
明元帝拓跋嗣朝（409—423）	31	7	82%	18%
太武帝拓跋焘朝（424—452）	62	23	73%	27%
文成帝拓跋濬朝（452—465）	90	32	74%	26%
献文帝拓跋弘朝（465—471）	100	35	74%	26%
孝文帝拓跋元宏朝（471—494）	129	47	73%	27%

北魏自统一北方后，疆域广袤，大抵长江以北、贝加尔湖以南都属北魏统辖。其中黄河中下游是人口最密集的地区，而这一区域的居民几乎都是汉人，虽然在文献上无法找到准确的人口数字，但保守估计，北魏境内汉人、鲜卑人的人口比例至少是 7 ∶ 3。但从上表可以看出，汉人担任将相大臣的比例从未超过三成。即使是在以汉化闻名的孝文帝太和十八年之前，汉人出任将相大臣的也只占两成七。占人口绝对少数的鲜卑人在朝廷上有着极大优势，但鲜卑人对崔浩的受重视、重用依然充满忌恨，不惜以修《国书》之名将崔浩满门抄斩。

冯太后临朝

在中国历史上，后宫干政的例子固然很多，而能展现才华、政绩卓著的也有不少。北魏冯太后绝对是一位值得称道的人物，更是北魏中期政治舞台上一颗闪烁的巨星。

冯太后是孝文帝汉化政策的幕后推手，而冯太后的身世更是多彩多姿。

冯左昭仪是北燕末帝冯弘的女儿，冯朗的妹妹，其母是高句丽乐浪（今朝鲜平壤）王氏。当北魏太武帝攻夺北燕辽东四郡时，冯弘向北魏求和，并以女儿嫁太武帝，太武帝封之为左昭仪，地位次于皇后、贵妃、妃。北魏虽然接纳了冯弘的女儿，但是扩张领土、统一天下的雄心壮志并没有改变，所以后来还是灭了北燕。冯弘的两个儿子冯朗、冯邈都降于北魏，太武帝拜冯朗为秦、雍二州刺史，封西城郡公；拜冯邈为车骑大将军，领护东夷校尉，幽、平二州牧，封辽西王。冯氏一门初期在北魏依然是高官厚禄，享尽荣华富贵，这显然与冯左昭仪在后宫得宠有关。

北魏自立国之初就面临北方柔然的威胁，道武帝、太武帝都曾经多次率兵讨伐柔然，也获得多次胜利，但是都没有彻底解决柔然问题。后来，冯邈竟暗中勾结柔然，并在事发后逃往柔然。太武帝一股怒气无处发泄，就杀了冯朗，把他出生于太武帝太平真君三年（442）的女儿没入宫廷；冯朗的儿子则在奶妈的掩护下向西逃到了吐谷浑。

冯朗的小女儿入宫后，得到姑姑冯左昭仪的照顾。太武帝正平二年

北魏灰陶画彩牛车

（452），太武帝被自己所宠信的宦官宗爱弑杀，王位传至拓跋濬手中，是为文成帝。在冯左昭仪的安排下，冯朗的这个小女儿被选为文成帝的贵人。冯贵人天生黠慧，为人处事小心谨慎，深得文成帝的喜爱，并在文成帝太安二年（456）被立为皇后。文成帝和平六年（465），文成帝驾崩，冯皇后悲恸异常，依照北魏习俗“国有大丧，三日之后，御服器物一以烧焚，百官及中宫皆泣而临之”。但冯皇后竟欲投入火中，幸亏手下反应快，才将她救了出来。

文成帝过世后，皇位由李贵人所生的拓跋弘继承，是为献文帝。由于北魏有立子杀母的成规，因此献文帝登基时，生母李贵人已被赐死，故献文帝尊冯皇后为文明太后，这时冯太后也才二十四岁。

献文帝年纪还小，朝廷大小事务都被太原王乙弗浑（或作乙浑）把持，引起文武大臣的不满，冯太后因势利导，杀了乙弗浑，自己临朝听政。献文帝皇兴元年（467），献文帝满十五岁，冯太后还政于他。献文帝亲政四年后，皇兴五年（471）八月，禅位给儿子拓跋元宏，自己当起了太上皇，专事对外征战之事。史称“上（指献文帝）迫于太后，传位太子”。于是，才五岁的拓跋元宏就登上了皇帝大位，是为孝文帝，并尊冯太后

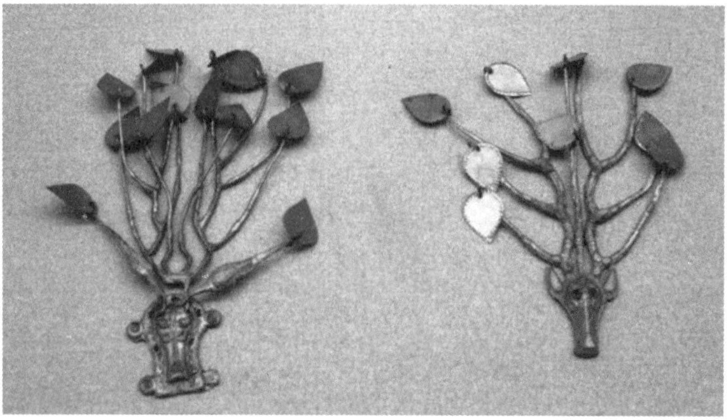

北魏时期步摇冠饰

内蒙古包头市博物馆藏

为太皇太后。就这样，冯太后再度临朝听政，此时才三十岁。

献文帝虽然禅位给儿子孝文帝，移居崇光宫，退居为太上皇，但是不甘心的他仍不时地过问军国大事，并想重披战袍，再上沙场。孝文帝延兴五年（475）十月，献文帝在平城北郊举行盛大的阅兵大典，显然是想东山再起。冯太后经过八个多月的缜密部署，于延兴六年（476）六月“诏中外戒严”。八天后，献文帝就驾崩了。史书对献文帝的死有两种说法，一说“显祖（献文帝）暴崩，时言（大家传言）太后为之也”[①]；另一说“献文悟，至六月暴崩，实有鸩毒之祸焉”[②]。不管是哪种说法，冯太后都脱不了干系。

太上皇献文帝过世后，冯太后立刻宣布了两项看似对立实际上是相辅相成的措施，她一方面剪除异己，把献文帝的心腹大将大司马万（音“末”）安国赐死，使那些支持献文帝的人心生畏惧；另一方面宣布大赦，

① 《魏书·皇后传》。

② 《魏书·天象志三》。

那些被赦免的人自然心生感激，增加了不少冯太后的政治力量。随后，她又对六月执行戒严出力的人员论功行赏，以征西大将军、安乐王拓跋长乐为太尉[①]，尚书左仆射、宜都王目辰为司徒，南部尚书李䜣为司空。冯太后与献文帝的政治斗争终于落幕了。冯太后以全胜之姿收揽朝中文武大臣，再次临朝听政，重新坐稳北魏王朝实际最高统治者的宝座。

冯太后改政

冯太后的政治能力与历史上任何一位贤王圣君相较都毫不逊色。孝文帝三岁被立为太子时，生母李贵人就被冯太后赐死，孝文帝由冯太后亲自抚养，故史称孝文帝"迄（冯）后之崩，孝文不知所生"。冯太后视孝文帝如己出，施以严格的教育，不但要他熟读经史，更亲自动手写了三百多章《劝戒歌》，要孝文帝恪遵孝道、善为人君。孝文帝聪明黠慧，学习能力极强，对长辈也是谨敬有加。据史传所载，孝文帝四岁时，其父献文帝患痈（即恶性毒疮），孝文帝亲自吮脓。五岁受禅时，悲泣不能自胜，献文帝问他何以哭泣，他回答说："代亲之感，内切于心。"

冯太后一面临朝听政，一面督促孝文帝博读经史。待孝文帝年事稍长时，她就让孝文帝逐渐参政。孝文帝太和五年（481），孝文帝满十五岁，冯太后宣布结束称制，还政于孝文帝，于是"铭太皇太后终制于金册"，其实这只是形式而已。一直到太和十三年（489）冯太后过世为止，孝文帝都恪遵孝道，韬光养晦，所以这段时间是祖孙共理国事，国家一团和气。

① 三公之一，为全国最高军事统帅。

“母子”分歧

献文帝和冯太后对朝政、用人看法都很不相同。举例来说，枋头（今河南省浚县西南的淇门渡）镇将薛虎子，在十三岁时就已入侍文成帝，文成帝太安年间（455—459）迁内行长（也称内行令，北魏始设，为君主亲信侍从官），处理各部门送来的文书，由于他为人正直，内外官员对薛虎子是既畏且敬。文成帝驾崩后，冯太后就调薛虎子为枋头镇将，他还是一样处事刚直，故遭人忌害，有些受不了的人就向冯太后进谗言，冯太后于是借一些小过错把薛虎子降为“镇门士”（守城门的士兵）。后来献文帝南巡，薛虎子拦住他在路上哭诉冤屈，献文帝就把薛虎子召到身边一路南行，沿途几十里都与薛虎子讨论国事，薛虎子不仅对答如流，而且都极中肯，献文帝于是复其原职，让他重任枋头镇将。

另外，冯太后二十四岁就守寡，为排遣寂寞，召散骑常侍、宿卫监、都官尚书、安平侯李奕为入幕之宾，史称“太后行不正，内宠李奕”。冯太后所宠幸的这位李奕既有才华，也能任事，但是他们两人的关系让献文帝很不满，最后献文帝随便找了个理由杀掉了李奕，史称：“显祖（献文帝）因事诛之。”于是，这一对名义上的母子矛盾愈来愈深，形成尖锐的对立。

综观冯太后临朝称制期间，为巩固统治权以及建立威信，采取了以下几项措施：

一、组织可靠的班底

任何政策或改革的推动，都必须有一批能干的人去执行，否则徒法不足以自行。冯太后临朝称制靠的是一批宦官，这些宦官认真任事，对冯太后更是忠心耿耿。《魏书》载他们“是以人人怀于利欲，至死而不思退”。

冯太后虽然宠信这些宦官，但她绝不容许臣下恃宠而骄，遇有过错，必定加以惩罚。史载：“后性严明，假有宠恃，亦无所纵，左右纤介之愆，动加棰楚，多至百余，少亦数十。然性不宿憾，寻亦待之如初，或因此更加富贵。”就这样，这批宦官成为冯太后推行政令的核心力量。

二、恩威并施

冯太后为了贯彻施政理念，以宽厚为主，诛杀为辅，对怀念献文帝的人予以“表异”。

如代人娄提，献文帝时担任内三郎[①]，因为怀念献文帝而引刀自刺。冯太后得知后，下诏赐帛二百匹。

同时，冯太后也很重视拓跋贵族与汉族大姓的团结，史称：“外礼民望元丕[②]、游明根等，颁赐金帛与马，每至褒美睿[③]等，皆引丕等参之，以示无私。”

但是，冯太后对孝文帝的生母李贵人一族则绝不手软。李贵人虽然

① 北魏前期侍从官名，由鲜卑贵族子弟中选拔勇健少年、善骑射者担任。

② 礼，礼遇；民望，在民间有声望。元丕，即拓跋丕。后孝文帝下诏改胡姓为汉姓，拓跋改姓元。

③ 就是望族王睿。

在孝文帝被立为太子时就被赐死，但李贵人的父亲李惠担任青州刺史时“历政有美绩”，颇有声望，史传称他“长于思察”。冯太后知道孝文帝总有一天会掌政，也总会知道生母是谁，对李家必然会加以重用，因此，为了铲除后患，一定要除掉李氏一族。史书记载：“（李）惠素为文明太后所忌，诏惠将南叛，诛之。惠二弟初、乐与惠诸子同戮。后（李惠）妻梁氏亦死于青州，尽没其家财。惠本无衅故，天下冤惜焉。”同时，冯太后唯恐有人议论她，就大加杀戮她认为有嫌疑的人，这种杀人立威的方式的确产生了效果，使她的统治威权日趋稳固。

三、笼络才学之士

冯太后对才学之士特别加以笼络，委以重任。很特别的是，冯太后在选拔人才时，除了看重学识与才干外，也很重视才学之士的容貌。如容貌俊秀的王睿，在孝文帝承明元年（476）被冯太后从太卜令[①]破格提升为给事中[②]。不久，冯太后又升他为散骑常侍、侍中、吏部尚书，赐爵太原公，内参机密，外预政事，对他的宠爱日甚一日。另一人李冲，官至内秘书令，据说他姿貌丰美，而且也是一个很能干的政治人物，史传称他“以修整惠敏，渐见宠侍”。后来孝文帝推行的“三长制”就是出自李冲的构想。

四、位尊而不滥施威权

冯太后虽然形同帝王，但是对于权力的行使还是有所节制，并不滥

---

① 负责卜筮的小官。

② 位阶在散骑常侍之下，给事黄门侍郎，掌顾问应对之事。

王睿护驾

王睿感念冯太后的知遇之恩，对冯太后也是忠心耿耿。一日，孝文帝、冯太后及一批大臣在虎圈观赏驯虎表演，没想到老虎忽然跳出圈外，几乎到了孝文帝、冯太后座位前，左右侍卫来不及应变，无不大惊失色，只有王睿拿起长戟赶走老虎，冯太后对王睿的表现大为赞赏。孝文帝太和四年（480），升王睿为尚书令，封爵中山王，加镇东大将军，自由进出太后寝宫。除此之外，冯太后还赏赐王睿田园、奴婢、牛马、杂畜，王睿对冯太后当然更鞠躬尽瘁，死而后已。冯太后病重时，王睿更上书陈述“为治之要”的看法。

施威权，在生活上也相当节俭，对待左右也很宽厚。史载：“（冯太后）性俭素，不好华饰，躬御缦缯而已。宰人上膳，案才径尺，羞膳滋味减于故事十分之八[①]。太后尝以体不安，服庵闾[②]子。宰人昏而进粥，有蝘蜓[③]在焉，后举匕得之。高祖（孝文帝）侍侧，大怒，将加极罚，太后笑而释之。” 从这段记载可见，她对待左右相当宽厚，连在吃的食物里发现壁虎也能一笑置之。冯太后对于自己的后事也主张一切从俭薄葬，有一次她与孝文帝在京城附近游览，见平城北面的方山气势不错，就对孝文帝说她百年之后要葬在方山，而且要从俭。

从和平六年（北魏文成帝年号，公元465年）文成帝驾崩，到太和十四年（北魏孝文帝年号，公元490年）这段时间，北魏一朝的政治可

① 菜色比传统成例减少十分之八。

② 或作庵蔺，就是青蒿。

③ 即壁虎。

以说操于冯太后一人之手，长达二十六年。

太和十四年，冯太后过世，得年四十九岁，谥为文明太皇太后，陵墓称为永固陵。

从此，孝文帝开始真正亲政，但并没有改变之前的施政方向，仍然是前后一贯，诸多措施也都维持与冯太后生前一致。就连太和十九年（495），孝文帝诏令全面汉化，也脱不了冯太后的影响。全面汉化是一项从设想到现实的根本变更，必然有很长的酝酿期，孝文帝从三岁开始就接受冯太后的调教，冯太后倾心于汉文化，她生于长安，长安是周、秦、西汉的京城，文化气息极其浓烈，可以想见她调教孝文帝都是以汉人的思维作为基础。在长时间的耳濡目染之下，孝文帝已经具有汉人的思维逻辑与行为准则，因此可以说孝文帝汉化措施的幕后推手就是冯太后。

第七章

孝文帝太和改制

冯太后当政时期，北魏无论政治、经济都进入最成熟阶段。北魏国都平城位置偏北，中期之后，经济中心在黄河下游，平城已经难以负荷作为国都的经济开销，所以有迁都之举。而孝文帝觉得旧有的许多鲜卑习俗已经难以适应当前现状，必须从根本上加以改革，于是有了太和改制之举。本章就这两个问题及其成效、影响加以探讨。

迁都洛阳

拓跋什翼犍时代，鲜卑建立了“代”政权。建国二年（代拓跋什翼犍年号，公元 339 年），拓跋什翼犍有意在灅源川（今河北省遵化市北）建筑宫室，母亲王氏加以劝阻，认为:“国自上世，迁徙为业，今事难之后，基业未固，若城郭而居，一旦寇来，难卒迁动。”[1]于是建立固定国都之事就放了下来，可见代政权建立之初还没有脱离游牧习性。直到两年后，也就是建国四年（341），才在盛乐故城南方八里之处，营建盛乐新城（约今内蒙古自治区呼和浩特市西南），从此才有了政治中心，也就是国都。

北魏道武帝天兴元年（398），道武帝改“代”为“魏”，并建都于平城，从此开疆拓土，奠定北魏宏规，嗣后历经明元帝、太武帝、文成帝、献文帝以至孝文帝，前后六帝均都于平城。北魏建国之初，还处于五胡十六国时代，以平城为都勉强能符合北魏需要。之后北魏渐渐平服北方各政权，整个华北都划入北魏版图。此时的北魏不仅疆域扩大，所统辖的人口更是骤然增多，无论人口、经济、文化中心都在黄河下游；而平

① 《魏书·平文皇后传》。

城偏居今山西北部，难以控驭整个北魏疆域，因此到了孝文帝时，就有了不得不迁都的理由。关于迁都的理由，分析如下：

一、粮食不足，必须迁都

北魏自创建后，势力急速膨胀，疆域更是日见扩大。为适应统治上的需要，必须有一个庞大的中央政府，以及能卫戍中央的军队。这些官员、军人加上他们的眷属乃至附从的各行各业人员，数量十分庞大。生活必需品姑且不论，仅粮食需求就相当惊人。而从古到今，山西不是一个盛产粮食的地方，中央政府规模愈来愈大，官员人数随之增长，各行各业也都向平城集中，粮食自然不够，加上连年天灾，更使农作物歉收。据史传载：

> 太宗永兴中（北魏明元帝年号，约公元411年），频有水旱，诏简宫人非所当御及非执作技巧，自余出赐鳏民。神瑞二年（北魏明元帝年号，公元415年），又不熟，京畿之内，路有行馑。帝以饥将迁都于邺，用博士崔浩计乃止。于是分简尤贫者就食山东（指太行山以东的冀、定、相各州）。[①]

一个连最基本的粮食供应都成问题的地方，当然不适合作为国都了。

二、北方柔然的威胁

北魏从建国开始就面临柔然的威胁，虽然屡经征剿，也多次获得胜利，但都无法彻底消灭柔然。在北魏平服五胡十六国的同时，柔然也征服高车，实力大增，更进而据有拓跋鲜卑故地（也就是早期的匈奴故地），进一

① 《魏书·食货志》。

史载柔然引录

芮芮虏（南朝史传称柔然为芮芮），塞外杂胡也，编发左衽。晋世，什翼犍入塞后，芮芮逐水草，尽有匈奴故地，威胁西域。……马畜丁肥，种众殷盛，常与魏虏为仇敌。……建元元年（南朝齐高帝年号，北魏孝文帝太和三年，公元479年）八月，芮芮主发三十万骑南侵，去平城七百里，魏虏拒守不敢战，芮芮主于燕然山下纵猎而归。（《南齐书·芮芮传》）

步威胁北魏，迫使北魏不得不在沿边陆续设立各军镇以为防备。

北魏早期，道武帝、太武帝都曾多次亲自统兵北伐柔然，并多次获胜，但太武帝之后，御驾亲征就少了，北魏在战略上不再出击，而以防守为主。一国之都如果经常处于惊恐之下，政治、经济都会受到影响，尤其北魏自太武帝后，游牧民族骁勇善战的精神渐渐消失，把渡漠作战视为畏途。在这种形势下，除了迁都，实在找不出更好的方法可以让政权不受威胁。

三、中原时有反叛，非迁都不足以镇压

拓跋鲜卑自建立北魏后，开始逐渐倾向于学习华夏文化，也就是一般文献所说的“汉化”，但是华夷之辨始终是存在的，朝廷任官重鲜卑、轻汉人，使汉人心生不平，又基于华夷之别的传统观念，因此零星反抗事件时有发生。

仅以北魏孝文帝一朝来看，延兴元年（471）九月，青州有高阳的封辩起事；十月，朔方有曹平原的反叛事件；十一月，齐州平陵有司马小

君叛乱事件。次年，光州有孙晏叛乱事件。延兴三年（473）十二月，齐州又有刘举反叛事件。延兴五年（475）九月，洛州有贾伯奴反叛事件；同月又有豫州田智度叛乱事件。承明元年（476）五月，冀州有宋伏龙起事。太和元年（477）正月，泰州略阳有王元寿反叛。同年十一月，徐州兰陵（今山东境内）有桓富，兖州有徐猛子，昌虑（今山东滕州市境内）有桓和，泰山有张和颜、司马朗的反叛事件。太和二年（478）二月，平城有沙门法秀起事。太和十三年（489），兖州、劳州有王伯恭反叛事件。次年五月，平原郡又有沙门司马惠御起事。太和十七年（493）七月，长安城北有北地人支酉起事，支酉很可能是西迁中亚的大月氏人。仅在这二十三年间（471—493），就有十几次反叛事件，反叛区域遍及今河北、河南、山东、山西、陕西及甘肃等地。就时间而言，几乎每年都有；就空间而言，涵盖整个华北地区，虽都只是星星之火，但是如不妥善处理，势必燎原以至不可收拾。

平城位置偏北，不足以震慑黄河下游人口密集地区。洛阳位处华北的中心，中央政府如果设在洛阳，则对整个华北都会产生震慑作用，而且可以避开柔然的威胁。

四、不迁都不足以移风易俗

孝文帝自幼受冯太后汉化影响较深，据《魏书》记载，自太和十一年（487）之后，诏书都是由孝文帝亲自所拟，从而可以看出孝文帝的汉文素养之深。孝文帝要推行汉化，可以说是势在必行。但是平城以北仍有许多鲜卑拓跋人民和贵族难改其旧有习俗，当时平城还有许多中亚粟特人来华经商而落脚平城，因此草原游牧文明、汉人的华夏文明以及西

邺与洛阳

邺，殷商时属相，春秋时为晋东阳之地，之后属于齐，齐桓公“筑五鹿、中牟、邺以卫诸夏之地”。

邺城西依太行山这道天然屏障，南临黄河，北为广袤的黄淮平原，地理条件相当优越。战国时，西门豹曾在邺城引漳水灌溉，因此水利事业相当发达。西汉时，邺城已发展成为一个人口众多、经济发达的都市。东汉中后期，邺城先后成为冀州、相州的治所。东汉献帝建安十八年(213)，曹操为魏王，以邺城为都。之后，曹丕篡汉自立，虽以洛阳为都，但邺城仍为五都之一。五胡十六国时期，后赵、前燕都以邺城为国都。

洛阳，古时写作“雒阳”，位于洛水之北。中国绝大部分地域都在北回归线之北，山脉也大多为东西走向，因此山南水北就会被阳光照射到，所以凡是位于这个方位就称阳，反之则称阴。“雒”这个地方既然在洛水之北，所以称雒阳。

西周成王时，周公在洛水之北营建都邑，称雒邑，为“成周”所在。秦统一天下之后，设为县，为三川郡治所。汉时为河南郡治所。从战国到西汉，雒阳始终是一座全国性的商业都市，东汉建国后以雒阳为都，雒阳于是从商业中心跃身为全国的政治、文化中心。之后，曹魏也都于雒阳，并改“雒”为“洛”。西晋也都于洛阳。

域的粟特文明汇聚于平城，彼此碰撞摩擦。[1]孝文帝如果要推行全面汉化，就必须离开平城，迁往华夏文化发达之地。

五、避开保守势力，始能求新求变

北魏孝文帝是一个有理想、有作为的君王，他深知，如果不融入汉人社会，鲜卑民族将被逐出文明，重回游牧生活，而他已经有了很深厚的华夏文明素养。北魏自建国以来，鲜卑勋旧贵胄习于逸乐，趋于保守，草原游牧民族乐观进取的精神早已消失殆尽，只知故步自封，任何改革或创新必然会遭到守旧群臣的反对。《魏书》对此有很详细的记载。孝文帝认为平城是用武之地，非可以治天下之地，并指称："今日之行（指迁都一事），诚知不易，但国家兴自北土，徙居平城，虽富有四海，文轨未一，此间用武之地，非可文治，移风易俗，信为甚难。"

连孝文帝都知道要移风易俗"信为甚难"，迁都一事势在必行，但要迁到哪里，北魏朝廷曾有过一番争论。当时北魏的经济、文化中心在黄河中下游，而这一地区又以邺和洛阳为最重要的大城市。孝文帝决定迁都时，邺与洛阳都是他考虑的重点。

邺城极为富庶，又有南北贯通的河道，一方面可以控制今山东、河北，另一方面又可以直达江淮，足以和南朝抗衡，所以孝文帝在第一次南巡时就常驻邺城，并在城西建造宫殿。史载"朝群臣于邺宫澄鸾殿"，所以邺城作为迁都地点，确实在孝文帝的考虑之中。

但是，洛阳的格局和气势都大于邺城，所以孝文帝最后决定迁都洛阳。他之所以做此决定，史载："邺城非长久之地，石虎倾于前，慕容灭于

① 文明包含文化，多半指具体的各项成就，所以是可以比较的；文化则偏重于无形的成就，所以是不可以比较的。

后，国富主奢，暴成速败。” 这里所说的“石虎倾于前，慕容灭于后”是指羯族石氏所建的后赵与鲜卑慕容氏所建的前燕，二者都以邺城为都，但也很快就灭亡了，都是因为邺城过于富裕，国君容易养成奢靡的习惯。

北魏自道武帝定都平城以来，已近百年，拓跋贵族早已在平城扎根，要他们南迁洛阳，等于剥夺了他们既有的经济利益。更何况洛阳是个汉人居绝对优势的地方，黄河中下游的广大区域都是汉人，一旦离开平城，等于丧失了既有的优越地位。贵族大臣们因而抵制南迁洛阳，愈是抗拒，愈是突显守旧力量的顽强，也更突显了孝文帝借迁都以对抗守旧势力的必要。于是，孝文帝迁都的决心更加坚定。史载：“（帝）每引刘芳、郭祚等密与规模（规划），共论时政，而国戚谓遂疏己，怏怏有不平之色。”

历史五都

从公元前 221 年秦始皇统一天下，到 1912 年清宣统皇帝宣布退位，在这段时间里，中国所建立的国家或政权达六七十个之多，每个政权或国家都有一个或多个国都（如辽有五都），其中有五个城市特别重要，常被选为国都：

长安，今陕西省西安市。

洛阳，今河南省洛阳市。

汴京，今河南省开封市。

燕京，今北京市。

金陵，今江苏省南京市。

作为国都必须具备以下四个条件：

位置适中，可以指挥全国各地；经济富裕，可以满足中央政府的各项需求；交通便捷，方便到达全国各地；易守难攻，不会轻易受到攻击。

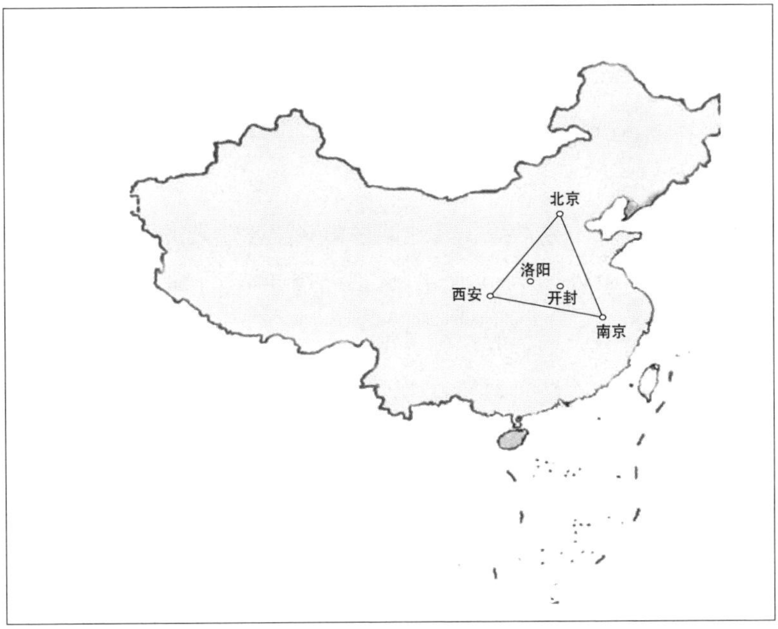

历史五都

为了迁都，孝文帝使出一套明修栈道、暗度陈仓的招数。他深知，久居北方的鲜卑人无法适应既闷热又潮湿的中原，所以太和十七年（493）八月，孝文帝以南征南朝齐为名，亲率百万步骑，从平城南下。到达洛阳时，恰逢阴雨绵绵，生活在干旱地带的鲜卑士兵无法适应这种天气，洛阳尚且如此，再往南去，就更加不堪了。

但是，孝文帝不顾阴雨，命令大军继续向南推进，他身先士卒，骑马前导。鲜卑贵族纷纷跪在孝文帝马前，叩请停止南征。孝文帝一看时机成熟了，便要这些鲜卑贵族选择是迁都洛阳还是继续南征。这时，任城王拓跋澄和南安王拓跋祯当众表示宁愿迁都洛阳也不愿继续南征，一群鲜卑贵族见最有地位的两位王爷都同意迁都，在两害相权取其轻的原则下，也只好同意迁都，迁都洛阳这才拍板定案。

于是，孝文帝立刻指派任城王拓跋澄回平城宣布迁都消息，同时指派专人规划，营建都城。这时，洛阳城内还没有合适的宫殿可以供皇室使用，所以尚书李冲建议孝文帝先回平城主持国家大政，自己留下来督促洛阳的营建工作。孝文帝于是下诏，征调司空穆亮、将作大匠[①]董爵与李冲一起营建洛阳。

据相关文献所载，李冲组织营建的洛阳城，在今天洛阳市白马寺东边、洛水北岸邙山南麓，东西长二十里，南北宽十五里，规模相当宏大。当洛阳新都的营建粗具规模时，孝文帝深知拓跋贵族的心意，如果要一次性搬迁，拓跋贵族难免“忽闻将移，不能不惊扰”，所以他决定不采取一次性搬迁的方式，而是分批南迁。

孝文帝派任城王拓跋澄先回平城，宣布决定迁都的诏令。“宣布”固然是一项任务，更重要的是要拓跋澄去说服反对迁都的拓跋贵族。拓跋澄是太武帝的孙子，在冯太后主政期间，他曾因击退柔然有功而被冯太后誉为“宗室领袖”，所以由拓跋澄出面游说，再辅以逐次分批搬迁，拓跋澄同时又承诺冗闲的鲜卑贵族，将依照能力授予官职，史称：“初，魏自公侯以下，迄于选臣，动有万数，冗散无事。（拓跋）澄品为三等，量其优劣，尽其能否之用，咸无怨者。”这样就减少了迁都的阻力。

此外，孝文帝又派宗室贵族安定王拓跋休回平城，对宗室进行游说。当拓跋休北上时，孝文帝亲自送拓跋休到漳水（发源自今山西省东南部）之滨，以表示对他期望之殷切。孝文帝嘱咐拓跋休回到平城后，把家眷接到洛阳来，这样对宗室会有示范作用。由于拓跋澄、拓跋休不负所托，顺利完成使命，孝文帝这才于太和十八年（494）二月正式宣布迁都洛阳。从此，北魏的政治中心从平城移到洛阳，洛阳百业兴盛，一跃成为北魏的经济商业中心。

洛阳的繁荣日甚一日，到了北魏中后期，南朝梁武帝时（502—

① 负责土木营造的官员。

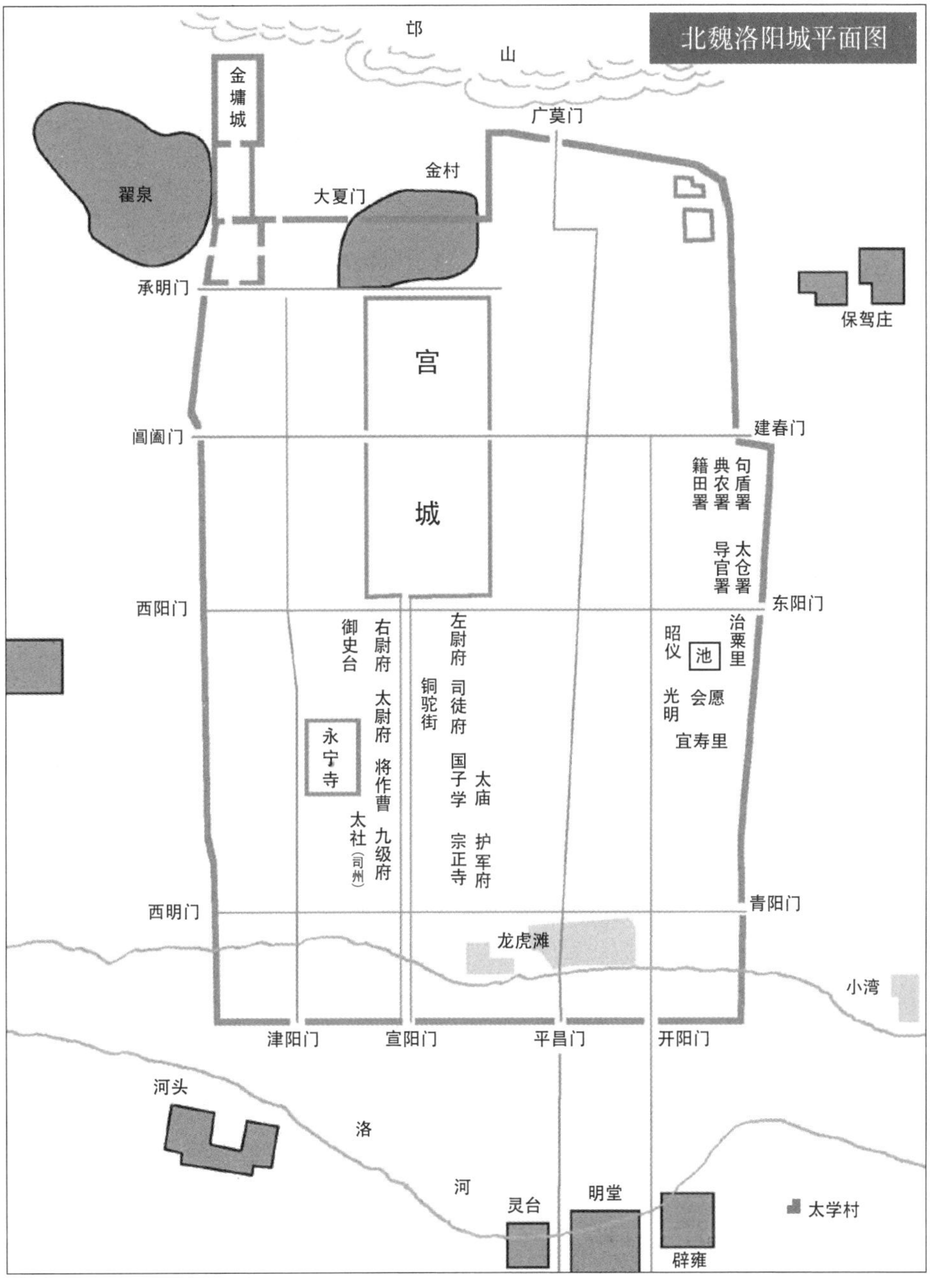
北魏洛阳城平面图
邙
山
金墉城
翟泉
广莫门
金村
大夏门
承明门
保驾庄
宫
城
阊阖门
建春门
籍田署
典农署
句盾署
导官署
太仓署
西阳门
东阳门
御史台
右尉府
左尉府
昭仪
池
治粟里
铜驼街
司徒府
光明
会愿
太尉府
宜寿里
永宁寺
将作曹
国子学
太庙
太社（司州）
九级府
宗正寺
护军府
西明门
青阳门
龙虎滩
小湾
津阳门
宣阳门
平昌门
开阳门
河头
洛
河
灵台
明堂
辟雍
太学村

549），南朝人陈庆之到洛阳，有人问陈庆之洛阳的情形，陈庆之说：“自（西）晋（南朝）宋以来，号洛阳为荒土，此中（指南朝梁或泛指南朝）谓长江以北，尽是夷狄；昨至洛阳，始知衣冠士族，并在中原，礼仪富盛，人物殷阜，目所不识，口不能传，所谓帝京翼翼（严正壮观），四方之则（准则、模范）。”①

可见，在公元6世纪时，洛阳已经是中国境内第一大都市了。

尽管孝文帝对迁都洛阳做了周详部署，但难免还是有一些宗室有意见，他们虽然都因孝文帝的长篇大论“辞屈而退”，但心里仍然抗拒迁都。孝文帝太和十九年（495），冯太后的弟弟冯熙病死，留守平城的拓跋保守派贵族拓跋丕、陆叡等人竟想借孝文帝北返平城吊唁时劫持孝文帝。孝文帝洞悉他们的计谋，对他们说：“今洛邑肇构，跂望成劳，开辟暨今，岂有以天子之重，远赴舅国之丧？朕纵欲为孝，其如大孝何？纵欲为义，其如大义何？……岂宜苟相诱引，陷君不德。”

因此，孝文帝拒绝北上，改派太子拓跋恂北上前往吊唁。拓跋丕等保守派见只有太子拓跋恂前来，竟然“密谋留恂，因举兵断关，规据陉北”。拓跋恂居然认同拓跋丕这一群人的看法，“深忌河洛暑热，意每追乐北方”，趁孝文帝出游嵩山（今河南省西部）时，召集牧马，轻骑奔往平城。孝文帝得知后，将拓跋恂废为庶人。

不久后，拓跋恂又“复与左右谋逆”，孝文帝最终将他赐死。北魏就这样因为迁都而折损了一位太子，也种下了日后分裂的种子。

① 〔北魏〕杨衒之，杨勇校笺本：《洛阳伽蓝记·卷二·景宁寺》，第114页。

孝文帝汉化政策

孝文帝迁都洛阳之后，积极推动汉化措施，其继位者宣武帝也续其未竟之志，两代帝王不遗余力地倡导中国传统的经、史、文学，史称："及迁都洛邑（即洛阳），诏立国子、太学、四门小学，孝文钦明稽古，笃好坟籍，坐舆据鞍，不忘讲道。刘芳、李彪诸人以经书进；崔光、邢峦之徒以文史达；其余涉猎典章，闲集词翰，莫不縻以好爵，勋贻赏眷。于是斯文郁然，比隆周、汉。宣武时，复诏营国学，树小学于四门，大选儒生以为小学博士、员四十人。虽黉序未立，而经术弥显。时天下承平，学业大盛，故燕、齐、赵、魏之间，横经著录，不可胜数。"

由于北魏皇帝的倡导，洛阳当时实际上已经成为中国学术、文化的中心。这时南方正处于齐、梁之际，政治混乱，学术尚清谈玄学，为文重四六对骈，整个社会弥漫着空洞、无病呻吟之风气。不仅学术如此，其他一切，南朝皆以北魏为模仿对象，所谓"江表士庶，竞相模楷，褒衣博带，被及秣陵（今江苏省南京市江宁区）"。即使在官场上也是"羽仪服式，悉如魏法"。

孝文帝认为，北魏疆域之内以汉人居多，以多数人的文化、生活习惯作为全体国民的标准，应该可以消除民族地域之见，促进民族融合，所以他主张全面汉化。近人吕思勉对于孝文帝的推行汉化，有如下的评论："……是则以一时言，南迁于虏若为害，以永久言，于虏实为利也。孝文亦人杰矣哉。"

精读经史百家之书的孝文帝

> 帝（指孝文帝）幼有至性……雅好读书，手不释卷。五经之义，览之便讲，学不师受，探其精奥。史传百家，无不该涉。善谈老庄，尤精释义。才藻富瞻，好为文章，诗赋铭颂，任兴而作。有大文笔，马上口授，及其成也，不改一字。自太和十年以后诏册，皆帝之文也。自余文章，百有余篇。爱奇好士，情如饥渴，待纳朝贤，随才轻重，常寄以布素之意，悠然玄迈，不以世务婴心。[吕思勉《两晋南北朝史》（上），台湾开明书局，第 518 页]

吕思勉的这种看法也算是客观，综观孝文帝所推行的汉化政策，与他本人精于华夏文化有密切的关系，尤其“自太和十年（486）以后诏册，皆帝之文也”。孝文帝所推行的汉化中，最重要的有以下四项。

一、断北语

断北语，就是禁止使用鲜卑语，改用汉语为官方语言。汉语有官话和方言之分，孝文帝既然已迁都洛阳，当然是以洛阳话为官话。现在有一些汉语学家认为，现今的闽南语很接近北魏时期的河洛语，而我们所谓的普通话则是在元代以后才形成的。

太和十九年（495）六月，孝文帝下诏：“不得以北俗之语言于朝廷，若有违者，免所居官。”鲜卑语属阿尔泰语系，在语言类型上为胶着语型，这与汉语的汉藏语系之孤立语型完全不同，要鲜卑人学汉语，有其困难度，更何况语言学习能力往往和年龄成反比，不是一纸行政命令所能改变的。在朝廷为官者当然都是成年人，在学习汉语的进程上，当然会有一定的难度，关于这一点，孝文帝很快做了调整，他说："自上古以来，及诸经籍，焉有不先正名，而得行礼乎？今欲断北语，一从正音。年三十以上，习性已久，容或不可卒革；三十以下，见（同现）在朝廷之人，语音不听仍旧，若有故为，当降爵黜官，各宜深戒。如此渐习，风化可新，若仍旧俗，恐数世之后，伊洛之下，复成被发之人。王公卿士，咸以然不（同否）？"①

孝文帝还准许"冬则居南，夏便居北"，显现孝文帝在执行汉化政策时，目标既定，绝不更改，但在执行的技术上有时是可以做适度的妥协。对三十岁以上的鲜卑人学习汉语，不做硬性规定；对于三十岁以下的鲜卑人，学习能力还相当强，则绝不放宽。除了调整断北语的规定外，孝文帝对于那些眷恋代北故土的鲜卑年长贵族，也准许他们"冬则居南，夏则居北"。

语言是区别民族的重要因素。孝文帝之所以坚决断北语，正是因为他知道民族融合是不可避免的。夏禹大会诸侯三千，到了春秋时只剩下二百多个国家，到了战国时更融合成二十几个，秦统一天下后，合华夏、东夷、百越、荆吴而成为秦人，到了两汉更是融合许多民族而成为汉人。与其被动融入，不如主动并入汉人系统，所以才会坚决贯彻断北语的措施。近人吕思勉对孝文帝的断北语有如下评语：

> 案民族根底，莫如语言，语言消灭，未有不同化于他族者，不则一切取于他人，仍必归然独立为一民族。就国史观之，往昔入居中原诸族，及久隶我为郡县之朝鲜、安南，即其明证。人无不有恋旧之心，有恋旧之心，即无不自爱其语言者，孝文以仰慕中国文化之故，至欲自举其语言而消灭之，其改革之心，可谓勇矣。

这一段评论确实说出了孝文帝断北语的决心。隋、唐统一中国后，

① 《魏书·咸阳王禧传》。

孝文帝论改制

有一次在和大臣讨论断北语时，一位姓李的中书令认为："四方之语，竟知谁是？帝者言之，即为正矣，何必改旧从新？"意思是说每个民族都有自己的语言，语言只是沟通的工具，无所谓好坏，帝王说的语言，就是"正音"，何必推行汉语？李中书令这话基本上是说语言只是沟通的工具，并无好坏之分，这部分是正确的，而且也含有讨好身为鲜卑人的孝文帝的意味。但孝文帝不容许他人挑战"断北语"的原则，因此对咸阳王拓跋禧说："朕尝与李论此（指断北语之事）……冲之此言，应合死罪。"并且对李中书令说："卿实负社稷，合令御史牵下。"可见孝文帝对原则和目标的坚持。

鲜卑族已经融入当时的中原汉人之中，扩充了汉人的内涵，使隋、唐时期的汉人充满活力，创造出空前璀璨的大唐文化。

二、禁胡服

众所周知，服饰也是突显民族特色的一个要素。现在许多考察各地土著民族的"田野工作"中，对各土著民族的固有服饰仍然列为不可或缺的考察项目，有的甚至还以服饰作为界定民族的标准。因此，对于一个民族而言，服饰的重要性仅次于语言。

早在战国时代，楚国屈原在《楚辞·大招》中就记载了鲜卑民族早期的服饰："嫮修滂浩，丽以佳只！曾颊倚耳，曲眉规只！滂心绰态，姣丽施只！小腰秀颈，若鲜卑只！魂乎归来，思怨移只！"

可见在战国时代，鲜卑妇女服饰的特色是“小腰秀颈”，与华夏民族的上衣下裳、宽袍大袖、褒衣博带完全不同。

自战国至孝文帝时代，上下将近一千年，鲜卑族的服饰似乎并没有多大变化。孝文帝迁都洛阳后，诏令移风易俗，禁胡服，但是综观各类文献所载，这项政策似乎并不成功。先以官服来说，西晋以前，中原各王朝的官服，虽然有冠，但并没有沿，官服的长袍也不系腰带。而拓跋鲜卑早期是游牧民族，动作讲求速度与效率，建立北魏王朝后，鲜卑人的生活逐渐从游牧过渡到农业，鲜卑贵族虽然做了大官，但他们的动作却一如旧故，不像汉人官员那样沉稳，处处有为官的威严。于是，政府就在官员的帽子上做文章，依官职的大小，在官帽左右两侧各加上大小不等的“翅膀”，这样鲜卑族的官员就不得不放慢脚步而踱起官步来。

至于腰带，早在两汉时，鲜卑人就系腰带，所以有所谓“鲜卑郭洛带”。其实，所有北方草原游牧民族，由于生活的需求，必须随身携带小刀、箭袋、打火石、椀、长刀等，都系挂在腰带上。这个习惯一直保持着，所以北魏的官员都有腰带，但此时的腰带已转化成官员服饰上的一种表征。至于一般鲜卑妇女的小腰秀颈，无论从哪个角度看，都比宽袍大袖更能表现出女性的体态之美，爱美是人类的天性，女性尤其如此。要改服饰，比断北语还要难上十倍百倍。

尽管孝文帝下了禁胡服的命令，但是效果不佳。据《魏书》记载，有一次孝文帝到洛阳街上，见到妇女的服饰仍然是传统的样子，因此责备洛阳官员：“昨望见妇女之服，仍为夹领小袖。”可见禁胡服这件事是彻底失败。不但失败了，更进一步将汉人的服饰鲜卑化。宋朝沈括在其所著的《梦溪笔谈》一书中明确指出：

> 中国衣冠，自北齐以来，乃全用胡服，窄袖，绯绿短衣，长靿靴（靿音“姚”，即长筒靴），有蹀躞带，皆胡服也。窄

历史上的胡化运动

隋、唐、两宋的服饰，追本溯源就源于鲜卑。

其实服饰并非一成不变，早在战国时代，为了实际的需要，赵武灵王就胡化过一次，《史记·赵世家》就曾载："赵武灵王亦变俗胡服骑射。"

到了东汉时又有第二波的"胡化"运动。史载："灵帝（168—189年在位）好胡服、胡帐、胡床、胡坐、胡饭……京都贵戚皆竞为之。"（《后汉书·五行志》）

东汉灵帝好胡服，京都贵戚皆竞为之，所谓风行草偃，一般民众岂有不模仿的道理。可以想见，东汉中后期国都洛阳已是一片胡风。

袖便于骑射，短衣长靴，皆便于涉水，余使北时，曾见之。

另外，南宋儒者朱熹也进一步指出这些胡服就是鲜卑服："而今衣冠未得复古，且须辨得华夷，今上领衫袴，皆胡服，本朝（指南宋）因唐，唐因隋，隋因周（指鲜卑宇文氏的北周），周因元魏（即北魏）。"

三、改胡姓

鲜卑旧俗并无姓氏，关于这一点，记载南朝宋的《宋书·张畅传》有以下一段记载："（张）畅问虏使姓[①]，答曰，我是鲜卑，无姓氏。"

可见，鲜卑原无姓氏，后来部落渐多，就以部落为号，因而为姓。拓跋鲜卑的姓基本上就是部落名称，《魏书·序纪》虽称"统国三十六，大姓九十九"，但因为部落兼并严重，故《官氏志》中对所谓的大姓九十九已经无法解释，只能说："今举其可知者。"可见在北魏时，

① 当时南朝称北魏为索虏；北魏称南朝为岛夷。

对最初的部落详情已经不甚了解，连姓氏的源头也失去了线索。

鲜卑语属于阿尔泰语系，是多音节单声调的语言，因此无论部落名称或姓氏，基本上都是复音节，如拓跋、达奚、伊娄、车焜、慕容、宇文、纥骨、丘敦、万俟、乙旃、丘穆陵、步六孤等。

孝文帝太和二十年（496），孝文帝以身作则，将拓跋氏改成“元”，接着一步步几乎把所有鲜卑姓都改成汉姓。据《魏书·官氏志》所载，得宗族十姓、勋臣八姓、内入六十八姓、四方三十二姓，一共一百一十八姓，这与“统国三十六，大姓九十九”的一百三十五，还有十七姓之差。

《魏书·官氏志》对所改姓氏一一列举，如独孤氏改为刘氏，纥骨氏改为胡氏，丘穆陵氏改为穆氏，达奚氏改为奚氏，伊娄氏改为伊氏，丘敦氏改为丘氏，车焜氏改为车氏，步六孤氏改为陆氏等。孝文帝推行汉化的目的在于融鲜卑、汉人为一家，就这一方面而言，改胡姓确实能达到预期的效果。

鲜卑姓氏都是用汉字音译鲜卑语，如拓跋、步六孤、丘穆陵等，如强把慕容解释为“慕二仪之德，继三光之容”，把拓跋说成是“黄帝以土德王，北俗谓土为托，谓后为跋，故以为氏”，这只是统治者的穿凿附会，不足深信。所以，鲜卑族的姓，不可能从汉字的字面上去推敲其源头与含义。鲜卑人的姓，一听就知道不是汉人姓氏，这对消除民族隔阂相当不利，更谈不上促成民族融合了。

孝文帝之所以要推行汉化，目的就是要让鲜卑、汉人合为一家，如果姓氏不改，这个目的就达不到，所以必须改胡姓为汉姓，让世人无法从姓氏上分辨谁是鲜卑人、谁是汉人。因此，从鲜卑姓改为汉姓的计有元、胡、周、伊、丘、车、穆、陆、贺、刘、楼、于、稽、尉、连等一百多个姓。这些改姓后的鲜卑人后裔，到了隋、唐时期，都以中国人自居，所以在孝文帝的诸多汉化措施中，改鲜卑姓为汉姓这一项非常成功。

四、通婚姻

自古以来，婚姻就是联系家族、部落甚至国家的桥梁。北魏皇室从一开始就没有民族之见，皇帝的诸多后妃不是鲜卑族的比比皆是，如冯太后是鲜卑化汉人冯弘的孙女；孝文帝生母李氏也是汉人。因此，孝文帝深知，不同民族互通婚姻，对消除至少减缓民族隔阂具有积极的意义，孝文帝因此奖励鲜卑人与汉人互通婚姻。

魏晋时期，政府选拔人才的方法为“九品官人法”，即把人分为上、中、下三品，每品再分为上、中、下，共九品，层级森严，很难跨级交往，更谈不上互通婚姻，久而久之就形成所谓的“上品无寒门，下品无世族”。位居上品的世家大族在整个魏晋南北朝都无法动摇，他们在政治上享有绝对优越的地位，在社会上拥有崇高的声望，是文化传递的代表。这当中又以南方的王、谢、袁、萧四大姓为世族之首。南朝梁时，权臣侯景想娶王、谢这两家的女子为妻，请梁武帝前去说合，结果吃了闭门羹，梁武帝只好对侯景说：“王谢高门，可于朱陈以下求之。”可见门阀之见极其森严，即使以帝王之尊也难以跨越。

北魏统一北方时，北方的世家大族为范阳卢氏、清河崔氏、荥阳郑氏和太原王氏这四姓，另外，因赵郡李氏人口特别多，也列为高门，合称五姓。所谓北朝汉人“世之高华者，以五姓为首”[①]。北魏更进一步将高门分为四等郡姓，凡三世有三公的称膏粱；有令、仆的称华腴。有尚书、领、护以上者为甲姓；有九卿或方伯的为乙姓；有散骑常侍、大中大夫的为丙姓；有吏部正员郎的为丁姓。这四姓或五姓称为士族，在这士族

① 《资治通鉴·卷一〇四》。

北魏石刻画：屏榻、幛幔、交谈中的男女

之下为小姓，再往下是寒门。孝文帝还规定，以鲜卑人的穆氏、陆氏、贺氏、刘氏、楼氏、于氏、稽氏、尉氏、元氏、长孙这十姓为鲜卑高门，可以和汉人的四姓或五姓通婚。

孝文帝亲自下诏要六个皇弟聘娶汉族女子，这份诏书不仅是鲜卑、汉婚姻史上的大事，也是中国婚姻史上的大事。

六个皇弟中，除河南王元干所娶穆明乐之女为代北鲜卑贵族外，其他五人娶的都是汉族女子。北魏皇族如此，其他鲜卑贵族在风行草偃的情况下，也开始和汉人通婚，而在北方的高门士族汉人，为了维持既有地位，与鲜卑高门十姓进行婚嫁的必然更多。俗语说：上有好者，下必甚焉。汉人中的小姓与寒门和一般鲜卑平民乃至其他胡族如匈奴、高车、柔然、东胡等通婚的也一定不少。南北民族融合，在北魏孝文帝时代立下了一个里程碑。

以上断北语、禁胡服、改胡姓、通婚姻这四项，是孝文帝汉化措施最重要的四个部分，此外重儒术、求雅乐，在《魏书》列传及乐志中都有详细的记载。至于一般制度，孝文帝也力求合于中国古制。此外，孝文帝还有一项很重要的规定：鲜卑族人死后不得归葬代北。这看似一件小事，但是影响却很大，让许多鲜卑人从此就以洛阳为祖籍。例如唐代大诗人元稹（779—831）是北魏太武帝的十一世孙，也就是鲜卑人，只是一般文献都记载他是河南或河南洛阳人。孝文帝推行汉化，消除了民族之间的界线，成功地融合了中国胡汉民族，对后世影响甚远。

评“太和政制”

孝文帝汉化措施的主要着眼点是消除民族之见，促进民族融合，对后人产生了极大影响。

一、对中华民族的影响

鲜卑民族源于大兴安岭，当拓跋鲜卑进入中原农业地区后，生活方式自然要从游牧过渡到农业，文化模式也必须随生存空间条件而改变，孝文帝倡导汉化的原因就在于此。

虽然隋、唐之后不再出现以鲜卑为名的民族，但是鲜卑族的血液却遍布今天中国人的身体之内。从这个角度来看，鲜卑民族没有消失，而是活在你我之中。

二、迁都洛阳的影响

孝文帝迁都洛阳的影响可以分为以下几个方面：

（一）在政治上的影响

前面说过，在孝文帝迁都洛阳之前，洛阳这个历史悠久的名城已经饱经沧桑，历经战火的洗劫，破坏程度令人目不忍睹。孝文帝初抵洛阳时，目睹了洛阳的破败景象，不禁感慨万千地说："（西）晋德不修，早倾宗祀，荒毁至此，用伤朕怀。"有六七百年历史的洛阳破败至此，实在是中国历史文化的一大损失。

孝文帝决定迁都洛阳后，积极建设洛阳。修葺一新的洛阳城内除宫城、庙社、府曹外，更有民居三百二十三坊。孝文帝注重城市规划，把相同的行业集中一区营业，非常具有现代都市建设的观念。从古乐府《木兰辞》中"东市买骏马，西市买鞍鞯，南市买辔头，北市买长鞭"[①]来看，洛阳有很先进的都市规划，后来唐朝经营长安，就是吸取了北魏营建洛阳的经验。南朝人陈庆之亲身来到洛阳，目睹了洛阳的繁荣，大为惊叹，并向友人说："昨至洛阳，始知衣冠士族，并在中原，礼仪富盛，人物殷阜，目所不识，口不能传，所谓帝京翼翼，四方之则。"这与他之前的设想"自晋宋以来，号洛阳为荒土，此中谓长江以北，尽是夷狄"简直是天壤之别。

北魏迁都洛阳后，洛阳以其优越的地理位置，立刻成为北方的政治、经济、文化中心。北魏更在城南兴建四夷馆，用以接待世界各地来归顺、留学、经商的人。其中，从南朝来的住金陵馆；从高句丽、日本来的则住扶桑馆；从漠北各游牧部落、国家来的住燕然馆；从西域包括中亚来

① 经考证，花木兰极可能是北魏时的鲜卑女子，因此所居住的城市就是洛阳。

曹操哀洛阳

洛阳既然曾经是东汉、曹魏和西晋的京城，按理说应该有许多建筑宏伟、富丽堂皇的宫殿才是，何以孝文帝到洛阳时，竟然找不到一处可供居住的宫殿？原来，东汉晚年时，军阀董卓带兵进入洛阳，一把火把洛阳几乎烧成废墟。对此，曹操曾感慨地写下了这样的诗句："贼臣执国柄，杀主灭宇京；荡覆帝基业，宗庙以燔（同焚，就是烧）丧；播越西迁移，号泣而且行；瞻彼洛城郭，微子为哀伤。"

的住崦嵫馆；如果是长期居住的话，也依其方位集中居住在归正、归德、慕化、慕义四里。一向以"正统"自居的东晋及南朝宋、齐、梁、陈也不得不"羽仪服式，悉如魏法"。这为后来隋、唐的统治奠定了良好的基础，在政治上具有极为重大的意义。

孝文帝如果没有迁都洛阳，北魏的政治中心就不会在洛阳，也就不可能推行全面汉化。而北魏作为中国第一个由非汉人所建的正统王朝，与孝文帝的迁都、汉化有密不可分的关系，可见迁都洛阳对北魏而言有无可比拟的历史意义。

（二）在文化上的影响

中国文化到六朝时，可以说是由盛而衰。六朝文化一片颓废景象，如竹林七贤的落拓狂狷，而一般士大夫也以清谈玄学为时尚。在政治、民族意识上，抱持狭隘的"非我族类，其心必异"的观点，使原本能包、能容的中国文化蒙上阴影。北魏自孝文帝迁都洛阳后，推行全面汉化，从表面上看，似乎是鲜卑族的汉化，但是如果进一步观察，则又不尽然。以音乐、服饰为例，汉人也被鲜卑化了。北方自五胡十六国时代起，"胡乐"已经成为隋、唐后的"正声"。《隋书·乐志》里就明确指出："太常雅乐，并用胡乐。”唐承隋制，胡乐更盛，唐人李峤曾作《琵琶》称：“将军曾制曲，司马屡陪观。本是胡中乐，希君马上弹。”

唐代的典章制度为两宋所承袭，明代又遵宋制，所以可以想见，自隋、唐而至宋、明，所谓华夏之声，也就是鲜卑的胡声。至于语言，鲜卑语曾一度成为社会的主流语言，尽管孝文帝的汉化措施中有断北语一项，但是太和改制不过五年，孝文帝就在太和二十三年（499）驾崩。三十年后，北魏分裂为东、西魏，不久又蜕化为北齐、北周，这时鲜卑人进行反扑，多少汉人依附北周（或西魏）鲜卑贵族，因而被赐鲜卑姓，而北齐（或东魏）也有这种情形。

顾炎武在《日知录》中引《颜氏家训》：“（北）齐有一士大夫，尝谓吾曰：‘我有一儿，年纪十七，颇晓书疏，教其鲜卑语及弹琵琶，稍欲通解，以此伏事公卿，无不宠爱，亦要事也。’”

从这一段记载可以想见，北齐、北周时，鲜卑语又成为社会上的“主

宁懋石线画

1931年于河南洛阳市郊翟泉镇北邙山半坡出土。画的是宁懋青年、中年、老年三个时期的画像，顺序由右侧开始。每像都有一个侍姬为陪衬，是至今所知北魏唯一遗存的画像石

流语言”。史载东魏时，高欢治军都是用鲜卑语。我们有理由相信，后代汉语中，必然有若干鲜卑语汇，如《木兰辞》中的“扑朔”“迷离”，可能都是鲜卑语的汉字音译，时间一久就成为汉语语汇。孝文帝的汉化措施糅合了胡、汉文化，丰富了汉文化或中国文化的内涵。

（三）对民族的影响

中国文明诞生后，经过漫长的岁月，在春秋战国时代正是蓬勃发展时期，到两汉魏晋时，可以说已经进入成熟期，之后由五胡十六国及北魏统治中国北方，孝文帝推行汉化，不但延续了中国传统文明，更为中国文明注入新鲜血液，使中国文明在隋、唐时绽放出璀璨的光芒。中华民族在大唐盛世以宽广的心胸、开阔的步伐走上世界舞台，并且写下光荣的篇章，而这些其实都是基于孝文帝的汉化措施。孝文帝以及他所推行的汉化对中华民族的影响意义深远。

第八章

北魏的黄昏

太和二十三年（499），孝文帝在南征北返途中驾崩于谷塘原（今河南省南阳市淅川县北），年仅三十三岁。北魏孝文帝是一个有远见、有作为的帝王，所以他的庙号是只有开国君王才能享有的“高祖”。

在临终时，孝文帝以护军将军北海王元祥为司空、镇南将军王肃为尚书令、广阳王元嘉为左仆射、宋弁为吏部尚书，并令这四人与太尉元禧、尚书右仆射元澄六人为辅政大臣。接着，太子元恪在鲁阳（今河南省平顶山市鲁山县）即位，史称宣武帝，于次年（500）改元景明。

时逢南朝齐发生内讧，豫州刺史裴叔业从寿阳（今安徽省淮南市寿县）起兵反齐，并派子裴芬之出使北魏，洽谈投降北魏事宜。北魏派骠骑大将军元勰、车骑大将军王肃率步骑十万前往接应，并授裴叔业为都督豫、雍等五州诸军事、征南将军、豫州刺史。

南朝齐立刻派兵剿讨裴叔业，并另派卫萧懿为豫州刺史，北魏则以兵援裴叔业，于是景明元年（500）三月，双方陈兵对峙。从此，北魏与南朝齐连年作战。之后，南朝梁取代南朝齐，而北魏与南朝梁仍然处于战争之中。宣武帝正始二年（南朝梁武帝天监四年，公元505年），梁武帝大举北伐，北魏转攻为守，终宣武帝一朝，战事从未停止。

宣武帝延昌元年（512），宣武帝立三岁的儿子元诩为太子。延昌四年（515），宣武帝崩，年仅六岁的元诩嗣位，是为孝明帝。北魏历来有“立子杀母”的传统，但宣武帝废止了这个制度，因此孝明帝登上帝位后，由母亲胡太后辅政。从此，北魏朝政如江河日下，终至崩坏。

朝廷内乱

延昌三年（514），宣武帝以崔光为太子少傅。宣武帝驾崩后，崔光与将军于忠、中庶子侯刚等在东宫迎立太子，将要举行即位仪式时，与宣武帝高皇后同党的詹事王显企图拖延即位时间，说要次日再进行即位仪式，崔光严词驳斥说：“天位不可暂旷，何得至明！”王显又提出要奏明高皇后，崔光又厉声斥责说：“帝崩太子立，国之常典，何须中宫令也！”于是就与将军于忠一起拥立太子即位，是为孝明帝。

孝明帝即位时，宫内出现两股势力，一是孝明帝生母胡贵嫔，一是宣武帝高皇后。此时，高皇后之兄高肇正拥兵在外，高皇后见无法阻止孝明帝即位，就想加害胡贵嫔，崔光等人赶紧将胡贵嫔安置于别处。

但高肇仍握有重兵，朝廷为此深感不安。当时孝明帝年幼，不可能处理朝政，为安定政局，于忠等人请太保高阳王元雍入居西柏堂，省决朝政，又以任城王元澄为尚书令，奏请胡贵嫔敕授。王显与中常侍孙伏连又密谋矫诏，以高肇为尚书令，以王显与渤海公高猛为侍中。

于忠识破王显的阴谋，杀了王显，并以孝明帝的名义召高肇回朝，又与高阳王元雍密谋，派邢豹等设伏兵击杀了高肇，清除了外戚高氏的势力。之后，在这些大臣的决策下，孝明帝正式诏定朝官，封高阳王元雍为太傅、太尉、司空；清河王元怿为司徒、骠骑大将军；尊生母胡贵嫔为皇太妃。孝明帝熙平元年（516）三月，于忠等人逼高皇后（此时已封为太后）出家为尼，居瑶光寺。至此，政局才初步安定下来。

备受恩宠的胡贵嫔

胡贵嫔是司徒胡国珍之女，名充华。她的姑姑出家为尼，趁入宫为后妃宣讲佛法的机会，向宣武帝盛赞侄女充华不但貌美，而且贤淑，宣武帝因此召胡充华入宫，并立她为承华世妇，深得宣武帝宠爱。

宣武帝之前曾与其他嫔妃生下几个儿子，可是都夭折了，因此胡充华一怀孕后，就升为贵嫔。胡贵嫔一共生了三个儿子，长子即元诩，宣武帝特别选择乳母，养于别宫，不许皇后高氏与其他嫔妃探望，元诩这才得以幸存下来。延昌元年（512），三岁的元诩被立为太子，由于宠爱胡贵嫔，宣武帝虽立元诩为太子，却不忍心杀她，于是废除了“立子杀母”的传统。

清除高氏的势力后，于忠自恃有“安社稷之功”，开始横行跋扈，强迫辅政的清河王元怿、太尉元雍奏封他为车骑大将军、常山郡开国公，从此干预朝政，渐渐引起汉人士族的不满。

汉人士族以出身河东的裴植为首。裴植是南朝齐豫州刺史裴叔业之侄，裴叔业反齐降魏后不久就死了，而裴植以寿春（今安徽省寿县）降于北魏，宣武帝任命他为平东将军、扬州大中正。裴植自认为是河东望族，因而不满官位远低于当初北魏派来接受他们投降的王肃。后来，裴植升为尚书，立刻“志气矫（同骄）满”，常对人说：“非我须尚书，尚书亦须我”。裴植心目中鄙视武人，对于蛮帅出身的田益宗更为不屑，曾上表诋毁说“言华夷异类，不应在百世衣冠之上”。意思就是异族（非汉人）的官位不可在世家大族之上。出身鲜卑万纽于氏的于忠认为他在指桑骂槐，双方嫌隙日渐扩大。

高氏一门

北魏孝文帝、宣武帝都曾纳同门高氏为妃。据文献记载，高氏一族是渤海蓨县（今河北省衡水市景县）人，在西晋永嘉之乱时举家逃往高丽。北魏建立后，高氏投附孝文帝。在冯太后的引见下，孝文帝立高照容为贵人，生宣武帝。后宣武帝被立为太子，不久后，高贵人就在宫中暴毙，当时人皆传言是孝文帝冯皇后所杀。不管真相如何，冯太后仍待宣武帝如己出，疼爱有加。

宣武帝即位后，纳高贵人的侄女高英为妃，后来封后。高皇后忌妒心很强，容不下宫中其他嫔妃，若有嫔妃生子，总是千方百计要将之害死，因此元诩出生后，宣武帝才要以别居照顾。

高皇后的兄弟都被重用而居高位，兄高肇受封平原郡公、迁尚书令，弟高澄为城郡公，侄子也被封为渤海郡公。高氏一门三公，对北魏朝政有极大影响力，史载高肇“肇既当衡轴，每事任己，本无学识，动违礼度，好改先朝旧制，出情妄作，减削封秩，抑黜勋人，由是怨声盈路矣！”延昌初年，高肇更被举为司徒、征蜀将军，集军、政大权于一身。

在朝中，和裴植有交情的郭祚、韦俊等人都是出身汉人士族，郭祚是太原望族，韦俊则是杜陵（今陕西省西安市东南）世家。宣武帝延昌四年（515）六月，裴植、郭祚力劝高阳王元雍派于忠出征。于忠知道后勃然大怒，开始运用各种手段诬陷裴植等人。同年八月，裴植、郭祚、韦俊被赐死，高阳王元雍也被革职。

高阳王元雍被革职后，于忠等人想拥胡太妃临朝听政，于是他们改尊胡太妃为太后，然后以元怿为太傅兼领太尉，广平王元怀为司徒，任城王元澄为司空，于忠为尚书令，崔光为车骑大将军。一切布置妥当后，就演出了一场群臣奏请胡太后临朝称制的戏。在于忠的心目中，胡太后不过是个弱女子，易于操控。然而，他错看了胡太后，她虽是一介女流，但绝不是任人摆布、毫无主见的棋子。被于忠等人“请”出来后，胡太后第一件事就是杀了长时间令她胆战心惊的高太后，接着，胡太后一步步走上了专权之路。

胡太后临朝

宣武帝过世之际，北魏政局已经呈现不稳迹象。宣武帝延昌四年（515）六月，冀州（今河北省衡水市冀州区）爆发以沙门（即佛教出家人）法庆为首的叛乱事件，渤海（今河北省沧州市南皮县北）士族李归伯也加入其中，一时之间聚集五万多人。法庆自号“大乘”，以李归伯为十位菩萨、平魔军司、定汉王，口号为“新佛出世，去除众魔”。叛乱队伍攻杀皂城（今址不详）令，又破渤海郡，沿途攻杀地方官吏，冀州刺史萧宝寅派长史崔伯麟率兵前往镇压，被叛军所杀。七月，朝廷再派征北大将军元遥率军前往征讨，到了九月才压制住叛军。元遥斩杀了以法庆为首的一百多人，但是叛乱队伍并没有完全消灭，到了孝明帝熙平二年（517），这支叛军又重新集结，攻入瀛洲（今河北省河间市），最后被刺史宇文福镇压。

在朝廷方面，于忠因杀裴植、郭祚、韦俊等人而激怒了汉人士族，许多人纷纷上奏弹劾于忠，胡太后多方维护，更加深了汉人士族与鲜卑勋旧的对立。此外，胡太后重用宦官刘腾，拜他为侍中、右光禄大夫。刘腾得势后，欺压百官，形成另一股势力，胡太后就在这三股势力中求取平衡，以巩固自己及孝明帝的政治地位，但也因此而加深了朝中各种力量的对立，终于引发了一场政治风暴。

孝明帝神龟二年（519），士族张彝之子张仲瑀上书“求铨削选格，排抑武人，不使豫清品”。此论一出，一片哗然，“于是喧谤盈路，立榜大巷，克期会集，图害其家”。二月，羽林、虎贲近千人包围了尚书省，要求交出张仲瑀之兄左民郎中张均始。抗争不成后，便用瓦石砸尚书省大门，朝廷上下居然畏惧不敢禁止，于是这些士兵明火执仗，直奔张彝府第，任意破坏，最后放火焚烧张宅，并把张均始丢到火里活活烧死。这场动乱被六镇派到洛阳递送公文的小兵高欢看见，深知北魏离灭亡的时日不远了，于是他立下志向，决定利用这一形势成就一番大事业。

事件发生后，举国震惊。胡太后迫于无奈，只好将虎贲、羽林带头闹事的八个人处斩，但几天之后又下令大赦，并规定武人也可依资入选，以此来讨好武人。

北魏自建国之初，柔然就始终是最大的威胁，所以北魏一开始就在北边设立各军镇，这些镇将位高权重，而且几乎都由鲜卑人出任，即使有汉人，也一定是“中原强宗子弟”。能在北边担任镇将，出则为镇戍兵，入则在朝廷位居高官，所以无论鲜卑人还是汉人都很乐于去远方边镇。但是自孝文帝迁都洛阳后，北魏对柔然的威胁感受不再那么深刻，久而久之甚至忘了还有边镇兵将这回事。再加上全面汉化后，文人逐渐抬头，更刻意贬抑武人，所以六镇兵将既无出路，又要苦守荒凉的边疆地区，心中不满可想而知，终在日后酿成使北魏分裂的六镇之乱和关陇起义。

胡太后临朝称制以来，就是利用北魏国内的这几项矛盾，加以操控使之平衡。之后，她自认为地位已经稳固，于是开始恣意妄为。胡太后以孝明帝叔父清河王元怿为太尉。据《魏书》记载，元怿“幼而敏惠，美姿貌”，显然是个美男子，当时才三十岁，和胡太后年龄相仿，且元怿“素有才能，辅政多所匡益，好文学，礼敬士人，时望甚重”。久而久之，两人有了不正当关系，这让胡太后对元怿更是宠信有加。

当时的侍中元叉为胡太后的妹夫，他“兼总禁兵，恃宠骄姿，志欲无极”。胡太后宠信元怿，让他日渐不满，于是元叉找到了宦官刘腾。刘腾虽为宦官，且已官拜卫将军，但仍一心想出任郡守，都被元怿裁抑，自然也对元怿不满，因此和元叉合作，想要除掉元怿。于是两人买通直郎（官名）宋维，出面诬告“司染都尉[1]韩文殊父子谋作乱立元怿”。宋维原是由元怿举荐，但元叉施以小恩小惠就收买了他。于是元怿被拘禁，几经查问，确认元怿并无反状才得以释放。元叉和刘腾一见事败，怕元怿反噬，于是又买通宦官胡定，指使胡定向孝明帝自首说：“怿货定使毒魏主，若己得为帝，许定以富贵。”孝明帝年幼，相信了胡定的话，立即幽禁元怿，接着就把他杀了。元叉和刘腾又进一步假传胡太后诏旨，说太后有病，无法理政，要还政于孝明帝，就这样将胡太后幽禁在宣光殿，紧闭宫门，严加防守，连孝明帝也无法觐见。

元怿为人宽厚，故“时望甚重”，他的死讯传出后，“朝野贵贱，知与不知，含悲丧气，惊振远近，胡夷在京者，为之剺面哀哭者数百人”。相州（今河北省邯郸市临漳西南）刺史中山文庄王元熙和元怿素有深交，惊闻元怿被杀、胡太后被幽禁的消息后，便联合其弟给事黄门侍郎元略、司徒祭酒元纂在邺城起兵，向朝廷上表请诛元叉、刘腾，结果兵败，元熙、元纂被杀，元略奔降南朝梁，梁封元略为中山王。

这时的北魏宫廷可说是一片混乱，元叉把持朝政，但又没有才能，“耽于酒色，与夺任情”。一些人为了巴结元叉，“轻薄趋势之徒，以酒色

---

① 官名，可能是掌管染整布料的官。

事之，姑姊妇女，朋淫无别，政事怠惰，纲纪不举，州镇守宰，多非其人，于是天下造乱矣”。[1]

六镇之乱

朝廷内一片乱象，而北方六镇兵将早已不满，终于激起六镇之乱。各族人民纷纷揭竿而起，以致全国一片混乱。

孝明帝正光五年（524）三月，沃野镇人破六韩（匈奴姓）拔陵因与高阙镇（在沃野西北。两镇都在今河套一带，沃野在东，高阙在西）戍主失和，于是杀了戍主，然后举兵造反，建元真王。叛军很快就攻下沃野，接着向东北挺进，围攻武川、怀朔两镇。怀朔镇将杨钧命部将贺拔度和其三个儿子贺拔允、贺拔胜、贺拔岳率兵应战。元叉命临淮王元彧为征讨大都督，率军北上讨伐破六韩拔陵。元彧大军屯于云中。

这年四月，高平镇（今甘肃省平凉市泾川县南原中部）胡琛自称高平王，起兵响应破六韩拔陵，被镇将卢祖迁打败，胡琛就率所部北上，与破六韩拔陵所部合军，破六韩拔陵立即攻下怀朔、武川二镇。五月，元彧和破六韩拔陵交战，元彧战败，另一支由李叔仁所率领的北魏讨伐军也败于白道（在武川南方，约今内蒙古自治区呼和浩特市北）。北魏遂改派李崇为征讨大都督，率广阳王元深、抚军将军崔暹再次进讨，崔暹一部又败于白道，叛军攻李崇，北魏军退守云中。

六月，莫折大提在秦州（今甘肃省天水市）也发动乱事。秦州刺史

① 《魏书·道武七王传》。

李彦苛政虐民，早已引起人民怨怒，于是州民薛珍、杜庆、杜迁等擒杀李彦，聚集州民反抗，共推莫折大提为首领。莫折大提自称秦王，击溃前来讨剿的北魏大将元志、郝连略、高元荣等，攻占高平。这下六镇全部落入镇民之手。

南秦州（治所在洛谷城，今甘肃陇南市西和县南）人张长命、韩祖香等杀刺史崔游，举兵响应莫折大提。不久莫折大提病死，由四子莫折念生统领叛军，更进一步自称天子，建元天建，设置百官，封诸兄弟为王。北魏派元修为西道行台，都督诸军前往剿讨，莫折念生命其弟莫折天生引兵东进，在龙口（今陕西省宝鸡市陇县）迎击魏将元志，元志不敌，退守岐州（今陕西省宝鸡市凤翔县）。这年十一月，莫折天生攻下岐州，斩杀元志及岐州刺史裴芬之。与此同时，莫折念生另一支由胡十率领的部队也攻下泾州、凉州等地。元修因患风疾，无法督战，北魏又改派齐

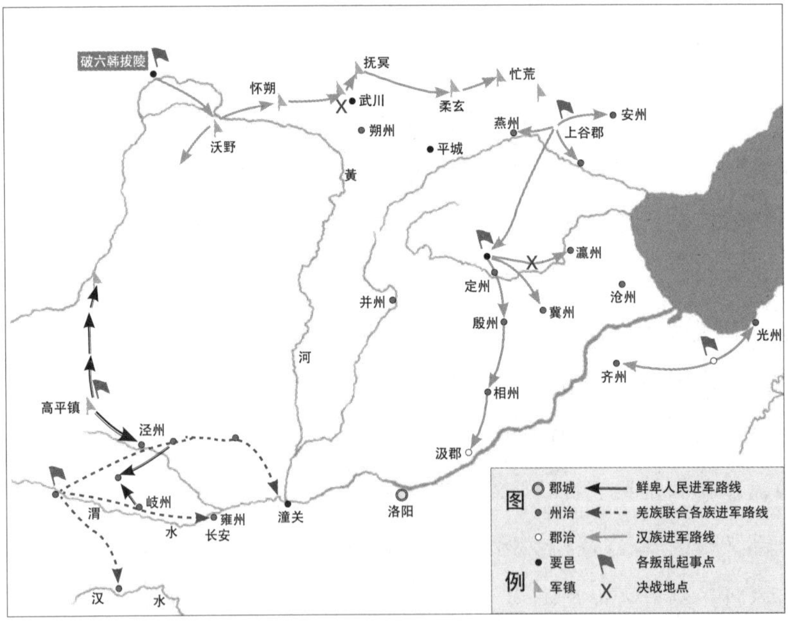

北魏末六镇及各地叛乱略图

王萧宝寅继任西道行台、大都督，率征西将军崔延伯前往剿讨。

孝明帝孝昌元年（525）正月，萧宝寅亲率五万大军与莫折念生在马嵬（今陕西省兴平市）决战，萧宝寅得胜，叛军被杀及被俘十万多人，莫折念生只得退守。叛军的吕伯度又率所部降于北魏，萧宝寅联合吐谷浑军进袭在凉州的叛军，终于克复凉州。就在此时，南秦州叛军首领韩祖香被北魏东益州（今陕西省略阳县）刺史魏子建斩杀，张长命所部也投降萧宝寅，北魏暂时占了上风。

这年四月，高平镇胡琛所率的叛军向关陇进逼，胡琛部将万俟丑奴和宿勤明达向泾州前进，打败萧宝寅、崔延伯所统率的大军，赢得空前大胜，萧宝寅退守保安（今甘肃省泾川县北）。次年（526），胡琛因打了胜仗而骄傲，对破六韩拔陵不再恭顺，被破六韩拔陵斩杀，部队改由万俟丑奴统领。孝昌三年（527）正月，万俟丑奴再挫萧宝寅，莫折念生趁势向东反攻，先后攻下东秦州、岐州、豳（音“宾”）州（今甘肃省庆阳市宁县）、北华州（今陕西省延安市黄陵县西南），并乘胜进攻雍州（今陕西省西安市），震惊洛阳。三月，孝明帝下令中外戒严，更声称要御驾亲征。这时北魏一方面固守潼关，另一方面派间谍渗入叛军内部，分化、收买叛军将领，这一招果然见效。九月，莫折念生被部将常山王杜粲斩杀，杜粲随后降于萧宝寅。莫折念生死后，部众归并万俟丑奴指挥。

北魏方面，因为萧宝寅统军以来成绩有限，孝明帝开始对他有所猜疑，便派中尉郦道元到军中督战。郦道元向来有酷吏之名，萧宝寅心想朝廷既已怀疑自己的忠贞，干脆一不做二不休，杀了郦道元，自称齐帝，建元隆绪，举兵反魏，命部将郭子恢进据潼关。孝明帝立即派尚书仆射长孙稚率兵讨伐萧宝寅，长孙稚率军北渡黄河，进入河东，不久就攻下潼关，郭子恢引兵西撤。这时萧宝寅的部将侯终德眼看长孙稚大军逼近，非自己所能抵挡，于是反戈相向，萧宝寅进退不得，在狼狈不堪的情况下，只有向叛军万俟丑奴投降，于是关中一带全落入叛军手中。

孝庄帝永安元年（528）七月，万俟丑奴自称天子，设置百官，建元神兽，关陇叛军声势迈向鼎盛时期。

此时，元叉把持朝政后专横跋扈、奢侈浮靡、政风败坏，直到引起六镇反叛，他才想通过重用武将来扭转局势，然而武人既已被贬抑在前，岂是一时重用所能奏效？因此局势愈来愈混乱。元叉执政期间，“生杀之柄，不由陛下，赏罚之诏，一出于叉，名藩重地，皆其宗党，京官要任，必其心腹”，和元叉沆瀣一气的刘腾更是“凶徒奸党，迭相树置，高官厚禄，任情自取”，他们二人掌权期间滥杀忠良，《魏书》称“普天丧气，匝地愤伤”。

孝明帝正光六年（525），司空刘腾去世，元叉失去帮手，对囚禁中的胡太后的防护松懈下来。就在这年二月，元叉外出，孝明帝趁机拜见胡太后，母子设计夺权方案。先由胡太后假称无意眷恋红尘，要落发为尼，

北魏七连铜佛

河南博物院藏品

骗过元义，接着，孝明帝又与丞相元雍设计解除元义的兵权，不久将元义贬为平民，同时清除元义一党。胡太后终于重新夺回政权，重操大政，将元义及其弟赐死。

也是在同年春天，北魏眼见一时无法平定破六韩拔陵的六镇之乱，决定联合柔然，南北夹击六镇大军。所以就遣使携带礼物去见柔然可汗郁久闾阿那瑰，要求柔然出兵南下剿讨破六韩拔陵。阿那瑰率兵十万，从武川镇出发，向西进逼沃野。六镇大军作战不利，这时北魏也派元琛率军从旧都平城出发，挺进怀朔。破六韩拔陵把元琛包围在五原，另外又派一支部队包围云中，云中刺史费穆孤立无援，只好弃城南奔秀容（今山西省朔州市西北），依附秀容部酋长尔朱荣。元琛一见苗头不对，为了保存实力，就和贺拔胜突围向东撤走，破六韩拔陵这才有了喘息的空间。

元琛东撤后，盱衡实力，担心正面交锋力有未逮，于是听从部属于谨的建议，采用反间分化之计。破六韩拔陵部下乜（音“咩”）列因此率三万人向元琛投降，而元琛也趁机设伏兵袭击破六韩拔陵，获得大胜。破六韩拔陵率所部渡河向南而逃，被元琛截获二十多万六镇镇民。

次年九月， 破六韩拔陵遣费律到高平，诱杀高平镇胡琛后便不知所终。此后，六镇之乱算是大致平定了，对于所截获的二十多万六镇镇民，北魏朝廷派杨昱将这些人安置在定（今河北省定州市）、冀、瀛（今河北省河间市）三州。

六镇之乱虽告平定，北魏还是不得安宁。孝明帝孝昌二年（526）四月，又有怀朔镇（当时已改为朔州）鲜卑化的高车人鲜于阿胡、鲜卑人厍（音“设”）狄丰洛重新聚集镇民揭竿而起，而且曾一度攻下平城，但之后又不见于载记。

除了六镇起义、关陇叛变外，另有河北、山东各地的叛变事件，北魏这时已是日薄西山，败象毕露了。

尔朱荣叛乱

北魏中后期，乱象频起，胡太后复出后，局势更是火上浇油，一发不可收拾。胡太后笃信佛教，大兴寺庙，而此时北魏财政原已捉襟见肘，又经如此浪费，简直是雪上加霜，窘境可想而知。

孝明帝和胡太后虽合作夺回政权，但孝明帝年事渐长后，和胡太后日渐不合，母子之间嫌隙加深，中书舍人郑俨、徐纥又趁机离间，以致母子关系形同水火。为独揽君权，孝明帝密诏让车骑将军尔朱荣率兵前来国都洛阳，欲胁迫胡太后让权。但此事被郑俨、徐纥二人得知，急忙向胡太后告密。胡太后于是在孝明帝武泰元年（528）联合郑俨、徐纥，杀了孝明帝。孝明帝死时才十九岁，庙号肃宗，陵号定陵。

在北魏烽烟四起、兵荒马乱之际，尔朱荣出场了。尔朱氏是契胡的一支，尔朱荣的历代先人都是部落酋长。史载尔朱荣自幼聪明黠慧、神机明决、好射猎，有军事才能。尔朱荣袭位后，看准机会召集义勇，散出家财募集有志之士，形成一股势力。不久，尔朱荣奉北魏朝廷之命，平定并州一带胡族的叛乱。孝明帝孝昌二年（526），西部高车人斛律洛阳、费也头在桑干（今山西省朔州市山阴县）西举兵反叛，尔朱荣又出兵平乱，以功授以平北将军、北道都督。不久后，尔朱荣凭一己之力，驱逐肆州刺史尉庆宾，并吞肆州的土地和人民。此时北魏慑于尔朱荣的实力，只得默许，晋升他为镇北将军。

孝昌二年（526）十一月，杜洛周在河北高举叛旗，攻克幽州；孝昌三年（527），葛荣领导的叛军也攻下殷州（今河北省承德市隆化县）、冀州，河北为之震动。尔朱荣上表朝廷，请求出兵平乱。朝廷在无可奈何的情况下，命尔朱荣率兵前往镇压，并拜尔朱荣为征东将军、右卫将军、假车骑将军、并肆汾广恒云六州都督。孝明帝武泰元年（528）二月，杜洛周攻下定、瀛二州后，反被葛荣所杀，葛荣兼并杜洛周部众，杜洛周的部属高欢、段荣等率部投奔尔朱荣，至此尔朱荣实力大增，如虎添翼，形成一股不可忽视的力量。

高欢雄才大略，且有勇有谋，投入尔朱荣麾下后，很受尔朱荣重用。高欢劝尔朱荣趁眼下大乱，先问鼎洛阳，再图天下。尔朱荣深以为然，于是上书朝廷，请求准许他率兵南下相州（今河北省临漳县西南邺镇）。胡太后恐尔朱荣不怀好意，拒不接受。就在此时，孝明帝以密诏让尔朱荣进京，想以尔朱荣之兵胁迫胡太后交出政权，这下正中尔朱荣下怀。尔朱荣立即以高欢为前锋率兵南下，高欢所部刚到上党，孝明帝又下诏让尔朱荣停止南下，尔朱荣只好屯驻上党。就在这时，胡太后与郑俨、徐纥合谋害死孝明帝，挑选临洮王三岁的儿子元钊为帝，由胡太后临朝听政。

在上党等候的尔朱荣日久生烦，便与并州刺史元天穆密议，率兵南下洛阳。胡太后慌忙派尔朱荣的堂弟尔朱世隆北上劝说尔朱荣不要南下。尔朱荣原想把尔朱世隆留下共商大计，但尔朱世隆却说："朝廷疑见，故遣世隆来此，若留世隆不返，更使朝廷有所防备。"于是尔朱世隆就返回洛阳。尔朱荣又与元天穆商量立元子攸为新帝，于是派从子尔朱天光及亲信奚毅潜入洛阳，请尔朱世隆向元子攸表达要立他为帝之意，元子攸同意了。随即，尔朱荣发布反胡太后的"宣言"，起兵南下，尔朱世隆则趁机逃出洛阳与尔朱荣会合。

胡太后见情况不妙，立即命黄门侍郎李神轨为大都督，率兵前往抵挡，

尔朱氏的崛起

尔朱氏是东胡的一支，但不确定是鲜卑人还是乌桓人。尔朱氏一直都是部落首领，尔朱荣的高祖尔朱羽健和北魏道武帝为同时代人，道武帝经略中原时，尔朱羽健率所部一千七百人随同道武帝从征晋阳，因有战功而拜为散骑常侍。尔朱荣的祖父尔朱代勤，以外甥女嫁太武帝成为皇后，尔朱一门更为显赫，尔朱代勤官拜宁南将军、肆州（今山西省代县）刺史，死后又追赠为镇南将军、并州刺史。到尔朱荣的父亲尔朱新兴时，尔朱家族更为富有，“牛羊驼马，色别为群”（《魏书·尔朱荣传》），遇到朝廷有征战需要时，尔朱氏都会贡献牛马以供军需，尔朱新兴也官至散骑常侍、平北将军、秀容川第一领民酋长，死后由子尔朱荣袭爵为直寝游击将军。

李神轨派兵守河桥（今河南省孟津县）、小平津（今孟津县北），以阻止尔朱荣大军。但尔朱荣所部很快就进入河内，元子攸与兄彭城王元劭、弟霸城王元子正从洛阳暗渡，和尔朱荣会于河阴（今河南省孟州市西南）。尔朱荣就在河阴正式立元子攸为帝，史称孝庄帝。元子攸以尔朱荣为大将军、尚书令、太原王，以元劭为无上王，元子正为始平王。接着，尔朱荣集结大军，准备攻向洛阳。

镇守河桥的郑先护与孝庄帝私交极好，见尔朱荣大军前来，便放他们进城，而镇守小平津的费穆见大军压境，也只能率众降于尔朱荣。徐纥、郑俨一见大势已去，各自逃命，百官一见群龙无首，也就顺势迎孝庄帝入河桥。随后，尔朱荣找到胡太后和三岁的元钊，将胡太后及小皇帝沉于黄河。

隔天，尔朱荣率洛阳城内文武百官到河桥迎接孝庄帝，并以报孝明帝之仇为名，下令众兵将进行大屠杀，于是包括丞相高阳王元雍、司空元钦等大小官员两三千人无一幸免。紧接着，尔朱荣又派兵进入孝庄帝行宫，杀无上王元劭、始平王元子正，然后把孝庄帝带到自己身边，以便就近看管。

孝庄帝从此形同囚犯，心里忧愤莫名，于是派人对尔朱荣说："帝王迭兴，盛衰无常。今四方瓦解，将军奋袂而起，前无横陈，此乃天意，非人力可为。我本相投，规存性命，帝王重位，岂敢妄希，直是将军见逼权顺所请耳。今皇运已移，天命所在，宜时正尊号，将军必若推而不居，存魏社稷，亦任更择亲贤，共相辅戴。"[①] 孝庄帝不想要这个皇位了。

高欢力劝尔朱荣称帝，尔朱荣犹豫不决。就在这时，大将贺拔岳则另有看法，他向尔朱荣进言："将军首举义兵，志除奸逆，大勋未立遽有此谋（指称帝），正可速（招来之意）祸，未见其福。"

尔朱荣考虑再三，最后仍以孝庄帝为帝，北魏的国祚也因而再苟延残喘了一些时日。

另外，胡太后的余党徐纥逃出洛阳后，先奔兖州（今山东省兖州市），后来又与其弟北海太守徐献伯、青州长史徐季产等携带家眷逃到泰山。郑俨也逃回老家荥阳，后来与堂兄荥阳太守郑仲明策划以荥阳为基地，起兵反抗尔朱荣，但被部下所杀。胡太后一系的北魏残余力量至此被彻底消灭了。

尔朱荣率兵在洛阳大肆屠杀后，不敢进驻洛阳，想迁都晋阳。他还在考虑时，武卫将军讯礼就力劝他进驻洛阳。尔朱荣这才决定奉孝庄帝入城。先前，尔朱荣的部队在洛阳城内奸淫掳掠，洛阳人心有余悸，当

① 《魏书·尔朱荣传》。

尔朱荣与元天穆之议

尔朱荣说："皇帝晏驾，春秋十九。海内士庶，犹曰幼君，况今奉未言之儿以临天下，而望升平，其可得乎？吾世荷国恩，不能坐看成败，今欲以铁马五千，赴哀山陵，兼问侍臣帝崩之由，君竟谓如何？"

元天穆说："明公世跨并、肆，雄才杰出，部落之民，控弦一万，若能行废立之事，尹、霍复见于今日。"（〔北魏〕杨衒之著《洛阳伽蓝记·卷一》）

时更谣传尔朱荣将迁都晋阳，会在临走前大掠洛阳，于是洛阳"人情骇震，京邑士子，十无一存，率皆逃窜，无敢出者，直卫空虚，官守废旷"[①]，形同一座死城。

为了安定民心，尔朱荣下诏大赦，诏令"从太原王督将军士，晋加五阶，在京文官两阶，武官三级，除天下租税三年"。更要孝庄帝追赠之前被杀的无上王元劭为皇帝，其余在河桥被杀的几千名文武官员，其中诸王刺史追赠三司，任三品官的追赠令仆，五品官的追赠方伯，七品以下及布衣赠以镇郡，如果死者无后的，准许自行找人继承；此外又大封百官，以江阳王元继为骠骑大将军、开府仪同三司，北海王元颢为太傅、平东将军。这样一来，洛阳总算初步安定下来。

为进一步掌控孝庄帝，尔朱荣硬把已嫁给孝明帝为嫔妃的女儿再嫁给孝庄帝为皇后。尔朱荣因此又进位为柱国大将军、兼录尚书令，以元天穆为京畿大都督镇守洛阳，此外更任命许多心腹为朝廷命官。完成这些部署后，尔朱荣才率部返回晋阳，从此在晋阳遥控北魏朝廷。

① 《魏书·孝庄纪》。

北朝时期的神兽纹铜镜

尔朱荣虽然控制了北魏朝廷，但他毕竟只是地方军阀出身，没有统筹全国的经验，因此，东部、南部各州郡对尔朱荣深不以为然。尤其是河桥大屠杀后，尔朱荣在他们眼里更是“胡性未改”，根本不愿意和尔朱荣合作，也不听北魏朝廷之命。再加上自动乱以来，北魏对南朝梁的防务几近全面崩解，于是郢州（今湖北省钟祥市）刺史元显、汝南王元悦、临淮王元彧、北青州刺史元世俊、南荆州刺史李志等都举州降于南朝梁。关陇起义的万俟丑奴问题还没解决，北部葛荣所领导的河北叛军又一步步进逼洛阳，而且北魏派去剿讨葛荣的北海王元颢也率军降于南朝梁，梁武帝更资助元颢另立朝廷。此时山东的邢杲也揭竿而起，洛阳、晋阳腹背受敌，令尔朱荣焦头烂额。

孝庄帝永安二年（529）四月，尔朱荣逐渐平定河北、关陇、山东各地的叛乱。但趁尔朱荣忙于剿讨山东邢杲之乱，北魏东南部防卫不足之时，在南朝梁支持下的元颢于睢阳（今河南省商丘市）称帝，建元孝基，并攻占附近若干郡县。元天穆在平定山东邢杲之乱后，立即挥军进剿元颢，双方在荥阳会战，元天穆大败，元颢与南朝梁大将陈庆之乘胜西攻洛阳。孝庄帝一见形势不对，立即单骑逃往河内（今河南省沁阳市），于是元

北朝时期的子母马金牌饰

内蒙古乌兰察布市察右前旗出土

颢攻下洛阳，改元建武，紧接着又占领了北魏三十几座城池，夺得黄河以南大部分州郡县。尔朱荣闻讯，立即派人把孝庄帝接来，同时调集军队，准备南下，“旬日之间，兵马大集，资粮器仗，继踵而至”，不久尔朱荣就亲率大军南下。

元颢攻下洛阳后，便与临淮王元彧商量脱离南朝梁，于是一方面上书梁武帝，要求南朝梁停止派大军北上进入洛阳，另一方面又想利用南朝梁陈庆之的部队抵抗尔朱荣。而南朝梁当初之所以接受元彧投降，目的就是要借他之力消灭北魏，进而统一中国，岂肯让元颢安稳坐上皇帝的宝座？于是陈庆之与部属策划，趁元颢防备松懈时攻击元颢。

此时尔朱荣的大军已渡过黄河，而且势如破竹。元颢见大势已去，率左右百余骑向南而逃，梁将陈庆之也趁混乱之际率步骑数千向东而奔。尔朱荣沿途克复各州郡，元颢逃到临颍（今河南省漯河市临颍县）时，被临颍县率[1]江丰抓住斩首，临淮王元彧则降于尔朱荣。陈庆之在东奔途中且战且走，部属伤亡殆尽，几经辗转，总算回到南朝梁的国都建康。

① 率，官名。领千人为将；领万人为率。

北朝青釉彩绘骑马俑

元颢之乱至此彻底解决。

洛阳收复后，孝庄帝重回洛阳，拜尔朱荣为天柱大将军，尔朱荣在洛阳又做了一番部署后，再度率军返回晋阳，但对洛阳的控制从未放松，史称："身虽居外，恒遥制朝廷，广布亲戚，列为右一，伺察动静，大小必知。"朝中大小事情，都得由他裁定。尔朱荣曾保举一批北方人出任河南各州太守，孝庄帝不准，尔朱荣得知后大怒："天子由谁立，今乃不用我语。"就连尔朱皇后也公然干预朝政，对孝庄帝说："天子由我家置立，今便如此，我父本即自作，今亦复决。"尔朱一族的嚣张跋扈使孝庄帝难以忍受，曾抱怨说："朕宁做高贵乡公死，不做汉献帝生。"[1]高贵乡公指的是曹魏末代君主曹髦，他不甘心受司马昭的摆布，率童仆

① 〔北魏〕杨衒之，范祥雍校注本，《洛阳伽蓝记》。

几百人来到司马昭府邸，后来被杀死；相较之下，东汉献帝则宁可受曹操掌控，只求苟且偷生。

形同傀儡的孝庄帝立志要夺回政权，于是与身边几个有姻亲关系的大臣如侍中李彧、城阳王元徽等商量除去尔朱荣。恰好尔朱皇后即将分娩，便借机诈称皇后产下太子，尔朱荣一知道消息就想要入朝庆贺，虽然妻子北乡公主极力阻止，他还是带了四五千名警卫骑兵从并州南下洛阳。此时，和尔朱荣同党的元天穆在并州手握重兵，所以孝庄帝先下诏召元天穆进京，同时极尽阿谀奉承尔朱荣之能事，以松懈他的戒心。一待元天穆回到洛阳后，孝庄帝便在明光殿设宴招待尔朱荣和元天穆，命杨侃等十人埋伏在殿东准备击杀二人，但是尔朱荣、元天穆坐下没多久就起身离开，致使暗杀计划失败。后来，孝庄帝再度安排让尔朱荣、元天穆二人入朝，并亲自在身上带刀，这次终于在明光殿扑杀二人，同时被杀的还有尔朱荣的儿子尔朱菩提、尔朱阳睹等三十多人。

尔朱荣被杀后，孝庄帝立即下诏大赦天下，同时动员军队，以防备晋阳部队南下复仇。尔朱荣之妻北乡公主一得知尔朱荣死讯，立刻命部属烧毁西阳门，屯军河阴，部下大将贺拔胜怕孝庄帝早有防备，只好降于孝庄帝，以留在洛阳。

尔朱荣虽死，尔朱氏仍然雄踞北方，在尔朱兆的率领下，尔朱军队终究还是攻进洛阳，生擒孝庄帝，并把孝庄帝带回晋阳。永安三年（530），孝庄帝在三级佛寺被杀，年仅二十四岁。孝庄帝被杀后，尔朱兆扶立长广王元晔即位，在位仅三个月就被废黜，最后尔朱氏多方寻觅，立广陵王元恭为帝，是为节闵帝，建元普泰，时为公元531年。

高欢与宇文泰崛起

节闵帝登基后，朝政仍由尔朱氏把持，但高欢凭借过人的智慧和手腕，渐占上风，他另立渤海太守元朗为帝，称安定王，改普泰元年为中兴元年（531）。次年（532），安定王以高欢为丞相、柱国大将军、太师，高欢权倾天下，俨然成为第二个尔朱荣。高欢把节闵帝幽禁在崇训佛寺，又认为安定王只是北魏皇室的疏族，有意找一个皇室近支立为魏帝，最后立平阳王元脩为帝，是为孝武帝，改元太昌。高欢的官职如故，但增加了“世袭定州刺史”，以高欢之子高澄为侍中、开府仪同三司。

太昌元年（532），孝武帝毒死三十五岁的节闵帝。孝武帝虽由高欢所立，但他是个颇有主见的人，因此日久与高欢渐有嫌隙，关系日益恶劣。孝武帝于是暗中与关中大行台贺拔岳、贺拔胜兄弟联系，想联合贺拔氏抗衡高欢，二者对立形同水火。

贺拔岳府邸司马宇文泰早已看出高欢不可信赖，而且怀有极大的野心，为了进一步了解高欢，他自请为使，到晋阳见高欢。回到长安后，宇文泰便力劝贺拔岳支持孝武帝。

贺拔岳接受了宇文泰的建议，于永熙二年（北魏孝武帝年号，公元533年）再派宇文泰到洛阳去见孝武帝。孝武帝原本就对高欢的专断独行厌恶不已，见到贺拔岳派来的使者，自然十分高兴。于是，孝武帝以贺拔岳为都督雍、华等二十州诸军事、雍州刺史，又割心前血，遣使带去给贺拔岳，同时也封宇文泰为卫将军。

高欢

高欢，字贺六浑，自称渤海蓨人（今河北省衡水市景县）。史称：“齐高祖神武皇帝，姓高名欢，字贺六浑……神武既累世北边，故习其俗，遂同鲜卑。”指高欢长得“长头高颧”，形似鲜卑人。

据说，鲜卑富户娄家小姐秀丽而聪明，曾有许多强宗、豪族上门求亲，这位娄姓姑娘都看不上眼，反而在一次偶然的机会看见家境贫寒，连马都买不起，只能当个步兵的高欢。两人一见钟情，娄姓姑娘说服父母，坚持要嫁高欢。婚后，高欢在妻子的资助下，买了马，也当上队主，不久又升为函使（信差），经常往来怀朔、洛阳之间。北魏孝明帝神龟二年（519），羽林、虎贲在洛阳街头闹事，火烧张彝宅第，人在洛阳的高欢目睹了这一幕，发觉北魏国势已衰，有感而发地说：“为政若此，事可知也。”从此立下豪志，说服妻子变卖家财，广交天下英雄，因而稍具名气。

北魏孝明帝孝昌元年（525），河北杜洛周高举叛旗，高欢率同刘贵、段荣等一批人投入杜洛周旗下，后来改投葛荣，再改投尔朱荣麾下。高欢聪明机警，很受尔朱荣器重。每次讨论军政大事时，都要高欢参与。之后高欢随尔朱荣入洛阳，官拜晋州刺史。一次尔朱荣与左右闲谈时说：“一日无我，谁为主军？”大家很自然地说当然是尔朱兆，可是尔朱荣摇头说：“尔朱兆只能统三千兵，能代我统率大军的只有贺六浑（即高欢）。”

尔朱荣被杀后，尔朱兆率兵从晋阳南下洛阳时，曾邀高欢一起南下，当时高欢已有相当部属，且怀有野心，便托词晋州有汾胡、绛蜀，恐其为乱，必须留下，借以保存实力。后来六镇降民鼓噪，尔朱兆无法控制，高欢便自告奋勇率领六镇降民前往山东（太行山以东）居住，因此摆脱了尔朱家族。

高欢以灵活的手腕、果决的行动，逐渐壮大声势，终于统合河北、山东一带，得以公开反叛尔朱氏。

第二年，贺拔岳被莫侯陈悦所杀，宇文泰接手贺拔氏势力，统领原贺拔岳之众，称霸关中。消息传到洛阳，孝武帝立即以宇文泰为大都督。宇文泰治军极严，所到之处秋毫无犯，颇得民望，终于击败莫侯陈悦，于是天下望风而从者大有人在。孝武帝更适时加封宇文泰为侍中、骠骑大将军、开府仪同三司、关西大都督、略阳县公，并暗中扩充实力，增置勋府庶子、厢别六百人，又增骑官、厢别二百人。这些人都担任宫廷宿卫，因此孝武帝的直属防卫力量约有八百人，并且有了以这些兵力与高欢对抗的念头。

高欢虽然是丞相，却长驻晋阳，起初高欢也觉得孝武帝远在洛阳，鞭长莫及、难以控制，便以洛阳久经丧乱为由，想迁都邺城，以便就近监控孝武帝。但是孝武帝认为："高祖（指孝文帝）定鼎河洛，为万世之基，王（指高欢）既功在社稷，宜遵太和旧事。"迁都之事只好作罢。但是高欢心有未甘，又见孝武帝联络各方，一旦放任不管，终将无法控制，于是决定强行迁都，先派三千骑兵进驻建兴（约今河南、山西之间），增兵河东、济州（今山东省西南部），把各州的粮食都运到邺城。

孝武帝见状，便对高欢说："王若厌伏人情，杜绝物议，唯有归河东之兵，罢建兴之戍，送相州之粟，追济州之军，使蔡俊受代，邱珍出徐，止戈散马，各事家业，脱须粮廪，别遣转输，则谗人结舌，疑悔不生，

鲜卑化的高欢

高欢虽为汉人，但据史料记载，高氏一门皆自认为是鲜卑人。

“显祖（指高欢之子高洋）尝问（杜）弼云：‘治国当用何人？’对曰：‘鲜卑车马客，会须用中国人。’显祖以为此言讥我。”（《北齐书·杜弼传》）

杜弼历仕高欢、高澄及高洋父子，以廉洁、耽好玄理著称，曾注《庄子·惠施篇》等书。但是从上述史料来看，高洋显然是以鲜卑人自居，所以凡是有对鲜卑人不尊敬的言辞，都让高洋觉得被冒犯了。高欢更是说过：“鲜卑是汝作客。”（《资治通鉴·卷一五七·梁纪十三》）从而可以知道，在高氏一门的意识形态里，认定自己就是鲜卑人。

然而，真正的鲜卑族，也就是拓跋氏，在孝文帝实行汉化时，因为规定“断北语”，年三十以下在朝廷说鲜卑语者，免所居官，因此身为皇室的拓跋氏必然是说得一口标准的“汉语”，至北魏后期时，拓跋氏很可能已经不会说鲜卑语了。但高氏一门是出自怀朔军镇的兵户，这在北魏后期是社会的最底层，汉化程度不深，仍以鲜卑语为主要语言。

王高枕太原，朕垂拱京洛矣！王若马首南向，问鼎轻重，朕虽不武，为社稷宗庙计，欲止不能，决在于王，非朕能定，为山止篑，相为惜之。”[1]这一篇诏文软中带硬，将战和交由高欢决定，也无异于宣布孝武帝与高欢已经决裂。

① 《资治通鉴·卷一五六·梁纪十二》。

东魏贴金彩绘石雕佛菩萨三尊像

山东省青州龙兴寺遗址出土

此时，宇文泰已经被孝武帝拜为尚书仆射、关西大行台，孝武帝还想将冯翊长公主嫁给他。当孝武帝诏告高欢时，就对宇文泰手下帐内都督杨荐说："卿归语行台，遣骑迎我！"宇文泰得讯后，就派大都督骆超狩率轻骑一千到洛阳，再遣杨荐及长史宇文侧率军出关等候迎接孝武帝。孝武帝亲自率兵屯河桥，准备西行出关，高欢前来阻止无果。

孝武帝一行向西而奔，沿途历尽艰辛，随从在沿途逐渐离散。宇文泰派赵贵、梁御率甲骑二千来迎孝武帝，孝武帝对梁御说："此水东流，而朕西上，若得复洛阳，亲诣陵庙，卿等功也。"宇文泰早已准备好仪卫，在东阳驿迎驾，孝武帝一行进入长安，以雍州廨舍为宫室，住定后立即宣布大赦，并以宇文泰为大将军、雍州刺史、兼尚书令，军国之政，咸取决焉；另设两个尚书，分掌机要。之后，宇文泰正式迎娶冯翊公主，拜为驸马都尉，西魏的雏形基本成立。

孝武帝离开洛阳西行后，洛阳无主，高欢就推清河王元亶为大司马，承制决定，居尚书省。元亶不愿意当高欢的棋子，认为自己既然承制决定，身边所有规格就应比照皇帝，此举令高欢厌恶，于是邀集百官耆老，准备另立新君。高欢托词以“孝昌（北魏孝明帝年号，525—527）以来，昭穆失序，永安（孝庄帝）以孝文为伯考，永熙（孝武帝）迁孝明于夹室，业丧祚短，职此之由”，于是立元亶十一岁的世子元善见为帝，是为孝静帝，改元天平元年（534），这就是东魏的雏形。

东魏

东魏和西魏是由高欢和宇文泰分别操纵的傀儡政权。双方都扶立拓跋氏皇族的后人为皇帝，并暂时以魏为国号，由于洛阳在东，所以称东魏；相对于洛阳而言，长安在西，故称西魏。

东魏虽仍以洛阳为国都，但高欢早就想迁都，于是以洛阳太靠近南朝梁为借口，决定用三天的时间迁都邺城。洛阳有四十万户、一百多万人，想要在这么短的时间内北徙，狼狈情况可想而知。高欢令收百官马匹，规定尚书、承郎以上非陪从者，只能骑驴，高欢本人率兵殿后，显然有监视之意。当迁都完成、一切部署妥当之后，高欢依然返回晋阳。

高欢立孝静帝后，大肆封赏高氏一门，高欢十二岁的长子高澄在中兴元年（531）时就因高欢为渤海王而被立为渤海王世子，次年加侍中、开府仪同三司。东魏孝静帝天平元年（534），十五岁的高澄就娶孝静帝的妹妹冯翊长公主，又加使持节、尚书令、大行台、并州刺史。天平三

北朝时期舞女俑

现藏于北京大学博物馆

年（536），高澄正式入朝辅政，再加领左、右京畿大都督。高欢过世后，高澄接掌高欢名位，他恣意妄为，把孝静帝幽禁于含章堂，跋扈程度比高欢有过之而无不及。

高澄原想取东魏以代之，但东魏孝静帝武定七年（549），高澄突然被下人兰京所杀。兰京是南朝梁徐州（即彭城）刺史兰钦之子，被高澄俘获后留在宫中做膳奴，兰钦曾派人向高澄表示要赎回兰京，可是高澄不答应，而兰京也多次表示想回南朝，高澄却说："更诉（如果再哭诉想回南朝），当杀汝。"于是兰京怀恨在心。高澄当时住在邺城北城东柏堂，和琅琊公主私通，为了来往无阻，常遣走侍卫。就在武定七年(549)，高澄与散骑常侍陈元康、吏部尚书杨愔、黄门侍郎崔季舒商量如何逼迫孝静帝禅位，兰京以送食物为名，刺杀高澄，当时陈元康以身护之也受了伤，崔季舒恰好如厕，逃过一劫。

高澄的弟弟太原王高洋在城东闻讯后赶来，不动声色地发兵平定骚乱，接着要高岳、高隆之、司马子如、杨愔等留在邺城，稳定局面，自己则带了一批勋贵回到晋阳。高欢虽死，但其妻，即高洋的母亲娄氏和大军此时都还在晋阳。

武定八年（550），东魏记室参军高德政、金紫光禄大夫崔之才、北平太守徐景业等都劝高洋受禅，娄氏知道后，认为不妥，她对高洋说："汝父如龙，兄如虎，犹以天位不可妄格，终身北面，汝独何人，欲行舜、禹之事乎！"高洋把这话告诉崔之才，崔之才巧言令色地说："正为不及父兄，故宜升尊位耳。"高洋又问肆州刺史斛律金，斛律金坚决反对，于是高洋带兵到平都（今山西省晋中市和顺县）召集勋贵商讨此事。长史杜弼说："关西（指西魏政权），国之劲敌，若受魏禅，恐彼挟天子自称义兵东向，王何以待之？"崔之才则说："今与王争天下者，彼亦欲为王所为，纵其屈强，不过随我称帝耳。"意思是说，现在跟太原王（指高澄）争夺天下的宇文泰，虽然表现得很恭顺，其实也想做太原王要做的事（指受禅称帝）。这下杜弼哑口无言，而高洋心中已有了定见。

说来也巧，高澄死后，高洋进封齐王。有一天，他做了一个梦，梦中有人在他额头上用笔点了一点。高洋醒来后把这件事告诉馆客王昙哲，王昙哲立即跪下叩拜高洋，称贺说："王上加点，便成主字，乃当进也（指应受禅为帝）。"

高洋于是通知杨愔做好受禅的准备工作。杨愔召来太常卿[①]邢邵研拟受禅仪式，撰写劝进文等工作，要逼孝静帝禅位。接着，高洋派司空潘乐、侍中张亮、黄门郎赵彦深等人进宫，对孝静帝说："五行递运，有始有终，齐王（指高洋）圣德钦明，万方归仰，愿陛下远法尧舜。"孝静帝泰然回答：

① 官名，是九卿之一，掌宗庙祭祀、礼乐等。

“此事推挹已久，谨当逊避。”众人又说：“若尔，须作制书[1]。”这时中书崔劼、裴让在旁边说：“制已作讫。”

孝静帝禅位后，东魏结束，高洋建立北齐政权，以和南朝齐区分。《北齐书》记载，高洋封孝静帝为（北）齐中山王，邑万户，“上书不称臣，答不称诏”，看起来还比较宽厚，而且还准许孝静帝继续使用天子旌旗及北魏正朔。但是真是假，由于没有其他文献记载，也就无从考证了。

东魏自公元534年起，到公元550年孝静帝禅位止，前后共有十七年，名为魏政权，实际上全由高欢父子主政。

西魏

关于宇文氏的族源，向来有匈奴或鲜卑两种看法，但应为鲜卑，而且宇文很可能是乌桓的音转。宇文氏早期臣属于慕容部，后燕灭亡后，宇文泰的先祖宇文陵降附于拓跋氏北魏，居于武川。北魏后期六镇之乱后，破六韩拔陵的部将卫可孤攻克武川，当时武川的一些中下级军官如贺拔岳、念贤、宇文泰之父宇文肱等人都不愿投入叛乱队伍，就杀了卫可孤，以示效忠北魏，形成以贺拔岳为首的武川军人集团。宇文肱死后，军队由宇文泰统领。宇文泰精明干练，很快就成为贺拔岳的心腹及左右手。

武川军人集团里人才辈出，除贺拔岳、宇文宏、念贤外，还有后来的宇文泰、独孤信、莫侯陈悦、若干惠等胡族，以及可能出身中原强宗子弟的杨忠（其后人建立隋朝）、李虎（其后人建立唐朝）等人。贺拔

① 也就是禅让诏书。

恭帝禅位诏文

予闻皇天之命不于常，惟归于德。故尧授舜，舜授禹，时其宜也。天厌我魏邦，垂变以告，惟尔罔弗知。予虽不明，弗敢袭天命，格有德哉。今踵唐虞旧典，禅位于周，庸布告遐迩焉。（《周书·孝闵帝纪》）

岳被莫侯陈悦杀害后，武川集团共推宇文泰为领袖，这个集团就成为西魏及后来北周的主要骨干。

除武川集团外，构成西魏或北周统治阶层的另一部分是以河东、河南等地的豪族世家为主的关陇集团。武川集团基本上以鲜卑人为主，也有些出身于中原的强宗子弟，但这些人或多或少都已经鲜卑化了，可以看成是胡族的力量。而关陇集团则是纯粹的汉人世家，唯有两大集团合作，建立的政权才会稳固。这是北魏孝武帝进入长安前的政治形势。

武川集团既已称霸关陇一带，岂肯听命于前来投靠的孝武帝？而颇有主见的孝武帝又不肯唯命是从，于是两者之间逐渐不能相容。北魏孝武帝永熙三年（534），宇文泰毒死孝武帝。次年，宇文泰另立孝武帝的族弟元宝炬为帝，是为西魏文帝[1]。

文帝既立，改元大统，但大小事情皆取决于宇文泰。大统十七年（551），文帝过世，其子元钦嗣位，是为西魏废帝，仍由宇文泰掌管朝政。次年（552），拜宇文泰为左丞相、大行台、都督中外诸军事。再次年，宇文泰处死谋乱的尚书元烈，废帝对此事颇有微词，为人跋扈的宇文泰既然大权在握，岂容旁人置喙，干脆在公元554年把废帝放逐到雍州，另行立废帝之弟元廓为帝，史称西魏恭帝。

① 《北史》称孝敬帝。

和东魏的情形一样，六镇出身的宇文泰习惯说鲜卑语，这和汉化极深、说汉语的拓跋皇室不同，因此双方差距十分明显。宇文泰把废帝放逐到雍州没多久后就杀了他，之后更将所有封王的拓跋氏一律降为公。

西魏恭帝二年（555），宇文泰过世，其子宇文觉嗣立，想当皇帝的意图日益明显，故意先要了太师、大冢宰的名分，接着自封“周公”，然后就要恭帝禅位。

西魏至此宣告落幕，总计二十一年。

北魏（含东魏、西魏）世系表（386—557）

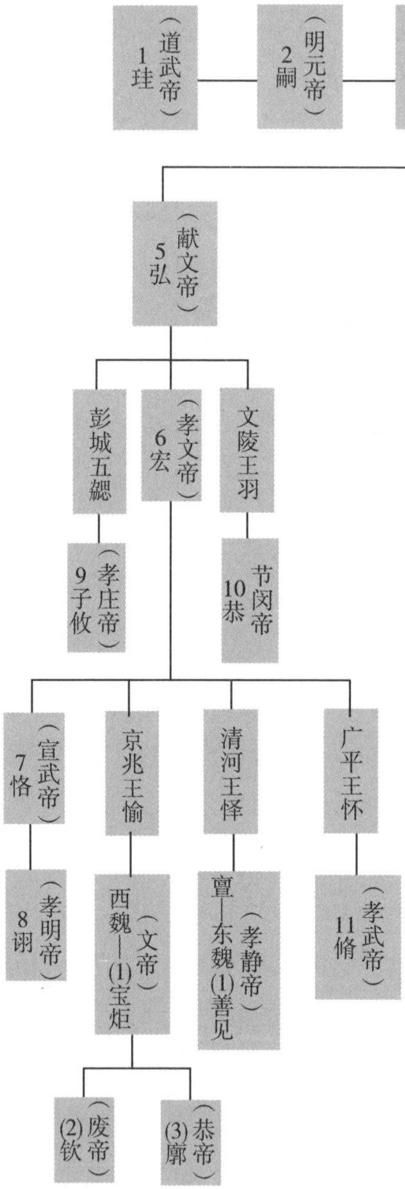

第九章

北齐与北周

东魏和西魏都是傀儡政权，但是这两魏不但有皇帝，还有年号，在讲述历代王朝时，都不能略而不提。而这两魏的所有措施都与后来的北齐和北周无法分割。

北齐

高洋逼东魏孝静帝禅位后，为了表示“谦虚”，又令尚书令高隆之率文武百官劝进，这才“勉强”即位，升坛告祭于天，是为文宣帝。改东魏孝静帝武定八年（550）为天保元年，追尊高欢为高祖献武皇帝，高澄为世宗文襄皇帝。北齐许多典章制度仍沿袭东魏。

无论是东魏还是北齐，当时社会上一片奢靡之风，官场上贪渎成习，行台郎中杜弼认为，文武贪渎非国之福，曾向高欢谏言加以裁制，高欢回答：

> 弼来，我语尔。天下贪污，习俗已久。今督将家属多在关西，宇文黑獭（即宇文泰，字黑獭）常相招诱，人情去留未定，江东复有吴翁萧衍（指南朝梁武帝），专事衣冠礼乐，中原士大夫望之以为正朔所在。我若急正纲纪，不相假借，恐督将尽归黑獭，士子悉奔萧衍，人物流散，何以为国？尔宜少待，吾不忘之。[①]

杜弼认为，文武官员贪渎现象已经严重恶化，请求高欢当机立断，严加整饬；高欢却认为，国家存亡与否比吏治是否廉洁更为重要。可见

① 《北齐·文宣帝纪》。

北齐高洋即位诏书

皇帝臣洋敢用玄牡，昭告于皇皇后帝：否泰相沿，废兴迭用，至道无亲，应运斯辅。上览唐、虞，下稽魏、晋，莫不先天揖让，考历终归。魏氏多难，年将三十，孝昌以后，内外去之。世道横流，苍生涂炭。赖我献武，拯其将溺，三建元首，再立宗祧，扫绝群凶，芟夷奸宄，德被黔黎，勋光宇宙。文襄嗣武，克构鸿基，功浃寰宇，威陵海外，穷发怀音，西寇纳款，青丘保候，丹穴来庭，扶翼危机，重匡颓运，是则有大造于魏室也。

魏帝以卜世告终，上灵厌德，钦若昊天，允归大命，以禅于臣洋。夫四海至公，天下为一，总民宰世，树之以君。既川岳启符，人神效祉，群公卿士，八方兆庶，佥曰皇极乃顾于上，魏朝推进于下，天位不可以暂虚。遂逼群议，恭膺大典。猥以寡薄，托于兆民之上，虽天威在颜，咫尺无远，循躬自省，实怀祇惕。敬简元辰，升坛受禅，肆类上帝，以答万国之心，永隆嘉祉，保佑有齐，以被于无穷之祚。（《北齐书·文宣帝纪》）

东魏的官场贪污已经成为一种风气。

文宣帝高洋一开始也曾想匡正社会奢靡之风，清除官场贪渎之习。天保元年（550）六月，文宣帝下诏说：

顷者风俗流宕，浮竞日滋，家有吉凶，务求胜异，婚姻丧葬之费，车服饮食之华，动竭岁资，以营日富。又奴仆带金玉，婢妾衣罗绮，始以创出为奇，后以过前为丽，上下贵贱，无复等差。今运属惟新，思蠲（音“捐”，为免除、去除之意）往弊，

高欢与杜弼说政

高欢将出兵攻讨西魏，杜弼请高欢先处理内贼。高欢问谁是内贼，杜弼说：“诸勋贵掠夺百姓者是也。”杜弼所说的内贼，指的就是那些剥削百姓贪污成性的高官大臣。高欢没有回应，命士兵将箭搭在弓上，举起刀、按矟（长矛），夹道排列，叫杜弼从中间走过去，把杜弼吓得汗流浃背。之后，高欢才缓缓地对杜弼说：“矢虽注不射、刀虽举不击、矟虽按不刺，尔犹亡魄失胆，诸勋人身犯锋镝，百死一生，虽或贪鄙，所取者大，岂可同常人也！”（《北书·文宣帝纪》）高欢告诉杜弼，整饬吏治是办不到的，因为他自己就是靠武力获得政治地位的，重视的是统治阶层的利益，至于一般百姓是否被剥削，就不在他的考虑范围之内了。

反朴还淳，纳民轨物，可量事具立条式，使俭而获中。[①]

文宣帝相当重视文教。天保元年时，即下诏封崇圣侯邑一百户，作为奉祀孔子之用，并且下令鲁郡要按时修缮孔庙，务必做到“褒崇之至”。同年八月，又诏令郡国修缮或设立学校[②]、广延髦[③]俊，敦述儒风，对国子学生也依旧俗予以铨补，服膺师说，研习礼经。

此外，文宣帝又下令严禁贪污，改定律令，使自魏晋以来的律令自繁而简，官吏百姓都觉得方便多了。天保七年（556），文宣帝下诏合并郡县，先后裁并二州、一百五十三郡、五百八十九县，节省了许多行政

---

① 《北齐·文宣帝纪》。

② 当时称黉序。

③ 音“茅”，原意为最长的毛发，借喻为才俊。

仪卫出行图（局部）

北齐墓室壁画，描绘各种人物和鞍马坐骑。墓主娄睿为鲜卑人，地位显赫，官至大将军

开支。

为宣达国威，文宣帝曾连续几年出击柔然、契丹及南朝梁，而且都获胜。天保六年（555），文宣帝动用一百八十万人修筑长城，东从夏口（今山东临邑县临南镇夏口），西到恒州（今山西省大同市），共修筑九百多里。次年，又下令将长城向东延伸到海边，总共修缮三千多里，对巩固国防贡献甚大。

从以上措施来看，文宣帝似乎是一个颇有作为的帝王。然而文宣帝也有暴虐淫乱的一面，据史书所载，文宣帝喜好在街道裸露身体，正处寒冬也毫不在意，连市井小民都知道当朝天子疯疯癫癫。

此外，文宣帝有酗酒的毛病，酒后常失去理智，尽管自己也清楚喝酒后行为荒唐，但无法改正。有一次喝醉酒，文宣帝竟嚷嚷着要将母亲娄太后嫁到北方，娄太后生气地说，自己怎么会生出禽兽不如的儿子。等到略为清醒后，文宣帝想逗母亲开心，没想到又一把将母亲推倒摔伤。酒醒后又痛鞭自己，说要下决心戒酒，但是最后仍无法戒掉。

天保十年(559)，在位仅十年的文宣帝过世，享年三十一岁，庙号显祖。

之后，北齐由文宣帝之子高殷嗣立，但一年后，就被文宣帝的弟弟高演篡位。但高演在位的第二年（561）就坠马而死，谥为孝昭，庙号肃宗。皇位由文宣帝的另一个弟弟、生性暴虐的高湛嗣立，是为武成帝。此时的北齐已经离灭亡不远了。

武成帝即位后，立刻立长子高纬为太子。高纬的乳母是陆令萱，其夫骆超因为谋叛被杀，依照律法，妻子儿女没入宫廷，恰好此时高纬出生不久，所以她就成为高纬的乳母。陆令萱心思细密，一方面极力讨好武成帝的皇后胡氏，以巩固自己在宫中的地位；另一方面宠爱高纬，常常让自己的儿子骆提婆去巴结年龄相仿的高纬。她处心积虑，步步为营，为自己以及儿子铺好路。

高纬从小胸无大志，加上个性内向，羞于和外人说话。一到成亲年纪时，武成帝就令高纬娶开国功臣高车人斛律金的孙女为妻。

斛律氏有一个婢女叫穆黄花，长得十分美丽，高纬便把穆黄花也纳为妃，并将她改名为舍利，从此专宠于太子后宫。陆令萱又刻意奉承穆舍利，将儿子也改姓为穆（穆提婆），和穆舍利结为兄妹。高纬对穆提婆更是宠信有加。

武成帝身边有一个叫作和士开的佞臣，可能是西域和阗人，既会弹琵琶，又会玩“握朔”[1]，更善于察言观色，曲意奉承，因此也被武成帝

① 从西域传来的游戏，类似于今天的国际象棋。

佞臣之谋

祖珽对和士开说："你现在是皇帝和太子（高纬）身边的大红人，权力很大，真令人羡慕。可是您有没有想过，一旦皇帝驾崩，照（北）齐之传统，自文宣帝以来，都没有成功传位给儿子的例子，如果到时由别人继承皇位，那你眼前的一切都将如过眼烟云！"

和士开听祖珽这么一说，觉得有些道理，也开始担心起自己的未来。说来也巧，过了几天有彗星出现，太史认为应革旧布新，祖珽认为这是进言的好时机，于是向武成帝说："天子虽有权，可是也有责任，所以并不是最尊贵的人，如果是太上皇的话，那就只有权力，而不必负任何成败的责任。（北）魏献文帝才二十几岁就禅位给孝文帝，自己做太上皇，优哉游哉，而且不用担心皇位被别人夺走。现在彗星出现，正是除旧布新的大好时机。"

父子视为心腹，终日伴之吃喝玩乐。

除和士开外，武成帝还特别宠信一个叫作祖珽的佞臣。祖珽颇有才华，但品格低劣，是文宣帝时期的秘书丞。他善于观察政治风向，当时就经常巴结谄媚武成帝，说他相貌非凡，日后必然大贵。武成帝听祖珽这样一说，自是大为受用，并承诺如果真有这样一天，一定和祖珽同享富贵。

武成帝即位后，祖珽发现，北齐自文宣帝以来，皇位都无法顺利地传给儿子，自己虽然极得武成帝宠信，可是一旦武成帝驾崩，谁来当皇帝还不知道，到时自己的荣华富贵可能会在一夕之间化为乌有，说不定连身家性命都不保。

要想长保富贵，最可靠的方法就是劝武成帝禅位给儿子高纬。皇帝的名分既定，其他高氏族人也就无从觊觎。于是祖珽找到和士开，共同劝武成帝禅位给高纬，当个握有实权的太上皇。

于是，河清四年（北齐武成帝年号，公元565年），武成帝禅位给太子高纬，是为后主，武成帝自己则以二十九岁的青壮之年当上了太上皇。从此之后，武成帝既有权又无责，不再过问政事，终日耽于酒色，三年后就死了，享年三十二岁。

后主高纬嗣位之后，改元天统，拜祖珽为秘书监加开府仪同三司，更视和士开为亲信兼玩伴。后主生性怯懦，不敢面对大臣，遇有事上奏时，大臣都要侧面上奏，以免皇帝不自在，因此往往出现大臣还在奏事，皇帝却已经退朝的笑话。

北齐初建时，土地肥沃、人口密集，实力远在北周之上，所以北周时时刻刻都在提防北齐的入侵。可是自文宣帝之后，北齐时常陷入皇位争夺的乱局之中，国力大为减弱。到后主即位时，北齐国力和北周已经相去甚远，反而要随时担心北周入侵。然而，后主对这种情况却浑然不觉，依然沉溺于酒色，宠信佞臣。

和士开身材伟岸，面貌俊美，早在武成帝时，就和武成帝的胡皇后私通。武成帝过世后，胡太后与和士开更是光明正大地来往。后来，和士开被后主的弟弟高俨设计杀害，紧接着，高俨有了造反之心，被后主所杀。胡太后既失所爱，又有丧子之痛，于是想到佛寺拈香礼佛，以排遣寂寞。

一日，胡太后到庙里拈香，见到寺中住持昙献身材魁伟，便把昙献召入宫中，之后又陆续召进两个面貌姣好的小和尚入宫。为避免被后主识破，胡太后索性将这两个小和尚男扮女装，扮作宫女。

不料，后主在太后宫中见到这两个面貌清新的小宫女时，竟色心大动，想纳入自己的后宫，小和尚不得已才说出自己是男儿身，由此揭开胡太后的淫乱生活内幕。后主得知后大怒，立刻处死昙献和这两个小和尚，并徙居胡太后于北宫，将她软禁起来。

祖珽见此，就趁机在朝廷上奏请尊陆令萱为太后，并且宣称："陆虽妇人，实是豪杰，女娲以来，得未曾有。"后来由于斛律光等一批元老大臣极力反对，此事才作罢。

北齐政治腐败，宫廷糜烂至此，却还没有被北周所灭，原因在于北齐有一位伟大的军事将领，即后主皇后斛律氏之父斛律光[1]。斛律光忠勤干练、勇猛多谋，能够运筹帷幄之中，决胜千里之外。但北齐后主昏庸，终日只知和穆提婆、祖珽等佞臣厮混。祖珽建议尊陆令萱为太后一事被斛律光挡下来后，祖珽等人就对斛律光恨之入骨，经常在后主面前诋毁斛律光。

北周慑于北齐的斛律光，不敢大举进攻，于是改用反间计，派人到北齐国都邺城散布歌谣，祖珽、陆令萱等趁机向后主进谗言。三人成虎，后主愈来愈怀疑岳父斛律光，最后终于杀了斛律光，并废黜皇后斛律氏。

斛律光是北齐赖以存在的最后一根支柱，斛律光死后，北齐灭亡已是指日可待。当斛律光被杀的消息传到长安后，北周立即准备大举征伐北齐。

后主浑然不知大祸即将临头，依然沉溺于声色犬马之中。斛律皇后被废后，后宫一时无主，被幽禁的胡太后于是将自己的侄女送入宫中，并游说后主立这个表妹为皇后。后主因此结束了对胡太后的软禁，让胡太后恢复往日的居处与尊荣。

胡氏虽被立为皇后，但不久后主就对她失去兴趣，还是专宠穆舍利。陆令萱于是对后主说，穆舍利是太子生母，应立为皇后，于是后主改立

① 字明月，朔州（今山西朔州市）人，高车族，北齐名将。

斛律光（515—572）

此图出自清刊本《北史演义》

穆氏为后。只是没过多久，后主又转而宠爱冯淑妃。冯淑妃喜欢打猎，后主就经常带着军队陪她围猎。这时北周正倾尽全力攻打北齐，平阳已经陷落，北周眼看就要进攻晋阳了，北齐大臣急忙禀告后主，昏庸的后主竟然要他们等冯淑妃打完猎再说，完全置国家存亡于不顾。

北周攻入晋阳后，势如破竹。后主慌忙禅位给才八岁的儿子高恒，自称太上皇，准备逃向南方，投降南朝陈。承光元年（北齐幼主高恒年号，公元 577 年）正月，北周攻克北齐国都邺城，高纬在邺城陷落的前一天逃到济州（今山东省聊城市茌平县），命大将高阿那肱守济州城，自己率穆舍利、冯淑妃及幼主高恒等几十人再向南逃到青州，进入南朝陈的国界，向南朝陈投降。

济州守将高阿那肱眼见北齐灭亡已成定局，于是派人秘密联络北周，以生擒后主作为投降北周的条件。高阿那肱又派人到青州，向后主谎称北周军队距离尚远，青州毫无危险，有逆转局势的可能，不必急着投降南朝陈，并切断通往南方的桥梁，断绝后主的南逃之路。在高阿那肱和北周军队的围捕之下，后主被活捉，北齐灭亡。

北齐自高洋称帝，共历六主，享祚二十八年（550—577）。

北齐灭亡后，后主及其他皇室成员都被送到长安。北周初封后主为温国公，但第二年（578）就以陆令萱的儿子穆提婆造反为借口，连同后主在内，活活闷死了这些北齐皇族。只有胡太后逃过一劫，流落到民间，不知所终，后来的文献史料再也没有关于她的记录了。

北周

宇文部的先祖可能是东胡人。东胡部落被匈奴冒顿单于打败后，就分裂为鲜卑和乌桓两大支，分别退至大兴安岭和乌桓山。其中乌桓的一支就以宇文为世所习知。

宇文泰之父宇文肱，史传称其任侠有骨气，北魏沃野六镇之乱时，宇文肱声势已长。宇文泰是他的幼子，据史载，宇文泰身材高大（约今一百九十二厘米）、广额、美须髯。为与西魏抗衡，宇文泰制定了许多政策，在各方面设法充实东魏国力。

宇文泰重用汉人苏绰为其出谋划策，在西魏文帝大统元年（535）三月，

鲜卑宇文部历史

五胡十六国时期，宇文部一直臣服于慕容部诸燕政权。后燕被北魏道武帝吞灭后，宇文部就臣服于北魏。到了北魏后期，宇文部逐渐崛起。

史载："太祖文皇帝姓宇文氏，讳泰，字黑獭，代武川人也。其先出自炎帝神农氏，为黄帝所灭，子孙遁（音"顿"，逃避之意）居朔野。有葛乌菟者，雄武多算略，鲜卑慕之，奉以为主，遂总十二部落，世为大人。其后曰普回，因狩得玉玺三纽，有文曰皇帝玺，普回心异之，以为天授。其俗谓天曰宇，谓君曰文，因号宇文国，并以为氏焉。"

据《周书》所载，普回的儿子莫那从阴山迁往辽西，与鲜卑拓跋是甥舅关系，传了九世到侯豆归时，被前燕所灭。到了侯豆归儿子时，已经叫作宇文陵了，他曾经在后燕政权中官拜驸马都尉，封为玄菟公。后来拓跋珪建立北魏，曾攻讨后燕，宇文陵就率五百骑归降拓跋珪，拜为牧主，赐爵安定侯。北魏道武帝天兴年间（398—404），各地豪杰被迁往平城，宇文陵也奉命迁往武川，在武川繁衍子孙，所以《周书》称宇文泰为代武川人也。

"太祖（宇文泰）以戎役屡兴，民吏劳弊，及命所司斟酌古今，参考变通，可以益国利民，便时适治者为二十四条新制，奏魏行之"。大统七年（541）九月，苏绰再提六条诏书，新增十二条新制，朝廷以十二条加上之前的二十四条，总称为三十六条，列为"中兴永式"，接着宇文泰又命苏绰整理为五卷，颁行天下，后来就成为北周的制度。

苏绰这六条诏书的主要内容为：先治心，所谓治心，就是要清心，治理人民的官吏要做到清心，就先要“至公”，凡事要公正、公平、公开；敦教化，要做到这点，首先要倡导孝悌、慈爱、仁顺及礼让，其次要设法移风易俗；尽地利；均赋役；擢贤良；恤狱讼。总括起来，这六条诏书的核心主张在于公正与均衡。

宇文泰又改革兵制。拓跋部刚崛起时，有“统国三十六，大姓九十九”之说。西魏恭帝元年（554），宇文泰为了让武川军人集团和关陇集团迅速融合，以各将功高者为三十六国之后，次者为九十九姓之后，

西魏赐鲜卑姓

西魏朝廷（其实就是宇文泰）赐予的鲜卑姓包括：李虎赐姓“大野”；李弼赐姓“徒何”；杨忠赐姓“普六茹”；王雄赐姓“可频”；赵贵赐姓“乙弗”。

宇文泰此举能凝聚军队的向心力，提高战斗力，更形成一股社会风气。因为大家都知道，姓鲜卑姓氏的人是由国家所赐，所以可以提高军人的社会地位，不少汉人强宗子弟更因而自愿改姓从军。当时的文人庾信就曾诗咏此事：

蓟门还北望，役役尽伤情。
关山连汉月，陇水向秦城。
笳寒芦叶脆，引冻纻弦鸣。
梅林能止渴，复姓可防兵。
将军朝挑战，都护夜巡营。
燕山犹有石，须勒几人名？

因鲜卑姓多为复姓，故从“梅林能止渴，复姓可防兵”这句，就可看出鲜卑化以后军人地位的提升情形。

一律赐鲜卑姓。

其实，北魏自建国以来，已无“统国三十六，大姓九十九”之说，宇文泰只是想通过这一改革，将不同的士兵凝聚在同一个姓氏之下，重新恢复以血缘为主的部落兵。这样一来，将领和他所领导的军士都同姓，就像一个大家族，既可以增加将领对士兵的凝聚力，也可以将胡汉融为一体。

宇文泰的这项措施奠定了日后府兵制的基础。终北周时代，府兵都有相当高的政治地位和社会地位，唐代的出将入相制度或多或少也与宇文泰的这项改革有关。

后来，宇文泰之子宇文觉受禅建立政权，史称北周。宇文觉即位后，是为孝闵帝，年仅十六岁，之所以能建立北周，堂兄宇文护出力甚多，所以北周初建时，大权被宇文护把持。不久，宇文护将在位仅九个月的孝闵帝贬为略阳公，次年（558）杀之，改立宇文泰的另一个儿子宇文毓为帝，是为北周明帝，改元武成。

明帝即位后，大权仍握在宇文护手上。明帝宽厚仁明，很想有一番作为，不为宇文护所容，于是武成二年（560），宇文护毒死才二十七岁的明帝，另立宇文泰四子宇文邕①（音“庸”）嗣位，是为北周武帝。

武帝深藏不露，大智若愚，他深知大权握在宇文护手里，为了不步两位哥哥的后尘，他小心翼翼，表面上对宇文护礼敬有加，言听计从，以松懈宇文护的戒心。就这样隐忍了十一年之久，宇文护果真不把他看在眼里。与此同时，武帝渐渐累积了足够的实力，建德元年（572），一举铲除了宇文护及其党羽，之后开始施展他的政治抱负。

北周刚建立时，实力远不如北齐。武帝整军经武，奖励生产，北周国力才日渐强大。后来武帝用反间计，借北齐后主之手，除掉北齐大将

① 字祢罗突，鲜卑族人，在位十八年，史称北周武帝。

斛律光。建德六年（577），北周大举出兵，消灭北齐，统一了中国北方。

值得一提的是，武帝是一个颇有“人权”观念的君主。北周与南朝梁作战时，俘虏了不少南朝梁的军民。北周朝廷本来要把这些俘虏降为奴隶，但武帝后来下令，年满六十五岁的江南人可以归国；未满六十五岁的也免去奴隶身份，视为一般平民。灭了北齐后，武帝也赦免了北齐境内的奴隶，让他们成为平民。

建德七年（578），北周灭掉北齐的第二年，武帝就病逝了，年仅三十六岁。由子宇文赟（音“晕”）继位，是为宣帝。

北周武帝宇文邕

本图出自唐代阎立本《历代帝王图》

武帝在世时，对子女的管教相当严格。建德元年（572），武帝在太庙为才十三岁的长子宇文赟举行加冠礼，并立为太子。

次年，武帝让宇文赟代表朝廷去巡抚国土西境，培养他的实务经验，也可增加其个人声望。后来皇太后叱奴氏过世，武帝守丧时又让太子临朝听政，希望借此培养他处理政务的能力。建德五年（576），武帝再度让宇文赟巡抚西土，并且率军讨伐吐谷浑，授予他随机专断的大权，宇文赟历时半年才班师回朝。

虽然宇文赟西巡及讨伐吐谷浑赢得胜利，但是宇文赟和他的亲宫尹[①]郑译、王端等在军中却行为不检，史载“太子在军中多失德”。回到长安后，将领王轨将此禀报武帝，武帝勃然大怒，杖责了太子和郑译，并革除郑译官职。宇文赟对此耿耿于怀。

宣帝即位后，摆脱了武帝的约束，就像脱缰野马一样肆意妄为。武帝遗体还没安葬，他不但不觉哀伤，反而破口大骂：“只恨这老家伙死得太晚。”

宣帝对以前在武帝面前说他不适合当太子的人都一一加以报复，连叔父齐王宇文宪也被捏造谋叛的罪名予以杀害。他的种种作为使北周一步步走向灭亡。

宣帝嗜酒好色，虽已有普六茹坚的女儿普六茹丽华为皇后，仍觉不足，后又再立四位皇后。宣帝曾命杞公宇文亮为行军大总管，讨伐南朝陈，后见宇文亮的儿媳尉迟炽繁面容姣好，便强纳入宫。这事传到正在战场上的宇文亮、宇文温父子耳中，两人愤慨不已，但宣帝下一步又杀了宇文亮父子。宣帝的荒唐行为还不只如此，他为这五位皇后各造了一个帐篷，将宗庙里的祭器放置在帐篷前面，由他亲自宣读祝版祭祀。

狂妄的宣帝不甘心只当“天子”，而想当“天”，所以即位的第二年，

---

① 太子府中的官名。

他就把皇位传给才六岁的儿子宇文阐，是为静帝，而他自己则以二十一岁之龄荣登太上皇，并将所住宫殿称“天台”，发布命令称“天制”或“天敕”。

可能是酒色过度，大成元年（北周宣帝年号，公元579年），宣帝就已病入膏肓，无法言语，但太子宇文阐年纪太小，因此宣帝的亲信刘日方和郑译等人商量后，决定由普六茹皇后之父普六茹坚辅政。普六茹坚于是奉诏入宫侍疾，不久宣帝就气绝而亡。普六茹坚决定秘不发丧，先发布以自己为总知中外兵马的命令，等朝中大权尽入他的手中后，才

北周武帝灭佛

历来对武帝灭佛之因很少探讨。可能是宇文氏信仰祆教，也可能是武帝重儒术、信谶纬之说，与佛教信仰相左。此外，武帝一心想灭北齐，统一北方，甚至统一中国。因此他亲政后，摒弃奢侈享受，废除锦衣玉食，大幅裁减后宫宫女，从自身节约做起，奖励人民力行简朴的生活，又鼓励十五岁以上的男子、十三岁以上的女子早日结婚，以增加人口，厚植国力。

在这样的国策下，佛教寺院拥有的广大田地及无偿为寺院田地耕种的僧祇户，在他看来都是浪费国力。而筑寺院、造佛像所费更是不赀，加之用于寺院的金、银、铜、铁等所费甚巨，而几百万不事生产的僧尼衣食都仰赖他人供养，这些更与武帝富国强兵的政策背道而驰。

于是建德三年（574），武帝下令灭佛，勒令沙门、道士还俗，几百万出家人悉归军民户籍；佛像熔化铸为兵器；寺院成为王公宅邸，佛寺的财物皆纳入战费或战时对有功者的恩赏。

不过，武帝驾崩后，继位的宣帝又下令兴佛。

北周世系表

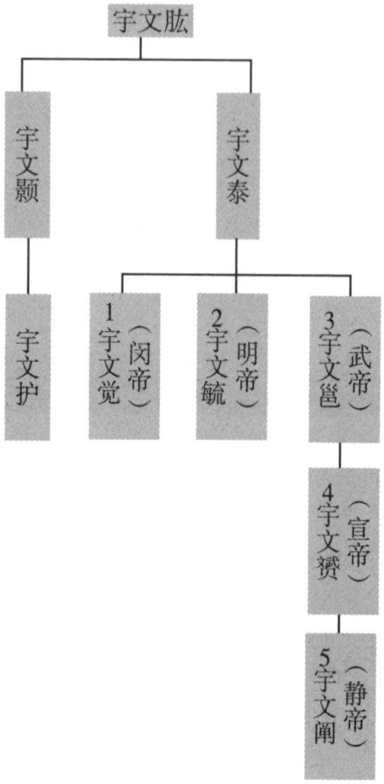

昭告天下，太上皇已经驾崩了。

普六茹坚起初辅佐年仅七岁的静帝，改元大象，次年再改元大定。普六茹坚进相国，封为隋公，总揽朝政。他收揽人心，满朝文武都归心于他，时机成熟后，普六茹坚就逼静帝禅位给他，建立隋朝，并恢复原姓杨。北周就此成为历史，共历五主，总计二十四年。

东、西魏之战

自从北魏分裂为东、西魏后，掌握大权的高欢和宇文泰皆以消灭对方势力为目标。

西魏文帝大统元年(535)，文帝下诏列出高欢二十条罪状，称："(朕)将亲率军与丞相（宇文泰）扫除凶丑（高欢）。"高欢也传檄西魏，指宇文泰、斛斯椿为逆徒，"将领兵百万，刻期西讨"。大统二年（东魏孝静帝天平三年，公元536年）正月，高欢率万余骑突袭西魏夏州（今陕西靖边县北白城子）获胜，生擒夏州刺史斛拔俄弥突，西魏灵州刺史曹泥、凉州刺史刘丰因此降于东魏，从此掀开东、西魏战争的序幕。

大统三年（东魏天平四年，公元537年）年底，高欢亲率诸军大举征伐西魏，兵分三路，司徒高敖曹率领一军由武关入上洛（今陕西省商洛市）；大都督窦泰率领一军向潼关挺进；高欢率主力由蒲坂渡河出渭北。三路大军共十多万人，约定会攻长安。次年正月，高欢所部在蒲坂建造浮桥三座。此时西魏宇文泰屯军广阳（今陕西省西安市临潼区北），听说高欢三路来攻，就对诸将说："高欢表面上造桥像是要渡河，实际上想借此引起我军注意，以此掩护窦泰西进，这是明修栈道、暗度陈仓的老把戏。所以现在必须先将窦泰击败，高欢就会不战自退。"可是西魏诸将认为，高欢近在眼前，如果舍近求远去攻击窦泰，一旦有失，将后悔莫及，所以主张分兵拒阻。宇文泰认为，高欢率大军来攻，分明是轻视西魏，利用高欢轻敌之心，主张出击窦泰，必会成功。于是宇文泰

《商旅图》

敦煌壁画中的北周时期商旅图。画面生动地反映了公元6世纪商旅古道东西交往的风貌

一方面宣称率军退保陇右，另一方面暗中派遣精锐部队潜入潼关，以迅雷不及掩耳之势突击窦泰。窦泰猝不及防，急忙率所部向北撤退，向高欢主力靠拢，宇文泰挥军迎面予以痛击，窦泰所部被西魏歼灭，窦泰自杀。当时高欢虽想渡河救援窦泰，但因河水结冰尚浅，大军无法渡河，只好撤去浮桥班师回朝。

攻下上洛的高敖曹正准备乘胜西攻蓝田关（今陕西省商洛市西北），但高欢已知这次战役没有获胜可能，宣布班师，高敖曹也只能撤出已占领的上洛。这场战役北齐虽然劳师动众，却损兵折将，无功而返。

这年（537）八月，宇文泰率李弼、独孤信、赵贵等十二位将领率军东征，攻下东魏恒农（今河南省三门峡市陕州区），紧接着又攻下邵（今山西省垣曲县）、正平（今山西省新绛县西南）二郡。

公元538年元月，高欢以司空侯景为西道大行台，与大都督高敖曹、行台任祥、御史中尉刘贵、豫州刺史尧雄、冀州刺史万俟洛陈兵虎牢，准备再度攻讨西魏。

九月，关中闹饥荒，据《资治通鉴》所载，高欢亲率二十万人（《周书》《北齐书》作十万人）出壶口（今山西省临汾市吉县西），趋蒲坂，命高敖曹率兵三万出河南。当时宇文泰所率之兵不过万人上下，听说高欢渡河西来，由于众寡悬殊，不敢恋战，只好引兵入关。

宇文泰派华州刺史王罴在冯翊（今陕西省大荔县）固守，另一方面征集各州兵员以为防备。高欢大军已兵临冯翊城下，见城坚难攻，就引军渡过洛水到许原（今陕西省富平县）之西，准备南下直逼长安。宇文泰所征集各州的兵还没到，只好屯军渭南等待支援，见高欢大军已经逼近，诸将认为寡难敌众，建议等高欢大军再向西行进时，观察他的动态

侯景

侯景是北魏六镇之一的怀朔镇人，后投奔东魏，公元538年，他协助东魏从西魏手里夺回河南各州县。

之后，侯景因手握十万大军，得以专制河南地区十多年，相当跋扈。他对高欢还算服帖，可是却看不起高欢的几个儿子，曾经说："王（高欢）在，吾不敢有异，王无，吾不能与鲜卑小儿（高欢之子）共事。"因此高欢临终前对高澄说："（侯）景专制河南十四年矣，常有飞扬跋扈之志，顾我能畜养（只有我能制得住），非汝所能驾驭也，堪敌侯景者，唯有慕容绍宗。"

果然，高欢一死，侯景立刻据颍川（今河南省长葛市）叛归西魏，又派人与南朝梁联络，表示愿意以黄河以南十四州降附南朝梁，梁武帝萧衍自是欣然接受，封侯景为大将军、河南王，并派兵北上接应。

再做部署。可是宇文泰认为：“（高）欢若至长安，则人情大扰，今及其远来新至，可击也。”令士兵带三天口粮，轻骑渡过渭水，既至沙苑（今陕西省西安市高陵区），距高欢大军六十里。高欢见宇文泰逼近，列阵准备决战，宇文泰采纳部将李弼的建议，北靠渭曲，东西为阵，以李弼居右，赵贵在左，放下长戈，藏在芦苇之中，约定击鼓而战。

高欢军队很快就逼近渭曲，手下都督斛律羌举见渭曲芦苇长得既高且密，又泥泞不堪，难以作战，劝高欢一面继续和宇文泰对峙，一面暗中派遣精锐部队袭击长安；另一手下彭乐则主张就地决战。高欢听从了彭乐的意见，下令攻击。东魏官兵见西魏兵少，自以为必胜，于是争相冲杀，阵法大乱。宇文泰见势立刻击鼓，原先藏身在芦苇中的兵将此刻奋勇出击，又命李弼率精骑从侧面攻击高欢，东魏军队被拦腰截断。西魏将士个个骁勇善战，杀敌无数。高欢见士兵散乱，无法再战，连夜渡河东撤。东魏此次西征损兵折将八万多人。

西魏在沙苑获胜后，除乘胜进军蒲坂外，更兵分两路东进，连续占领东魏金墉（今河南省洛阳市西北）、颍川、鲁山、开封等地。

大统四年（538），高欢再次攻讨西魏。东魏大都督贺拔仁最先击败西魏南汾州（今山西省临汾市）刺史韦子粲，高欢再派大行台侯景屯虎牢，收复河南各州县。

大统九年（543）二月，东魏虎牢守将高仲密投降西魏，宇文泰亲率诸将东来接应，并郑重其事率军东出。前锋行至洛阳，西魏开府仪同三司于谨攻下东魏柏谷（今河南省偃师市）。

高欢闻讯后，于三月亲率十万大军赶到黄河北岸，宇文泰派人在黄河上游纵火船烧河桥，东魏斛律金命行台郎中张亮以小船百艘装上长锁，等火船一靠近就用钉子钉上，然后用长锁把火船拖到岸上，这样保住了河桥。高欢迅速渡河，据邙山（今河南省洛阳市北）布阵，宇文泰率轻骑袭击，反被高欢击败。此役西魏有三万多人被斩杀，宇文泰只好退回关中，东魏收复河南豫、洛二州，高欢率军回到晋阳。

大统十二年（546）九月，经过两年多的整补后，高欢又率十万大军从晋阳南下，围攻西魏所据的玉壁（今山西省稷山县西南，汾河南岸）。西魏玉壁守将韦孝宽据城坚守，高欢觉得城坚难攻，就在城南筑土山，与城等高，想以此攻城。但韦孝宽也在城墙上用木材把城墙加高。高欢又想以挖地道的方式攻城，而韦孝宽则在城内掘长堑以拒之。高欢攻城五十多天，一事无成，士兵战死、病死的有七万多人，连高欢也生病了，东魏士气低落。

为了提振士气，安定军心，高欢要高车族的斛律金用鲜卑语唱出脍炙人口、流传千古的《敕勒川》，由高欢亲自和声。

但玉壁战役，东魏在人疲马乏、死病累累的情况下还是失利了，高欢不得已只得撤军。回到晋阳后，高欢病情日益严重，于大统十三年（547）年初过世。

同年五月，高澄派卫将元桓等率兵进攻颍川，却败于当时已脱离东魏的侯景。高澄又派韩轨等围攻颍川，侯景立刻派人向西魏求援，愿意割东豫州（今河南省息县）、北荆州（今河南省洛阳市嵩县）、鲁阳（今

《敕勒川》

敕勒川，阴山下，天似穹庐，笼盖四野。
天苍苍，野茫茫，风吹草低见牛羊。

敕勒是高车的别称，《敕勒川》原是高车族的民歌。北魏建立时，许多高车族部落都降于北魏或被北魏征服，经过长时间的民族融合后，高车人被鲜卑化，逐渐学会说鲜卑语，也沾染到许多汉人的习俗。

河南省平顶山市鲁山县）及长社（今河南省许昌市长葛市）四城给西魏。宇文泰派荆州刺史王思政、李弼和赵贵等率步骑二万前去河南接应侯景。西魏以为侯景要求降附，所以封侯景为大将军兼尚书令，但王思政率所部到达河南后，才知道侯景并无降附之意，于是趁机占领了侯景的七州十二镇。

与此同时，南朝梁接受侯景归附，与侯景联合讨伐东魏，于七月时进攻彭城。十一月，东魏派高岳、慕容绍宗率兵救彭城，击败南朝梁，生擒梁将萧渊明、胡贵等。次年（548），东魏慕容绍宗以五千骑击侯景，侯景兵败南逃，占据南朝梁寿阳（今安徽省淮南市寿县），梁武帝封侯景为南豫州牧。

八月，侯景起兵反叛南朝梁。梁武帝命六子萧纶率军北讨，又命临贺王萧正德为平北将军，镇守建康，但萧正德私下勾结侯景，助其渡江。同年十一月，侯景支持萧正德在建康称帝，进而围攻台城（建康城内），南朝梁形势危急。此时，梁荆州刺史湘东王萧绎、湘州（约今湖北省孝感市）刺史河东王萧誉、雍州刺史岳阳王萧詧、江州（在今江西省境内）刺史当阳公萧大心及郢州刺史南平王萧恪共同约定入援建康。

到了次年五月，侯景攻下建康，但岳阳王萧詧因不受湘东王萧绎调度，而让双方有了嫌隙。萧詧遣使向西魏求援，请为西魏附庸。宇文泰派使者到襄阳，双方洽谈合作的条件。就在此时，湘东王萧绎派司州（今江苏省宿迁市泗洪县）刺史柳仲礼出镇竟陵（今湖北省天门市），授意要除掉萧詧，萧詧大为恐慌，赶紧派王妃及世子萧嶚到西魏为人质，求西魏出兵救援。宇文泰原本就想经略江、汉，现萧詧送上门来，所以立即命普六茹忠（或“杨忠”，即杨坚之父）为三荆等十五州总督，准备率军南下。

柳仲礼所部先到安陆（今湖北省孝感市安陆市），安陆太守柳勰投降，接着柳仲礼率兵一万攻襄阳，宇文泰立即命普六茹忠及行台仆射长孙俭前往救援。大统十六年（550）正月，普六茹忠攻克义阳（今湖北省枣阳市东南）、随郡（今湖北省随州市），进围安陆。不久，普六茹忠击败柳仲礼，攻下安陆、竟陵等地。紧接着，普六茹忠又趁势进攻石城（今湖北省潜江市），准备进攻江陵（今湖北省宜昌市）。萧绎慌了手脚，赶忙遣使者并送上儿子萧方略为人质，向西魏求和。于是西魏、南朝梁相约："魏以石城为封，梁以安陆为界，请同附庸"。同年六月，宇文泰派使者荣权册命萧詧为梁王。十二月，原先奉命率军北上剿讨侯景的南朝梁武帝六子邵陵王萧纶在汝南集结兵力，准备夺回安陆，宇文泰命普六茹忠率军赴援。次年（551）正月，普六茹忠进攻汝南，再次年攻下汝南，擒杀萧纶。西魏力量从此进入江汉地区。

齐周和战

无论北魏、北周或北齐，都是从游牧过渡到农业，以北魏北方六镇武人建立中原国家。北魏初期，对北方的防卫是采用以攻代守的策略，不时讨伐更北方的柔然。但自北方各军镇建置完成后，北魏对北方游牧民族的防卫策略有了极大的改变，不再采用攻势，而是采用中原传统的守势策略。

北魏虽然屡次攻讨柔然，但始终未能彻底将之消灭。只要两三年的休养生息，柔然又会凝聚成一股强大的力量，称霸漠北。除柔然外，漠北还有许多游牧民族，其中以高车系最为知名。高车系中有一支自称为突厥的民族，原臣服于柔然，所聚牧的地区在今阿尔泰山之东，那里盛产铁、金，适合锻造兵器，因而突厥成为柔然制造兵器的奴隶民族——锻奴。

公元6世纪中叶，漠北许多民族由于难以忍受柔然的强征暴敛，联合起来反抗柔然，高车部五万人（或作五万落）邀突厥共同起事，突厥酋长土门布民不但不参与叛乱，反而袭击了这五万人，据为己有，力量骤然壮大起来。土门布民自认为吞并了高车五万人，减弱了反叛柔然的力量，大大有功于柔然，于是遣使柔然可汗阿那瑰，希望能娶柔然公主。柔然一向以宗主国、统治者自居，见土门布民居然有此要求，就派使者前去责骂土门布民。土门布民于是杀了这个柔然使者，自称伊利可汗，正式反叛柔然。这时大约是西魏文帝大统十六年（550）左右。

伊利可汗向柔然求婚不成，反被羞辱，因此转而求婚于西魏。宇文泰也深感柔然是个威胁，早就想联合突厥甚至扶植突厥以抵抗柔然，还曾遣使突厥，以示友好。于是大统十七年（551），宇文泰将西魏的长乐

北周壁画：穿突厥装的伎乐人

五位穿突厥装的乐舞人，演奏西域乐器，从弹指歪头的舞姿可看出应是西域民俗舞

北齐北周争娶突厥公主

突厥木杆可汗曾口头允诺要把女儿嫁给宇文泰，但婚约尚未定下，宇文泰就死了。不久，木杆可汗再提把女儿嫁给宇文邕。就在北周准备派人到突厥迎亲时，北齐也带了大量财物欲与突厥和亲，木杆可汗一看到北齐送来的财物，就想取消与北周的婚约。

北周深恐突厥一旦和北齐和亲，会不利于北周，马上派凉州刺史杨荐、左武伯王庆等人出使突厥。但杨荐一行刚到突厥，就被木杆可汗软禁起来。木杆可汗原想把杨荐等人送交北齐，却被杨荐连声责备，木杆可汗这才答应和北周共击北齐。

保定三年（563），北周以普六茹忠率骑兵一万、突厥木杆可汗率兵十万联军，但被北齐名将斛律光击溃。次年，木杆可汗再次与北周合作讨伐北齐，结果再尝败绩。这两次失败的主因是北周出兵太少，而突厥出兵虽多，但志在掠夺。

保定四年（564）正月，北齐开始反击，北周再败。

保定五年（565），北周正式派迎亲队伍到突厥迎娶突厥公主。迎亲队伍规模庞大，主要人物有：陈国公宇文纯、大司徒许国公宇文贵、神武公窦毅、南安公杨荐、骠骑大将军李雄、左武伯王庆、车骑大将军赵文表等，甚至还有迎亲仗仪队及供突厥公主居住的“行殿”，可见北周对迎娶突厥公主一事的重视。

相对而言，突厥虽答应这门亲事，但在北周迎亲队伍到达突厥前，北齐的求婚使者已在突厥，而且突厥之前也曾经许诺会把公主嫁给北齐，因此木杆可汗犹豫不决。所以北周迎亲队伍在突厥一待就是两年。直到北周武帝天和二年（567）秋末，原本干旱的草原地区突然狂风怒号、暴雨倾盆，一连十天，木杆可汗心中惊慌不已，以为这是上天对他食言的惩罚，才赶忙让北周迎亲队伍将突厥公主迎娶回长安。

公主嫁伊利可汗，从此突厥力量日渐壮大，开始讨伐柔然。伊利可汗战死后，其弟乙息记[①]嗣立，是为阿逸可汗，继续讨伐柔然。柔然国势此时已是外强中干，虚有其表，因而被突厥彻底击败，阿那瑰自杀，其子庵罗辰及阿那瑰从弟投奔北齐。后来，北齐扶植庵罗辰在马邑川（今山西省朔州市一带）继任柔然新主，想扶持他以对抗突厥，但柔然已经彻底扶不起来了。北齐于是反过来讨好突厥，希望能联合突厥灭掉北周。

突厥突然强大起来，成为锐不可当的新兴力量，伊利可汗之弟室点密更是威服西域，立国于中亚。与突厥接壤的北周当然希望借突厥之手灭掉北齐，但北齐也有此企图。于是周、齐双方争相讨好突厥。据《周书·突厥传》载："戎车岁动，故每连结之（指突厥），以为外援。"后来，北周成功争取到突厥的支持，双方约定出兵共击北齐。

由于北周、北齐实力不如突厥，所以无不千方百计争相讨好突厥，和亲只是其中一种方式，更实际的则是进贡财物。在这种情形下，突厥可以说是左右逢源，踌躇自满的木杆可汗之弟他钵可汗就曾经对下属说："但使我在南两个儿（指北周、北齐皇帝）孝顺，何忧无物邪？"[②]

北周、北齐虽时有战争，但呈拉锯状态。直到斛律光死后，北周才

① 乙息记，多数学者都认为是突厥语"第二"的意思。

② 《周书·突厥传》。

阿史那皇后

突厥公主嫁入北周时才十四岁，因突厥可汗姓阿史那，故史称阿史那皇后。据《周书·皇后传》所载，她“有姿貌、善容止，高祖（武帝）深敬焉”。但武帝深恐北周会因此被突厥控制，因此虽“敬”阿史那皇后，却不宠爱她。

一日，武帝当时才六七岁的外甥女窦氏忽然提点武帝，要武帝疼爱这位突厥公主，因为此时的北周仍需要突厥的帮助。据《旧唐书·后妃传》载：“时（北周）武帝纳突厥女为后，无宠，后（即窦氏，后嫁唐高祖李渊为后）尚幼，窃言于帝曰：‘四边未靖，突厥尚强，愿舅抑情抚慰，以苍生为念，但须突厥之助，则江南、关东不能为患矣。’”

武帝深觉她分析得有理，于是采纳了她的建议，从此改变对阿史那皇后的态度。隋文帝开皇二年（582），阿史那皇后过世，得年三十三岁，与武帝合葬于孝陵。

灭了北齐，后来北周又被杨坚建立的隋政权所灭。从此，鲜卑民族消融于历史之中。

第十章

鲜卑的遗产

隋统一天下后，鲜卑逐渐融入汉人之中。隋、唐时的汉人，不论血统还是文化，实际上都已包含五胡十六国时代的匈奴、鲜卑、羯、氐、羌、卢水胡、稽胡等民族，愈往后，所谓汉人的内涵愈复杂。

鲜卑人经隋、唐之后，已经与南朝的汉人混融成唐人。但鲜卑人在北魏、北周、北齐时期留下了许多丰富的文化遗产，现对鲜卑人的文化遗产叙述如下。

石窟文化

魏晋以来，胡族所建政权有二十多个。自匈奴刘渊建立汉赵，至北周被杨坚所篡建立隋政权，前后达二百七十多年（304—581）。其间，除北魏太武帝、北周武帝曾短时间“灭佛”外，其余的时间里，各胡族政权的领导阶层都极度崇信佛教。

大约从公元3世纪起，印度及中亚的佛教徒盛行开凿石窟，这股风气后来东传到中国，中国北方开凿石窟、雕塑佛像一时蔚为风气。这一类石窟起于新疆，东至今河南，分布地域极为宽广。这些石窟所代表的文化和艺术价值非金钱所能衡量，现分别把鲜卑族统治时期开凿的石窟介绍如下。

一、敦煌石窟群

狭义的敦煌石窟指的是敦煌莫高窟，也称千佛洞；广义的敦煌石窟则泛指敦煌境内的所有石窟。这里以莫高窟为主体，对当时的石窟做一简略介绍。

莫高窟是中国最具盛名的三大石窟之一，位于敦煌城东南二十五公里鸣沙山东麓的崖壁上。洞窟形似蜂窝，大小相间，鳞次栉比，上下共三层，绵延一千六百多米。此地岩石松脆，不适合雕刻，所以造像大多是泥塑，然后再加以彩绘。窟内饰以壁画，画作绚丽多彩，窟外采用木造悬空阁道及檐廊，整个洞窟都是艺术的结晶。莫高窟内共有四百九十二个洞窟、四万五千平方米壁画、三千多尊塑像。

莫高窟始凿于前秦苻坚建元二年（366）。据传，沙门乐僔因感三危山顶有佛光万道的启示，就在三危山开凿了第一个洞窟，这个窟就称莫高窟。

敦煌莫高窟所呈现的艺术价值，不仅是中华民族各族人民的光荣，更是全人类珍贵的文化遗产，因此已经被联合国教科文组织列为世界文化遗产。

广义的敦煌石窟群还有：

东千佛洞：位于今甘肃省瓜州县城东南七十公里桥子乡东南三十五公里的峡谷河床两岸。

西千佛洞：位于敦煌城西三十五公里的党河岸壁上，以其在莫高窟之西，故称西千佛洞。开凿年代大约与莫高窟相当，现在尚存二十二窟，损毁情况非常严重，洞窟内的塑像或壁画所存不多。

榆林窟：又名佛峡，位于今甘肃省安西县城西南七十五公里处的踏实乡境内、榆林河峡谷两岸断崖上。榆林窟始凿于北魏，大盛于唐代。

另有五个庙，一个庙石窟，前者在甘肃省肃北蒙古族自治县县治党城湾镇南二十公里处，后者在同县城北十二公里处。这两处庙窟都始凿于北魏，其后历朝历代都曾加以增凿。

以上这几处洞窟或庙窟构成了广义的敦煌石窟，形成了风格独特的石窟文化，也是人类极为可贵的文化瑰宝。

另外值得一提的是，莫高窟第二百五十四窟西壁中部有一幅白衣佛说法图。这一幅白衣佛像除了身着白色水纹式袈裟外，其他各方面都与释迦牟尼佛的画像毫无差别，有学者认为，这幅白衣佛可能是摩尼教教主摩尼的画像。摩尼教源于波斯，经中亚传入中国，由于中国在当时已经盛行佛教，摩尼教想在中国传播，就必须采纳佛教的教义和经典，于是出现了穿上佛教外衣、持白伞白幡的摩尼像。①

但是也有学者认为，这不过是一幅衣服颜色不同的佛像而已，佛的袈裟颜色本来就不一，红色是威猛除障之色，白色是清净慈悲之色，所以有身穿白衣的佛像也不奇怪。这一说法固然有一定道理，但也无法解释为何自隋、唐以后，中国就鲜有白衣佛出现。所以，此说和莫高窟的白衣佛仍有很多启人疑窦、值得探讨之处。

二、云冈石窟

云冈石窟位于今山西省大同市西北的武周山（又名武州山）南麓、武州川北岸，是北魏皇室贵族修功德、做佛事的场所。云冈共有大小四十多个主要洞窟，其中佛像有五万个左右，是中国主要的石窟之一。

武州山古称武州塞，位于内、外长城之间，北魏道武帝皇始元年(396)，道武帝将国都自盛乐迁到平城。从此盛乐、平城之间往来频繁，武州正是两处的交通要冲。自明元帝（409—423）起，北魏帝王前后七度到武州山祈祷。文成帝（452—465）更命沙门统（僧官名号，掌僧尼事务）昙曜开凿五个洞窟，后人称之为昙曜五窟。其余诸石窟大多是孝文帝迁

① 《魏书·裴延儁传》。

都洛阳前所开凿的。

云冈石窟依山开凿，东西绵延一公里，可分为东、中、西三部分，现存主要洞窟四十五个，另有很多小窟，共计有二百五十多龛，大小佛像五万一千多尊。石窟正式开凿始于文成帝和平年间（460—465），前后历时五十年，参与开凿的人工极其浩大。

北魏孝明帝正光年间（520—525）后，北魏开始没落，由于已经迁都洛阳，政治、经济、文化中心都转到洛阳，所以这期间只开凿了几个小窟龛。隋、唐之后，虽然仍在陆续开凿，但规模都很小，盛况不再。

云冈石窟依其形制、造像内容及雕塑形式大致可分为三个时期：

第一期为北魏文成帝和平年间（460—465），由沙门统昙曜所主持开凿的五窟，其形制为平面椭圆形、穹隆顶，类似草庐，窟内主要造像为佛教所称的三世佛（即过去佛、现在佛及未来佛），外壁雕满千佛，主佛形体高大，占据窟内极大空间。据《魏书·释老志》称："高者七十尺，次六十尺，雕饰奇伟，冠于一时。"

此时的佛像造型为唇厚、鼻高、目长、颐丰、肩宽，具有雄健气概，与佛经上所描述的诸佛菩萨造型有所不同，很可能是以北魏开国诸帝的容貌作为雕塑时的参考，再经过艺术手法加以美化后的佛像造型。许多学者认为，昙曜以北魏早期帝王像为蓝本，以此讨好北魏帝王，以争取财力、人力的支持。昙曜所凿的五窟主佛蓝本应该分别是文成帝、景穆帝、太武帝、明元帝及道武帝[①]。如果这个说法成立，我们就可以从这五尊主佛来一窥公元5世纪时鲜卑人的容貌。这些佛像头戴宝冠，衣服右袒或通肩，有几许突起的花纹，饰以瓔珞，臂上戴钏，既具有印度佛教国家犍陀罗服装的风采，又糅杂了鲜卑游牧民族的服饰特色，突显了雕塑者的艺术才华与鬼斧神工的技艺，令人叹为观止。

① 范文澜：《中国通史》，人民出版社，1994年，第二册，第654页。

山西大同云冈石窟第二十窟造像

第二期是从文成帝驾崩后到孝文帝迁都洛阳前（465—494），这三十年共开凿五组石窟。这五组石窟平面呈方形，多半具有前后室，其中若干窟在中部立塔柱，也有若干窟在后壁开凿隧道式礼拜道，体积较小，不如第一期的硕大，但造型多样化。

值得注意的是，这五组石窟出现了供养人画像，不但说明这是由私人出资开凿的，也为后代研究石窟文化提供了极有价值的线索。佛像的服饰淡化了犍陀罗色彩，明显增加了中国服饰元素，并可看出南朝士人服饰。而供养人画像的出现，可由此考证北朝人的服饰，更具历史意义。

第三期为孝文帝迁都洛阳至孝明帝正光五年（494—524），由于政治、经济、文化中心南移，皇室、贵族、高官、富商也大多随之南迁，因此，这一时期所开凿的石窟都以小窟小龛为多。洞窟内部趋于方整，塔洞、四壁三龛与重龛式的洞窟成为流行的样式。佛像面容瘦削，诸佛的服饰也以褒衣博带为多，衣下褶纹重叠，展现出细致的雕刻艺术，佛龛周围

山西大同云冈石窟的飞天造像

雕饰繁杂，展现五彩缤纷的景象。

云冈石窟内容丰富，窟龛内除有大小佛像、菩萨、千佛外，还以浮雕方式呈现出许多佛教故事。不少窟顶的藻井及龛楣都雕有飞天、平横飞天及伎乐飞天作为装饰，其中伎乐飞天图像中诸乐者手中持笛、鼓、排箫、琵琶等乐器进行演奏，神韵生动、栩栩如生，是研究古代音乐史极为重要的参考史料。北壁的“幢倒乐神”浮雕刻画了一群杂技艺人表演的情景，也为研究古代杂技艺术史提供了难得的资料。

云冈石窟内的众多石雕佛像，依佛教诸神的位阶而有大小不等的雕刻，众小佛像向大佛像礼敬，再配以飞天和侏儒为大佛服务，其乐无穷。侏儒身形矮小，但躯干健壮，雕于龛基、座础、梁下、柱顶等处，身形或用力举重物或承受重压，理应苦不堪言，但侏儒雕像的面部表情依然愉悦，仿佛在向世人说明，能为众佛服重役是极快乐之事，很容易让人感染供养、侍奉诸佛的想法，这也是云冈石窟的一大特色。

三、龙门石窟

孝文帝迁都洛阳后，洛阳立即成为北魏的政治、经济、文化中心。由于鲜卑人笃奉佛教，所以不久洛阳又成为佛教中心，寺塔林立。

北魏的贵族、高官、豪门、富人竞相建造寺院，而且极尽奢华之能事，开凿石窟的风气也依然盛行，于是北魏选在洛阳城南的伊阙东西两岸，在质地坚实的大理石上开凿石窟。由于北魏称伊阙为龙门，所以即称此地为龙门石窟。

龙门石窟的开凿，自北魏孝文帝迁都洛阳前后，历经北魏、东魏、北齐、北周、隋、唐、五代乃至北宋，其中以北魏及初唐所开凿的洞窟规模最为壮观，北魏孝文帝太和十九年(495)始凿的古阳洞大石窟、宣武帝(500—515）至孝明帝正光四年（523）前后二十四年所开凿的宾阳洞最负盛名。

古阳洞又名老君洞，位于龙门西山南部，是最早开凿的龙门石窟。古阳洞规模宏大，洞窟纵深十三米，宽近七米，高十一米多；形制为穹隆顶，平面呈马蹄形。洞后壁正中雕塑释迦牟尼佛坐像，袈裟下垂，双颊丰满，面带微笑，佛两旁为胁从菩萨，都是宝冠长裙，饰以璎珞珠宝，仪态文静端庄，左边者手持净瓶，右边者手持摩尼宝珠。洞南北两壁各有上下三层大龛及众多小龛与千佛，大小佛龛数以百计，龛内雕刻了释迦牟尼佛、交脚弥勒佛、多宝佛及力士等，形态各异，无一相同，妙手雕绘，确属佛教艺术之奇葩。

除造型精美外，古阳洞内还有许多礼佛图浮雕、佛教故事浮雕以及多彩富丽的装饰图案与边饰。

宾阳洞共有北、中、南三洞，从北魏宣武帝景明元年（500）开凿到北魏孝明帝正光四年（523），但孝明帝年间，北魏已经步入衰乱，因此只完成中洞，南、北两洞都只凿了一半。宾阳中洞位于龙门西山北部，为北魏后期最具代表性的洞窟，洞内雕塑十一座大佛、菩萨，正壁列释迦牟尼佛，左右分别为摩诃迦叶及阿难陀二弟子，其外为文殊、普贤二菩萨；南、北壁各立一佛二菩萨，共十座菩萨。佛像面庞清瘦，带有微笑，与云冈诸佛的雄健威严截然不同。因此，有学者认为，从佛像面容的变化，似乎能反映出北魏国势强弱的变化。[①]

莲花洞位于龙门西山中部偏南，开凿于北魏孝明帝孝昌年间（525—527）。此洞纵深九点六米，宽六米左右、高六米多，属北魏后期较大型的洞窟。窟顶有藻井，因饰有精美的大型莲花浮雕图案，所以称为莲花洞。

整个龙门石窟有洞龛千余个，其中大约百分之三十为北魏时期所开凿，其余大多是唐时所开凿。龙门石窟保存有大量的石刻文字，具有很高的学术及艺术价值。

四、炳灵寺石窟

炳灵寺石窟位于今甘肃省临夏回族自治州永靖县城西南三十五公里处的积石山。炳灵寺现存窟龛共有一百八十三个，内有石造佛菩萨像六百九十四尊、泥塑像八十二身，壁画约有九百平方米，分布于大寺沟西岸长二百米、高六十米的崖壁上。经学者考证，这些窟龛的开凿年代可以确定的是：西秦开凿两窟一龛；北魏开凿八窟二十五龛；北周两窟；隋代两窟；唐代二十窟一百一十三龛；明代还开凿了五窟一龛。这些窟龛从西秦乞伏炽磐建弘元年（420）开始凿作，距今已经近一千六百年，但大多依然保存完好，色彩鲜艳夺目。

永嘉之乱后，各胡族纷纷在中原建立政权，今黄河上游甘、宁、青

① 范文澜，《中国通史》，第二册，第656页。

一带更是诸多民族角逐的场域。其中，鲜卑乞伏部先后在苑川（今甘肃省兰州市榆中县）、枹罕（今甘肃省临夏回族自治州临夏县）一带建立政权，史称西秦。

西秦统治者笃奉佛教，而且热衷于宣扬佛教，曾礼聘东晋高僧圣坚翻译佛教经典，经西秦翻译或整理的佛经多达五十六部，共一百一十卷，当时名僧如玄高、玄绍、昙弘、昙霍、昙摩毗等都曾应邀到西秦讲经。

炳灵寺石窟位于丝绸之路的中途，所以在五胡十六国时代及北朝颇负盛名。它是中国所有石窟群中保留最早纪年题记的石窟，弥足珍贵。这座窟开凿年代较早，佛教还没有“中国化”，因此在佛像的面貌及服饰方面，仍带有异国风格，具有学术价值。

五、麦积山石窟

麦积山石窟位于今甘肃省天水市东南四十五公里的麦积山，是佛教艺术重要的宝库之一。据考证，麦积山石窟可能始凿于后秦（384—417），比炳灵寺石窟更早，到北魏孝文帝时渐趋完善。现存北魏、西魏、北周所凿的石窟三个，洞窟依崖而建，分东崖、西崖两部分，共有窟龛及摩崖雕刻一百九十四处，为甘肃省境内仅次于莫高窟的石窟群。

其中东崖有五十四窟，大窟龛有涅槃窟、千佛廊、牛儿堂、中七佛阁等，属于形制特殊的“崖阁”类，也就是在崖壁上凿出檐柱，外有木结构建筑，里面再造龛室。西崖有一百四十窟，其中最大的洞窟为万佛堂和天堂洞。这两窟地势险峻，形制高大奇伟，窟顶有藻井，饰以飞天彩绘，四壁缀满小千佛。东西两崖保存历代石雕泥塑像大小共计有七千八百多尊，壁画约有九百平方米，规模异常壮观。

宁夏回族自治区固原市须弥山石窟

六、须弥山石窟

“须弥”是梵语的汉字音译，须弥山是佛教传说中的圣山。须弥山石窟在今宁夏回族自治区固原市西北约五十五公里处。窟龛沿东南向崖面延伸，南北长一千八百米、东西宽约七百米，呈长方形。经考证，始凿于北魏，大盛于北周及唐，由于自然风化等原因，损毁情形极为严重，现存且仍可辨识的共有九窟。其中凿于北魏的有四窟，凿于北周的有五窟，其形制为中心柱窟，每面开龛，四壁也开龛，题材以三世佛为主。须弥山石窟的开凿方式及佛像造型风格与麦积山石窟有相似之处。

七、其他石窟

由诸胡族所开凿的石窟，除以上六处之外，还有位于辽宁省锦州市义县的万佛洞，是北魏营州刺史元景于孝文帝太和二十三年（499）开凿，有东、西两区，各有六窟，目前尚有少许雕像遗存。河南郑州市巩义市也有石窟，习惯上称之为巩义石窟，为北魏、东魏、北齐时陆续开凿，共有五窟，窟内刻有礼佛图多幅，其中供养人（或礼佛人）都身材高大、仪态华贵，而其侍从身材短小，手持仗仪服侍主人，其衣饰佩件可作为研究当时社会生活的一项素材。

南北响堂山石窟位于今河北省邯郸市峰峰镇之南。北响堂山石窟是在北齐文宣帝（550—559）时所开凿，其中以被称为大佛洞的石窟最为宏大，雕刻精美，可媲美龙门石窟的宾阳洞、巩义石窟的第五窟以及云冈各大窟。南响堂山共有七窟，都是北齐文宣帝之后所开凿，规模不及北响堂山石窟。

鲜卑及其他胡族所开凿的石窟，不仅是研究佛教史的重要史料，也是研究绘画史、音乐史乃至社会史不可或缺的文献。鲜卑民族统治时代所开凿的石窟规模宏大，充分展现了鲜卑人的心胸与气魄。

学术成就

从慕容皝建立前燕政权（337）起，至北周灭亡（581）的二百四十四年间，鲜卑人共建立十三个政权，统治地域涵盖今天的东北、华北、内蒙古、新疆东部乃至淮河流域。其中北魏、北周、北齐都被列为正统王朝，在二十五史中各有一部专史，即《魏书》《周书》及《北齐书》。

在鲜卑族统治的时空里，学术上有许多成就。这里以自然科学和人文社会科学两大类分别叙述之。

一、自然科学类

（一）数学

张丘建和甄鸾是鲜卑族最知名的数学家。

张丘建著有《算经》三卷，成书时间大约是在北魏道武帝至孝文帝（404—493）之间。书中现存的九十二题，包含分数运算、等差级数问题以及运用开方术的技巧算法，并对月亮的盈亏问题提出了直接的解答方法，提高了解题技术。[①]

甄鸾，字叔遵，北周中山无极人（今河北省石家庄市无极县），官北司隶校尉、汉中郡守。甄鸾既精于数学，又通晓天文历法，曾编订《天和历》，且于北周武帝天和元年（566）颁行采用。

甄鸾在数学方面有很多著述，他所著的《五曹算经》是针对一般行政人员统计之用，所谓“五曹”，是指田曹、兵曹、集曹、仓曹及金曹而言，而所谓“曹”，是古代官署分科办事的官员单位。因此，《五曹算经》就是一般政府官员办事时所要用到的统计数学。甄鸾还著有《数学记遗》，该书可贵之处在于统一万以上数字的名称，称“言万万曰亿，亿亿曰兆，兆兆曰京”，这种进位法一直沿用到今天，可以说是对中国数学史的一大贡献。

此外，甄鸾还撰有《五经算术》两卷，此书是将儒家所说的五经（《诗》《书》《易》《礼》《春秋》）之中需要以数学加以计算的地方一一加以详注。甄鸾还对古代一些数学论著加以注释，据《旧唐书·经籍志》载：“《三等数》一卷，董泉撰，甄鸾注。”《三等数》是唐代国子算

① 钱宝琮：《中国数学史》。

学馆学子必读之书。另《旧唐书·经籍志》又载有：“《周髀算经》（汉）赵君卿注，甄鸾重述，（唐）李淳风等注释。”

（二）天文历象

中国自古以来就极重视天文历象，而且认为星象变化关乎国家兴衰；季节变化关乎农业生产。中国自古以来就以农业立国，基于这个需求，天文又必须要求准确，以利农事。所以，我国古代天文中虽有迷信成分，但更多的是对季节、月之盈亏的推算。

据《魏书·天象志》所载，天象有几十种，如日食、日中有黑子、月食、彗星、陨星等。从考古发现看，1974 年洛阳发掘北魏江阳王元乂的墓中有北魏孝明帝孝昌二年（526）所绘制的天文图壁画，内“（墓）顶天象图，银河纵贯南北，有星辰约三百颗左右，亮星之间有联机，经天文专业部门鉴定，认为绝大多数星宿名称可以辨认。图中的天象反映了当时的实际星空，这是目前中国年代较早、篇幅较大的星象图，在中国考古发掘中比较少见”。①

北魏初年仍然沿用曹魏明帝景初元年（237）所颁行的“景初历”，后来灭沮渠氏北凉时获得赵的“玄始历”（又称“甲寅历”）后，即改用“玄始历”，但是这两种历法都不太准确，因此北魏决定自行修订历法。从太武帝时代起，陆续有过司徒崔浩的“五寅元历”、公孙崇的“景明历”，又有张洪、张龙祥、李业兴等三家各自所上的“新历”，但各有缺点，都不能符合实际的天象。

直到北魏后期，孝明帝神龟初年（约 519）时，才由张龙祥、李业兴为主的九人共修“神龟历”。次年（520）改元正光，“神龟历”就更名为“正光历”。正光历初修完成时，“谓为最密”，但是二十多年后就出现偏差，《魏书·律历志》载：“气朔稍违，荧惑失次，四星出伏，历亦乖舛。”

① 该文刊载于《文物》1974 年第 12 期。

于是东魏孝静帝元象二年（539）十月，高欢命李业兴就“正光历”加以修正，完成“甲子元历”。

除了历法外，北魏道武帝曾命晁崇与鲜卑人斛兰合作铸造出中国第一座也是唯一一座以金属制成的浑仪。这座浑仪一直使用到唐太宗贞观九年（635），才由李淳风在原有的基础上加以改进，制作为浑天黄道仪。

此外，北魏太武帝时，张渊精于天文星象及占卜之术，自称曾先后在前秦苻坚、后秦姚兴、北凉沮渠安周诸政权中担任过灵台丞，即太史令的属官，掌候日月星辰，也就是观察天象的官。太武帝灭北凉时，张渊以其天文专长，官拜太史令。张渊曾作有《观象赋》一篇，大意是说：“三极①虽殊，妙本同一，显昧虽遐，契齐影响。”②张渊在《观象赋》中所叙述的星宿排列，颇有价值。

（三）农学

自古以来，中国就以农业立国，对农业极为重视。北魏后期，曾出现一本叫作《齐民要术》的农学专著，内容包罗万象，被称为农学百科全书。

《齐民要术》的作者为贾思勰，山东益都人，曾官至北魏高阳郡太守③。贾思勰博学多闻，又曾到过今河南、河北、山东等地，对华北地区的气候、土壤有深刻的认识。大约在北魏孝武帝永熙二年（533）至东魏孝静帝武定二年（544）之间，贾思勰撰成这部空前的巨著。

《齐民要术》全书共十卷，九十二篇，正文七万多字，注释多达四万余言。书中对于农作物的栽培、食品制作加工乃至手工业等制作技术都有很详尽的描述。此书内容极为广泛，有农作物的栽培技术，例如

① 三极，是指天、地、人，三极或作三才，语出《易·系辞上》：六爻之动，三极之道也。

② 《魏书·张渊传》，此赋全文约一千五百字，魏收曾为之注释。

③ 北魏时有两处高阳，一属瀛州，旧治在今河北高阳县东十二公里处；一属青州，旧治在今山东临淄县西北十五公里处。贾思勰所任的高阳郡太守是在青州。

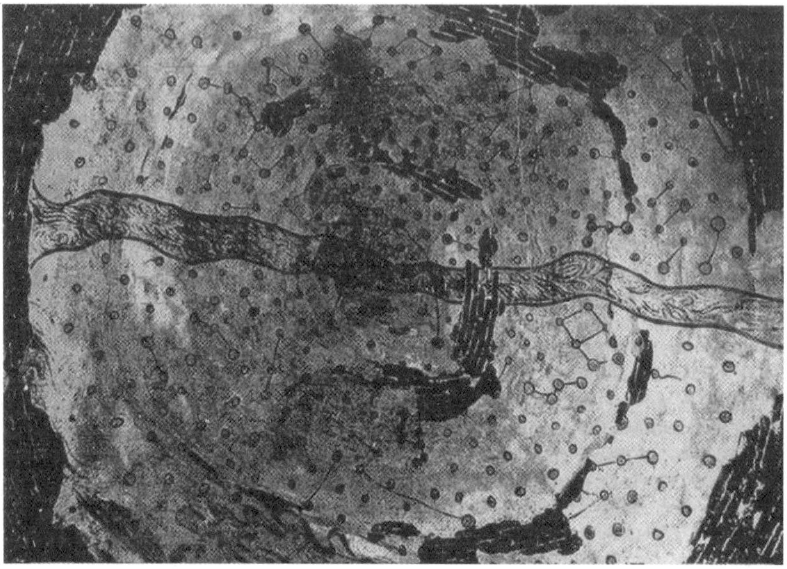

元叉墓星象图

绘制了银河和三百余颗恒星，1974年2月在河南洛阳孟津县前海资村西南出土

何时及如何播种、耕耘、土壤、施肥、轮作、选择种子等；而其中又分为蔬菜的栽培、果树林木的培育、蚕桑事业等；此外，对畜牧兽医、农产品加工甚至食品贮藏等都一一详加记载，可谓是一部农学百科全书。

贾思勰先向有实际经验者请教，然后亲自实验，才撰成此书。他曾在书中自述撰写过程："采捃[①]经传，爰及歌谣，询之老成，验之行事。"因此，这部书可以说是农业生产、食品加工理论与实验并重的农学专著，弥足珍贵。

（四）地理学

《水经》是我国首部有关江河水道的专著，全书记载水道一百三十七条，但作者不详。

① 捃音"郡"，意为拾取、搜集。

晁崇

晁崇，字子业，辽东襄平（今辽宁省辽阳市）人，家族世代为史官，兼司天象，因此晁崇也善于天文数术，并以此知名于世。原为后燕的太史郎，道武帝灭后燕时，俘晁崇，后因觉得他有一技之长而赦免。道武帝颇重视他，拜为太史令，命他制造浑仪，用以呈现日月星辰的运行规则。后来晁崇迁中书侍郎。其弟晁懿也颇有才华，精于鲜卑语，被拜为黄门侍郎。

北魏时，青州刺史郦范之子郦道元为之作注，世称《水经注》，内容比《水经》多出二十倍以上，记述的江、河多达一千二百五十二条，[1]大到江河、小到溪流都详加录述。此书大致上以水道为经，以水道所经过地域的地理、历史以及人文习俗为纬，兼及风俗民情、神话传说，旁征博引，对水道所经之地做了综合性的叙述。

郦道元为注释此书，曾参考相关典籍多达四百三十七种。尤其难得的是，郦道元文笔清新，富有感情，能在厚重中带有隽媚，散文体中间或杂以对偶的骈句，使人读来张弛有度，疏密有致，更增加了可读性。书中引录的民间歌谣更是雅俗共赏，既保存了民间流传已久的谣谚，也使《水经注》能隽永流传。本书虽然是注《水经》的地理学专著，但是其文笔清新流畅，辞藻隽秀华丽，文学价值与地理学成就堪称双绝。

例如，书中有关“砥柱”的叙述是这样的：“河水翼岸夹山，巍峰峻举，群山叠秀，重岭干霄。……自砥柱以下，五户以上，其间百二十里，河中竦石桀出，势连襄陆，盖亦禹凿以通河，疑此阏流也。其山虽辟，

① 另辛志贤《水经注所记水数考》称一千三百八十九条，该文载于《北京师范大学学报》1981年第3期。

尚梗湍流，激石云洄，澴波怒溢。合有十九滩，水流迅急，势同三峡”。

郦道元毕生从未到过江南及巴蜀，但他根据前人或时人的著作，参考有关长江的文献，详加比对考证，对长江水系的叙述比那些曾身历其境的人更为深入贴切。再如描述长江三峡风光的这一段：

> 自三峡七百里中，两岸连山，略无阙处。重岩叠嶂，隐天蔽日，自非亭午夜分，不见曦月。至于夏水襄陵，沿泝（同溯，逆流而上）阻绝，或王命急宣，有时朝发白帝，暮到江陵，其间千二百里，虽乘奔御风，不以疾也。春冬之时，则素湍绿潭，回清倒影。绝巘多生怪柏，悬泉瀑布，飞漱其间，清荣峻茂，良多趣味。每至晴初霜旦，林寒涧肃，常有高猿长啸，属引凄异，空谷传响，哀转久绝。故渔者歌曰：“巴东三峡巫峡长，猿鸣三声泪沾裳。”……江水又东，径黄牛山，下有滩，名曰黄牛滩。南岸重岭叠起，最外高崖间有石，色如人负刀牵牛，人黑牛黄，成就分明；既人迹之所绝，莫得究焉！此岩既高，加以江湍纡洄，虽途径信宿，犹望见此物，故行者谣曰：“朝发黄牛，暮宿黄牛，三朝三暮，黄牛如故。”言水路纡深，回望如一矣！

二、人文科学类

（一）史学

《魏书》是唯一记载北魏史事的专著，由北齐魏收所撰。魏收（505—572），北齐巨鹿下曲阳人，字伯起，小字佛助，机警能文，曾经先后在北魏、东魏及北齐为官，与温子升、邢邵号称北朝三才子。官至尚书右仆射，编修国史，著有《魏书》。由于下笔行文中夹杂许多个人恩怨，时人认为他褒贬不够公正，而称之为“秽史”。但北魏时，虽然邓渊编有《代记》，崔浩等人也曾编修《国书》，但这两本书现在都已失传。故《魏书》仍是现存载录北魏一朝最完备的典籍，且为正史之一。

《魏书》共一百三十七卷，本名《后魏书》，原书到宋时已经遗失九篇。宋人刘恕、范祖禹等以他书相关列传补入《魏书》，今本《魏书》共有一百一十四卷。尽管魏收在撰《魏书》时掺杂有个人好恶，但该书还是具有相当可信度。唐人李延年在撰修《北史》时，也多参考《魏书》，可见《魏书》仍有其公信力。《魏书》的十篇“志”，条贯井然，其中收录有《释老》《官氏》两志，更是国史中前所未有的创举。总之，《魏书》是研究北魏史甚至鲜卑史不可或缺的重要文献，在史学上自有其崇高的学术地位。

另有杨衒之所撰的《洛阳伽蓝记》，记载了北魏全盛时期国都洛阳佛教伽蓝盛况。由于书中提及了当时人物、寺院的史事，而且杨衒之是北魏当时人，所见所闻都是“第一手史料”，因此极为珍贵，后代撰修《晋书》《唐书》等正史者，多加以参采。

《洛阳伽蓝记》全书以洛阳城内为主，次及城东、南、西、北。该书原有杨衒之自注，但今传最古的如明代隐堂本，已有注文、正文混淆的情形。历来研究《洛阳伽蓝记》的学者在分辨正文、注文上都下过很多的功夫，目前以范祥雍、周祖谟、杨勇的校注本较为出色。《洛阳伽蓝记·卷五·城北》叙述了敦煌人宋云奉北魏胡太后之命向西域取经一事。宋云撰写了《行纪》一书，或称《宋云行纪》，详述了当时（公元6世纪初叶）西域（含今中亚地区）的各种情况。《宋云行纪》早已亡佚，因此《洛阳伽蓝记》一书所收录的内容弥足珍贵。

《洛阳伽蓝记》全书以四十多所著名寺院为主线，兼述里巷方位、名胜古迹以及当时的大量政治、经济、人物、风俗、文学、艺术、思想、宗教等资料，还载录了一些传奇故事，为洛阳保存了重要而丰富的历史

杨衒之

杨衒之因史书没有他的传记，所以家世故里都不可考，只能从书中的一些零星记载，大致归纳出他曾于北魏孝庄帝永安年间（528—530）任“奉朝请”之官。杨衒之还曾任抚军府司马，后又曾仕于东魏。东魏迁都于邺，阳衒之也随之迁邺，在东魏孝静帝武定五年（547），“因行役重览洛阳”，而有感于洛阳“城郭崩毁，宫室倾覆，寺观灰烬，庙塔丘墟，墙被蒿艾，巷罗荆棘”，已成一副荒凉景象，感慨不已，故而决定撰写《洛阳伽蓝记》。

资料，既为史学又类方志，对洛阳描述之详尽前所未有，令人读来有身临其境之感。

（二）文学

鲜卑没有文字，他们的歌谣或文学只能靠一代又一代人口耳相传。到了北魏，鲜卑歌谣借用汉字的读音音译下来，这种汉字音译的鲜卑字，就目前所知道的文献有《真人代歌》。《旧唐书·音乐志》对《真人代歌》有如下记载：

开元初（唐玄宗年号，约公元713年），以问歌工长孙元忠，云自高祖（指李渊）以来，代传其业。元忠之相，受业于侯将军，名贵昌，并州人也，亦世习北歌。贞观中（唐太宗年号，公元627—649年），有诏令贵昌以声教乐府。元忠之家世相传习如此，虽译者亦不能通知其辞，盖年岁久远，失其真矣！

这里所说的北歌，是指北魏、北周的鲜卑语歌。唐太宗曾命能唱鲜卑语歌的侯贵昌教乐府的人唱。歌工长孙元忠世世代代都是以唱鲜卑歌为业，他的祖父曾受业于侯贵昌学唱鲜卑歌曲，到了长孙元忠时，虽然

《乐府诗集》的北朝歌谣

《折杨柳枝歌》

门前一株枣，岁岁不知老。阿婆不嫁女，那得孙儿抱。

敕敕何力力，女子临窗织。不闻机杼声，只闻女叹息。

问女何所思？问女何所忆？阿婆许嫁女，今年无消息。

《捉搦歌》

谁家女子能行步，反著裌禅后裙露。天生男女共一处，愿得两个成翁妪。

黄桑柘屐蒲子履，中央有丝两头系。小时怜母大怜婿，何不早嫁论家计。

《紫骝马歌》

烧火烧野田，野鸭飞上天。童男娶寡妇，壮女笑杀人。

《李波小妹歌》（出自《魏书》）

李波小妹字雍容，褰裙逐马如卷蓬，左射右射必叠双。妇女尚如此，男子安可逢！

还能唱鲜卑歌，但是已经不了解歌词的意思了（“虽译者亦不能通知其辞”）。

可见，在唐太宗贞观年间，社会上还流行鲜卑歌，唐太宗为保存鲜卑歌，令侯贵昌教乐府唱鲜卑歌。可惜到唐玄宗开元时，长孙元忠虽然会唱鲜卑歌，但是却不知道歌词的意思。《隋书·经籍志》载有《国语真歌》十卷，经考证，《国语真歌》就是《代人真歌》。《隋书》始修于贞观十五年（641），成书于唐高宗显庆元年（656），前后费时十六年，当修《隋书》时，《国语真歌》还存十卷一百五十章。鲜卑既然没有创制鲜卑文字，这一百五十章鲜卑歌必然都是用汉字来音译鲜卑语歌词的，后来鲜卑人融于汉人之中，鲜卑语也因此流失，以致长孙元忠虽然能够以汉字音唱出《国语真歌》，但已无法了解歌词的意思了。到了唐玄宗时，《国语真歌》或《代人真歌》只存五十三章，前后不过近一个世纪，却流失了近三分之二，相当可惜，再往后连这五十三章都流失了。

《代人真歌》是从五胡十六国时代留传下来的北方诗歌（或称之为民歌），文字简洁，文意率直、豪放。《木兰辞》固然脍炙人口，传唱千古，而北魏后期胡太后所写的《杨白花歌》也很值得一读。《杨白花歌》歌词如下：

阳春二三月，杨柳齐作花，
春风一夜入闺闼，杨花飘荡落南家。
含情出户脚无力，拾得杨花泪沾臆。
秋去春还双燕子，愿衔杨花入窠里。

这首歌词哀怨、凄切，读来有回肠荡气之感，比兴与隐喻的手法运用得很有技巧。《杨白花歌》对后世也产生了一定的影响，杜甫在《丽人行》一诗中有“杨花雪落覆白苹”这一句，就隐含胡太后《杨白花歌》的影子。

此外，北朝文人高允的《罗敷行》一词也有其独特的风格，现引录全文如下：

邑中有好女，姓秦字罗敷。巧笑美回盼，鬒发复凝肤。脚著花文履，耳穿明月珠。头作堕马髻，倒枕象牙梳。姌姌善趋步，襜襜曳长裙。王侯为之顾，驷马自踟蹰。

这一首《罗敷行》读来似乎有《古诗十九首》的韵味。

鲜卑文化遗产丰富多样，这些文化遗产逐渐融入华夏文化当中，是中华文化桂冠上的一颗璀璨明珠。而融入了鲜卑文化的中原文化也更富有内涵，更加光芒四射。